Der Internationale Seegerichtshof und die Abgrenzung zu anderen Mitteln völkerrechtlicher Streitbeilegung

Konkurrenzen unter dem Streitbeilegungsregime des
Seerechtsübereinkommens der Vereinten Nationen

von

David Schneider-Addae-Mensah

Tectum Verlag
Marburg 2004

Schneider-Addae-Mensah, David:
Der Internationale Seegerichtshof und die Abgrenzung zu anderen Mitteln
völkerrechtlicher Streitbeilegung.Konkurrenzen unter dem
Streitbeilegungsregime des Seerechtsübereinkommens der
Vereinten Nationen.
/ von David Schneider-Addae-Mensah
- Marburg : Tectum Verlag, 2004
Zugl.: Augsburg, Univ. Diss. 2004
ISBN 978-3-8288-8675-9

Tectum Verlag
Marburg 2004

Der Internationale Seegerichtshof und die Abgrenzung zu anderen Mitteln völkerrechtlicher Streitbeilegung

Konkurrenzen unter dem Streitbeilegungsregime des Seerechtsübereinkommens der Vereinten Nationen

Dissertation

zur Erlangung der Doktorwürde

der Juristischen Fakultät der Universität Augsburg

vorgelegt von

Rechtsanwalt David Schneider-Addae-Mensah
aus Hamburg

Vorwort

Vorliegende Arbeit befaßt sich mit Fragen der internationalen Streitbeilegung nach dem neuen Seevölkerrecht. Streitigkeiten in diesem Bereich treten nach der Erfahrung der letzten Jahrzehnte[1] vor allem bei der Festlegung der Grenzen der Meeresbereiche (Küstenmeer, ausschließliche Wirtschaftszone, Festlandsockel),[2] bei der Fischerei[3], bei Fragen der freien Schiffahrt und mehr und mehr auch bei Gefährdung der maritimen Umwelt auf.[4]

Im Mittelpunkt vorliegender Arbeit stehen Betrachtungen zu Grundlagen und Gerichtsbarkeit des Internationalen Seegerichtshofs in Abgrenzung zu anderen Mitteln friedlicher Konfliktbeilegung im Seevölkerrecht.

Der Internationale Seegerichtshof ist ein weltweit zuständiges völkerrechtliches Spezialgericht für alle Streitigkeiten maritimer Art[5]. Dennoch ist er nicht das einzige Gericht, das sich mit Fragen der Streitbeilegung befassen kann und befaßt. Das Seerechtsübereinkommen der Vereinten Nationen hält im Gegenteil eine ganze Palette an Möglichkeiten bereit, Streitigkeiten mit maritimem Bezug beizulegen: neben dem Internationalen Seegerichtshof sind dies der Internationale Gerichtshof, zwei Arten seerechtlicher Schiedsverfahren, sowie eine Reihe nichtobligatorischer Mittel friedlicher Streitbeilegung, die miteinander teils in Konkurrenz stehen. Zwischen diesen Möglichkeiten können und müssen die Streitparteien wählen.

Vorliegende Arbeit hat sich zum Ziel gesetzt, über Art. 287 SRÜ hinausgehend verschiedene Möglichkeiten seevölkerrechtlicher Streitbeilegung zu untersuchen und voneinander abzugrenzen. Eine erschöpfende Behandlung aller denkbarer Konfliktfelder im Verhältnis der verschiedenen seevölkerrechtlichen Mittel friedlicher Streitbeilegung ist dabei schon aufgrund der vielfältigen bi- und trilateralen Regelungen in diesem Bereich weder möglich noch angestrebt. Ziel ist es, anhand zentraler Bestimmungen der VN-Seerechtskonvention, des IGH-Statuts, wie auch exemplarisch anhand einer regionalen Streitbeilegungsübereinkunft mögliche Konfliktfelder vor allem im Hinblick auf die rechtliche und tatsächliche Möglichkeit einer Anrufung des Internationalen Seegerichtshofs aufzuzeigen und hierfür Lösungsmöglichkeiten zu entwickeln. Dabei soll zum einen auf das Verhältnis des Internationalen Seege-

---

[1] Anhaltspunkt hierfür ist v. a. die recht umfangreiche einschlägige Rechtsprechung des Internationalen Gerichtshofs.

[2] Für die Sowjetunion spielte außerdem traditionell die Frage des ausreichenden Seezugangs eine wichtige Rolle, vgl. Lazarev, "Modernes Seevölkerrecht" (dt. Übersetzung) 1987, S. 192.

[3] Hier drehen sich die Streitigkeiten v. a. um die Problematik der Fangquoten.

[4] Vgl. Lazarev, "Modernes Seevölkerrecht" (dt. Übersetzung), 1987, S. 192.

[5] Vgl. ITLOS/Press/INF.1 5 May 1998.

richtshofs zum Internationalen Gerichtshof eingegangen werden. Zum anderen soll das Verhältnis der obligatorischen Gerichtsbarkeit des Seegerichtshofs gegenüber der Schiedsgerichtsbarkeit untersucht werden. Hierbei wird nicht nur auf das Verhältnis zu den speziell durch das Seerechtsübereinkommen vorgesehenen Schiedsgerichtsverfahren, sondern auch auf Konflikte mit Schiedsgerichtsvereinbarungen in anderen völkerrechtlichen Verträgen einzugehen sein.

Die Arbeit bezieht Auswirkungen der Theorie auf praktische Fälle mit ein. Dabei wird sowohl auf die bisher vor dem Internationalen Seegerichtshof verhandelten, als auch auf vor dem Internationalen Gerichtshof verhandelte seevölkerrechtliche Fälle einzugehen sein. Am Ende soll eine Prognose gewagt werden, welche der im Seerechtsübereinkommen vorgesehenen Streitbeilegungsmöglichkeiten in der Zukunft eine größere Bedeutung haben dürften. Insbesondere soll in diesem Zusammenhang die Situation des Internationalen Seegerichtshofs beurteilt werden.

Für die Unterstützung bei der Erstellung vorliegender Arbeit danke ich meinem Doktorvater, Herrn Prof. Dr. Christoph Vedder, Universität Augsburg. Zu besonderem Dank bin ich meiner Lektorin und Mutter, Maître Inge Schneider-Obeltshauser, Berlin verpflichtet für Ihren stets vorhandenen Rückhalt, ihre mentale Stütze und ihre finanzielle Unterstützung für die Veröffentlichung vorliegenden Buches sowie für die umfangreichen Lektoratsarbeiten. Schließlich schulde ich auch meiner Dozentin Frau Dr. Renate Platzöder für anregende Gespräche, welche die Arbeit unterstützt haben, Dank.

Inhalt:

A. Einführung   S. 17

B. Der Grundsatz der friedlichen Streitbeilegung nach dem
Seerechtsübereinkommen der Vereinten Nationen   S. 20

I. Entstehung des Streitbeilegungssystems im
Seerechtsübereinkommen   S. 23

1. Die Anfänge   S. 23

2. Die ersten beiden VN-Seerechtskonferenzen   S. 24

3. Die dritte VN-Seerechtskonferenz und die Schaffung
des Seerechtsübereinkommens   S. 25

II. Ein flexibles System friedlicher Streitbeilegung   S. 30

III. Basistexte des Seerechtsübereinkommens   S. 32

C. Das Streitbeilegungsregime im Seerechtsübereinkommen   S. 33

I. Obligatorische Gerichtsbarkeit   S. 34

II. Bindende Entscheidungen   S. 37

III. Die Zuständigkeit des Internationalen Seegerichtshofs   S. 38

1. Vorbemerkung: Obligatorische Regeln im Seerechtsübereinkommen S. 38

2. Zuständigkeitsregeln im Seerechtsübereinkommen   S. 39

a) Zuständigkeit des Internationalen Seegerichtshofs
nach Teil XV SRÜ   S. 39

aa) Anwendbarkeit des Abschnitts 2 nach Maßgabe von Art. 286 SRÜ S. 40

aaa) Die Verpflichtung zur friedlichen Streitbeilegung nach dem
Seerechtsübereinkommen – Art. 279 SRÜ   S. 40

bbb) Keine Streitbeilegung nach Teil XV Abschnitt 1 SRÜ – die
Öffnungsvorschrift des Art. 286 SRÜ S. 44

(1) Streitigkeit über Auslegung oder Anwendung des
Seerechtsübereinkommens (Teil XV) S. 44

(2) Streitbeilegung mit alternativ vereinbarten Verfahren eigener Wahl
nach Abschnitt 1 S. 46

(a) Vereinbarungen nach Art. 280 SRÜ S. 47

(b) Nichtbeilegung eines Streits – Art. 281 SRÜ S. 48

(c) Verpflichtungen aus anderen völkerrechtlichen Abkommen –
Art. 282 SRÜ S. 51

(aa) Anwendungsbereich von Art. 282 – frühere und spätere
Abkommen S. 51

(bb) Arten alternativer Streitbeilegung nach Art. 282 SRÜ S. 53

(cc) Sofortiger Rückgriff auf Mittel obligatorischer Streitbeilegung S. 53

(d) Verpflichtung zum Meinungsaustausch S. 55

(e) Abweichende Vereinbarungen über das Streitbeilegungsmittel
iSv. Art. 33 VNC S. 55

(f) Ergebnis: Nichtbeilegung der Streitigkeit nach Teil XV
Abschnitt 1 SRÜ S. 56

(3) Ausnahmen von Abschnitt 2: Abschnitt 3 S. 57

(a) Generelle Grenzen der Anwendbarkeit von Teil XV
Abschnitt 2 SRÜ – Art. 297 SRÜ S. 58

(aa) Grundsätzlicher Ausschluß obligatorischer Streitbeilegung
nach Art. 297 SRÜ S. 58

(bb) Ausnahmen der Grenzen obligatorischer Streitbeilegung
unter Art. 297 SRÜ S. 60

(b) Opt-Out-Regelung des Art. 298 SRÜ   S. 63

(aa) Delimitationsausnahme   S. 63

(bb) Militärausnahme   S. 64

(cc) Sonstige Ausnahmen   S. 64

(dd) Fazit   S. 64

(4) Antrag einer Streitpartei   S. 65

bb) Die konkrete Zuständigkeit des Internationalen Seegerichtshofs
nach Teil XV Abschnitt 2 SRÜ   S. 65

aaa) Die Zuständigkeit rationae personae – Art. 291 SRÜ   S. 65

bbb) Die sachliche Zuständigkeit des Internationalen
Seegerichtshofs – Art. 288 SRÜ   S. 66

(1) Die Voraussetzungen des Art. 287 SRÜ   S. 67

(2) Vorbehalte gegen das Seerechtsübereinkommen und bei
der Wahl des Streitbeilegungsmittels   S. 70

(3) Die Möglichkeit einer von Art. 287 SRÜ abweichenden Wahl des
Streitbeilegungsmittels   S. 71

(4) Die Voraussetzungen des Art. 288 SRÜ   S. 75

(a) Die Zuständigkeit des Seegerichtshofs nach
Art. 288 Abs. 1, 287 SRÜ   S. 75

(b) Unterbreitung des Streits im Einklang mit Teil XV SRÜ   S. 76

(c) Die Zuständigkeit nach Art. 288 Abs. 2 SRÜ   S. 76

b) Zulässigkeitsvoraussetzungen im Hauptsacheverfahren
nach Teil XV Abschnitt 2 SRÜ   S. 77

aa) Erschöpfung der innerstaatlichen Rechtsmittel – Art. 295 SRÜ   S. 78

bb) Kein Mißbrauch prozessualer Institutionen, Art. 294 SRÜ   S. 80

c) Spezielle Verfahren unter Teil XV Abschnitt 2 SRÜ –
vorläufige Maßnahmen sofortige Freigabe von Schiffen   S. 81

aa) Vorläufige Maßnahmen nach Art. 290 SRÜ   S. 81

aaa) Allgemeine Voraussetzungen für die Anordnung
vorläufiger Maßnahmen   S. 81

bbb) Die Anordnung vorläufiger Maßnahmen nach
Art. 290 Abs. 5 SRÜ   S. 83

ccc) Vorläufige Maßnahmen bei Zuständigkeit anderer
internationaler Gerichte – freie Wahl des Streitbeilegungsmittels   S. 87

(1) Abweichende Wahl in Verfahren einstweiligen Rechtsschutzes   S. 88

(2) Zulässigkeit der abweichenden Wahl nach Teil XV
Abschnitt 1 SRÜ im einstweiligen Rechtsschutzverfahren   S. 89

(a) Allgemeine Möglichkeit   S. 90

(b) Anwendbarkeit von Art. 281 Abs. 1 I. HS SRÜ in Verfahren
einstweiligen Rechtsschutzes   S. 92

(c) Fazit   S. 93

bb) Die sofortige Freigabe von Schiffen nach Art. 292 SRÜ   S. 93

aaa) Der Fall Saiga   S. 96

bbb) Die einvernehmliche Wahl alternativer Mittel friedlicher
Streitbeilegung im Verfahren nach Art. 292 SRÜ   S. 99

ccc) Art. 287 SRÜ im Verfahren nach Art. 292 SRÜ   S. 100

ddd) Die Unterbreitung des Streits durch den Flaggenstaat an den
Internationalen Seegerichtshof   S. 102

eee) Zuständigkeit und Zulässigkeit   S. 102

fff) Überschneidungen mit anderen Verfahren   S. 103

(1) Das Verfahren nach Art. 292 und andere Verfahren im
Sinne von Art. 287 SRÜ   S. 103

(2) Das Verfahren nach Art. 292 SRÜ und innerstaatliche Verfahren   S. 104

IV. Internationale Organisationen als Streitbeteiligte in Verfahren vor
dem Internationalen Seegerichtshof   S. 105

1. Begriff der Internationalen Organisation   S. 105

2. Der Begriff des Vertragsstaats und der internationalen Organisation
im   Seerechtsübereinkommen   S. 106

3. Voraussetzungen für die Teilnahme internationaler Organisationen
am Seerechtsübereinkommen   S. 107

a) Einziger praktischer Fall derzeit: die EG   S. 108

b) Analyse der Voraussetzungen für die Teilnahme internationaler
Organisationen nach Anlage IX SRÜ   S. 109

aa) Übernahme der Rechte und Pflichten durch die internationale
Organisation   S. 109

bb) Doppelmitgliedschaft von Staaten und internationaler Organisation   S. 109

cc) Keine Rechtsmehrung: Die Repräsentationsproblematik
internationaler Organisationen   S. 110

4. Die Wahlmöglichkeit des Art. 287 Abs. 1 lit. b) SRÜ für
internationale Organisationen   S. 112

5. Konkurrierende Streitbeilegungsregime im Gründungsabkommen
der internationalen Organisation   S. 113

V. Beteiligung von Privatpersonen an seevölkerrechtlichen Verfahren   S. 115

VI. Verfahren für Meeresbodenstreitigkeiten   S. 119

1. Das Tiefseebergbauregime des Seerechtsübereinkommens S. 119

2. Entstehung des Streitbeilegungsregimes betreffend den Tiefseebergbau S. 120

3. Verfahren vor der Kammer für Meeresbodenstreitigkeiten S. 121

a) Die Zuständigkeit der Kammer für Meeresbodenstreitigkeiten S. 121

aa) Grundsatzkompetenz, Art. 187 SRÜ S. 121

bb) Abweichende Zuständigkeiten in Meeresbodenstreitigkeiten S. 124

aaa) Sonder- und Ad-Hoc-Kammer S. 124

bbb) Gutachtenverfahren S. 125

b) Bedeutung des Meeresbodenregimes S. 125

c) Die Verfahren vor der Meeresbodenkammer und andere seerechtliche Verfahren S. 126

aa) Tiefseebodenstreitigkeiten und Streitigkeiten nach Teil XV SRÜ S. 126

aaa) Kumulative Anwendung der Teile XI und XV SRÜ S. 127

bbb) Die Exklusivität von Teil XI Abschnitt 5 SRÜ in Meeresbodenstreitigkeiten S. 128

ccc) Partielle Anwendbarkeit von Teil XV SRÜ in Meeresbodenstreitigkeiten S. 129

(1) Art. 285 SRÜ: Keine Komplettverdrängung von Teil XV SRÜ in Meeresbodenstreitigkeiten S. 130

(2) Art. 285 SRÜ: Keine Komplettintegration von Teil XV SRÜ in das meeresbodenrechtliche Streitbeilegungsregime S. 133

(a) Streitbeilegung meeresbodenrechtlicher Konflikte mit Mitteln nach Art. 280, 281 SRÜ S. 135

(b) Streitbeilegung meeresbodenrechtlicher Konflikte mit Mitteln nach Art. 282 SRÜ S. 137

(3) Ergebnis S. 137

bb) Meeresbodenkammerstreitigkeiten und Schiedsgerichtsbarkeit S. 138

d) Die Entscheidung über Zuständigkeitsstreitigkeiten S. 140

D. Die Zuständigkeit des Internationalen Gerichtshofs nach
Art. 36 IGH-Statut und nach Art. 287 SRÜ S. 143

I. Allgemeine Zuständigkeit des IGH in völkerrechtlichen
Streitigkeiten – Art. 36 VN-Charta S. 143

II. Der IGH als Streitbeilegungsmittel unter dem
Seerechtsübereinkommen S. 146

1. Art. 287 Abs. 1 lit. a) und Art. 287 Abs. 1 lit. b) SRÜ: Unterschiede
und mögliche Vorzüge S. 146

2. Streitintervention: Die Konkurrenz von IGH und Seegerichtshof S. 148

3. Abgrenzung der Verfahren nach Art. 287 Abs. 1 lit. b) SRÜ
von jenen nach Art. 36 Abs. 2 IGH-Statut S. 152

a) Verdrängung von Art. 36 Abs. 2 IGH-Statut durch eine unter
Art. 287 Abs. 1 lit. b) SRÜ abgegebene Wahlerklärung? S. 153

aa) Art. 287, 288 SRÜ als zuständigkeitsbegründende Vorschriften S. 153

aaa) Gegenargumente S. 153

bbb) Pro-Argumente S. 154

bb) Die Wahlerklärung nach Art. 287 SRÜ und die
Unterwerfungserklärung nach Art. 36 Abs. 2 IGH-Statut S. 156

cc) Umgehung der Voraussetzungen des Art. 36 IGH-Statut –
abschließender und ausschließlicher Charakter des Art. 287 SRÜ S. 157

aaa) Bewertung nach dem Lex-Posterior-Grundsatz – Art. 30 WVRK
im Spannungsverhältnis zu Art. 103 VN-Charta S. 158

bbb) Folge von Art. 103 VN-Charta S. 160

dd) Exklusivität und Vorrang des IGH-Statuts vor dem
Seerechtsübereinkommen? S. 160

aaa) Wahlerklärung nach Art. 287 SRÜ S. 160

bbb) Prüfungsmaßstab bei einer Anrufung des IGH S. 160

ccc) Ergänzungsverhältnis zwischen IGH-Statut und
Seerechtsübereinkommen S. 162

ddd) Anwendung S. 163

ee) Ergebnis S. 165

b) Art. 287 Abs. 1 lit. b) SRÜ versus Art. 36 Abs. 2 IGH-Statut am
Beispiel des Fisheries Jurisdicion Case S. 165

aa) Sachverhalt S. 165

bb) Alternative Möglichkeiten der Streitbeilegung im
Fisheries Jurisdiction Case S. 166

aaa) Internationaler Seegerichtshof S. 166

bbb) IGH S. 168

4. Abgrenzung der Verfahren nach Art. 287 Abs. 1 lit. b) SRÜ von jenen
nach Art. 36 Abs. 1 1. Alt IGH-Statut S. 169

a) Übereinstimmende Wahlerklärungen in Form eines „compromis" S. 169

b) Der „compromis" nach Art. 36 Abs. 1 Alt. 1 IGH-Statut als
Übereinkunft im Sinne von Art. 282 SRÜ S. 170

5. Art. 287 Abs. 1 lit. b) SRÜ und kompromissarische Klauseln nach
Art. 36 Abs. 1 Alt. 2 IGH-Statut S. 171

6. Art. 287 Abs. 1 lit. b) SRÜ bei Genehmigung und forum prorogatum
nach Art. 36 Abs. 1 IGH-Statut S. 172

III. Einstweiliger Rechtsschutz vor IGH Internationalem Seegerichtshof   S. 174

E. Seegerichtshof und völkerrechtliche Schiedsgerichtsbarkeit   S. 175

I. Völkerrechtliche Schiedsgerichtsbarkeit: Wesen, Arten, Grundlagen   S. 175

1. Das Wesen völkerrechtlicher Schiedsgerichtsbarkeit   S. 175

a) Die Zuständigkeit völkerrechtlicher Schiedsgerichte   S. 176

b) Die Zusammensetzung internationaler Schiedsgerichte   S. 178

c) Das Verfahren vor völkerrechtlichen Schiedsgerichten   S. 179

d) Die Entscheidungen internationaler Schiedsgerichte   S. 179

e) Bedeutung völkerrechtlicher Schiedsgerichtsbarkeit für die friedliche Streitbeilegung   S. 180

2. Arten völkerrechtlicher Schiedsgerichtsbarkeit – seevölkerrechtliche Schiedsgerichtsbarkeit   S. 181

3. Die Entstehung völkerrechtlicher Schiedsgerichtsbarkeit   S. 182

II. Streitige Gerichtsbarkeit des Seegerichtshofs und seerechtliche Schiedsgerichtsbarkeit   S. 186

1. Schiedsgerichtsbarkeit im Seerechtsübereinkommen – Art. 287 Abs. 1 lit. c) und d) und Anlagen VII und VIII SRÜ   S. 186

a) Die Schiedsverfahren nach Art. 287 Abs. 1 lit. c), Anlage VII SRÜ   S. 186

aa) Zuständigkeit eines Schiedsgerichts nach Anlage VII SRÜ   S. 186

aaa) Zuständigkeit in der Hauptsache   S. 186

bbb) Zuständigkeit von Schiedsgerichten nach Anlage VII SRÜ in Verfahren einstweiligen Rechtsschutzes   S. 187

(1) Vorläufige Maßnahmen nach Art. 290 SRÜ durch Schiedsgerichte nach Anlage VII SRÜ   S. 187

(2) Sofortige Freigabe von Schiffen, Art. 292 SRÜ durch
Schiedsgerichte nach Anlage VII SRÜ   S. 189

bb) Die Zusammensetzung eines Schiedsgerichts nach
Anlage VII SRÜ   S. 190

cc) Das Verfahren vor einem Schiedsgericht nach Anlage VII SRÜ
und der Internationale Seegerichtshof   S. 191

aaa) Das Verfahren   S. 191

bbb) Berührungspunkte mit dem streitigen Verfahren vor dem
Seegerichtshof   S. 191

ccc) Schiedsspruch im Verfahren nach Anlage VII SRÜ   S. 193

b) Besondere seerechtliche Schiedsgerichtsbarkeit nach
Art. 287 Abs. 1 lit. d), Anlage VIII SRÜ   S. 193

c) Schiedsgerichtliche Beilegung einer Meeresbodenstreitigkeit   S. 194

2. Schiedsgerichtsklauseln in anderen völkerrechtlichen Verträgen
am Beispiel der SBT-Konvention   S. 194

a) Die SBT-Konvention   S. 194

aa) Streitbeilegung unter der SBT-Konvention   S. 195

bb) Der SBT-Fall vor dem Internationalen Seegerichtshof   S. 196

b) Die Überschneidung der SBT-Konvention mit den Verfahren vor dem
Internationalen Seegerichtshof   S. 198

aa) Bewertung nach dem Lex-Posterior-Grundsatz   S. 198

aaa) Ausgangspunkt der Prüfung – Art. 30 WVRK   S. 199

bbb) Nachrangigkeitsanordnung im Sinne des Art. 30 Abs. 2 WVRK –
die Bestimmung des Art. 311 SRÜ   S. 199

ccc) Die Positionen der Parteien und des Gerichts nach Anlage VII

SRÜ zu den Regelungen des Art. 311 SRÜ im SBT-Streit   S. 200

ddd) Analyse   S. 202

bb) Die Bewertung der Gerichtsbarkeit von Schiedsgericht und
Seegerichtshof nach Art. 282 SRÜ   S. 202

cc) Die Regelungen der Art. 279 bis 281 SRÜ im Zusammenhang
mit der Gerichtsbarkeit des Schiedsgerichts   S. 205

aaa) Die Ansicht Japans   S. 206

bbb) Die Ansicht Australiens und Neuseelands   S. 206

ccc) Die Entscheidung des Schiedsgerichts nach Anlage VII SRÜ   S. 207

ddd) Analyse   S. 208

dd) Der Lex-Posterior-Grundsatz im Ergebnis   S. 212

3. Fazit zur seevölkerrechtlichen Schiedsgerichtsbarkeit und der
entsprechenden streitigen Gerichtsbarkeit   S. 213

F. Fazit der Arbeit   S. 215

I. Das Verhältnis von Internationalem Seegerichtshof und
Internationalem Gerichtshof in der abschließenden Betrachtung   S. 215

II. Das Verhältnis streitiger völkerrechtlicher Gerichtsbarkeit zu
völkerrechtlicher Schiedsgerichtsbarkeit unter dem
Seerechtsübereinkommen in der abschließenden Betrachtung   S. 217

III. Das Streitbeilegungsregime des Seerechtsübereinkommen in der
abschließenden Betrachtung   S. 219

A. Einführung

Vorliegende Arbeit befaßt sich mit Fragen der internationalen Streitbeilegung nach dem neuen Seevölkerrecht. Wie die recht umfangreiche einschlägige Rechtsprechung des Internationalen Gerichtshofs der letzten Jahrzehnte zeigt, treten Streitigkeiten in diesem Bereich erstens bei der Festlegung der Grenzen der Meeresbereiche, also von Küstenmeer, ausschließlicher Wirtschaftszone und Festlandsockel,[6] zweitens bei der Fischerei v. a. hinsichtlich der Fangquoten,[7] drittens bei Fragen der freien Schiffahrt[8] und viertens vermehrt auch bei Gefährdung der maritimen Umwelt auf.[9]

Im Mittelpunkt stehen Betrachtungen zu Grundlagen und Gerichtsbarkeit des Internationalen Seegerichtshofs in Abgrenzung zu anderen Mitteln friedlicher Konfliktbeilegung im Seevölkerrecht. Der Internationale Seegerichtshof steht grundsätzlich nur den Vertragstaaten des Seerechtsübereinkommens offen,[10] das als multilateraler Vertrag jedoch Staaten aller Kontinente umfaßt.[11] Zudem läßt sich eine Zuständigkeit des Seegerichtshofs auch durch Streitbeilegungsregelungen in anderen völkerrechtlichen Abkommen vereinbaren.[12] Er kann daher als weltweit zuständiges Gericht bezeichnet werden. Der Seegerichtshof ist ein völkerrechtliches Spezialgericht für alle ihm unterbreiteten Streitigkeiten maritimer Art.[13] Jedoch ist er nicht das einzige Gericht, das sich mit Fragen seevölkerrechtlicher Streitbeilegung befassen kann und befaßt. Das Seerechtsübereinkommen der Vereinten Nationen hält im Gegenteil eine ganze Palette an Möglichkeiten bereit, Streitigkeiten mit maritimem Bezug beizulegen: Neben dem Internationalen Seegerichtshof sind dies der Internationale Gerichtshof, zwei Arten seerechtlicher Schiedsverfahren, sowie eine Rei-

---

[6] Vgl. IGH North Sea Continental Shelf, Deutschland Bundesrepublik/Dänemark, Urteil vom 20.02.1969, ICJ Reports 1969, S. 1 ff.; IGH Aegean Sea Continental Shelf, Griechenland/Türkei, Urteil vom 19.12.1978, ICJ Reports 1978, S. 1 ff.; IGH Continental Shelf Tunesien/Lybien, Urteil vom 24.02.1982, ICJ Reports 1982, S. 16 ff.; IGH Continental Shelf Lybien/Malta, Urteil vom 21.03.1984, ICJ Reports 1984, S. 1 ff.; IGH Delimitation of the Maritime Boundary in the Gulf of Maine, Kanada/USA, Urteil vom 12.10.1984, ICJ Reports 1984, S. 244 ff.;

[7] Vgl. IGH Fisheries Jurisdiction, Vereintes Königreich/Island, Urteil vom 26.07.1974, ICJ Reports, 1974, S. 1 ff..

[8] Vgl. IGH Corfu-Channel, Urteil vom 09.04.1949, ICJ Reports 1949, S. 2 ff..

[9] Vgl. IGH Nuclear Tests Case, Australien/Frankreich, Urteil vom 20.12.1974, ICJ Reports 1974, S. 251.

[10] Art. 20 Abs. 1, 2 SRÜ Anlage VI (Statut des Internationalen Seegerichtshofs).

[11] Stand zum 30.11.2001: 135 Mitgliedstaaten im Seerechtsübereinkommen, LSB No. 44 (2001), S. 10-12.

[12] Art. 22 SRÜ Anlage VI.

[13] Art. 1 Abs. 1, 21 f. SRÜ Anlage VI (Statut des ISGH); 287 SRÜ.

he nichtobligatorischer Mittel friedlicher Streitbeilegung, die miteinander teils in Konkurrenz stehen. Zwischen diesen Möglichkeiten können und müssen die Streitparteien wählen.[14] Darüberhinaus können sich auch aus anderen Abkommen mit oder ohne seevölkerrechtlichem Bezug anderweitige Streitbeilegungsregeln für seevölkerrechtliche Streitigkeiten ergeben.[15]

Ziel der Abhandlung ist es, über Art. 287 SRÜ hinausgehend verschiedene Möglichkeiten seevölkerrechtlicher Streitbeilegung zu untersuchen und voneinander abzugrenzen. Anhand zentraler Bestimmungen des Seerechtsübereinkommens, des IGH-Statuts, wie auch exemplarisch anhand einer regionalen Streitbeilegungsübereinkunft werden die wichtigsten Konfliktfelder und möglichen Konkurrenzen dieser Streitbeilegungsmittel vor allem im Hinblick auf die rechtliche und tatsächliche Möglichkeit einer Anrufung des Internationalen Seegerichtshofs beleuchtet und Lösungsmöglichkeiten entwickelt. Dabei wird zum einen auf das Verhältnis des Internationalen Seegerichtshofs zum Internationalen Gerichtshof eingegangen. Zum anderen wird das Verhältnis der obligatorischen Gerichtsbarkeit des Seegerichtshofs gegenüber der Schiedsgerichtsbarkeit untersucht. Dabei wird nicht nur das Verhältnis zu den speziell durch die Seerechtsübereinkommen vorgesehenen Schiedsgerichtsverfahren betrachtet, sondern auch auf Konflikte mit Schiedsgerichtsvereinbarungen in anderen völkerrechtlichen Verträgen eingegangen.

Die Analyse praktischer Fälle sowohl vor dem Internationalen Seegerichtshof, als auch vor dem Internationalen Gerichtshof wird in die Betrachtung miteinbezogen. Am Ende soll eine Prognose gewagt werden, welche der im Seerechtsübereinkommen vorgesehenen Streitbeilegungsmöglichkeiten in der Zukunft eine größere Bedeutung haben. Insbesondere soll in diesem Zusammenhang die Situation und Zukunft des Internationalen Seegerichtshofs beurteilt werden.

Zuletzt noch eine Bemerkung in eigener Sache. Die Arbeit behandelt in großen Teilen eine Thematik, die nicht stets lückenlos anhand von Primärdokumenten dokumentierbar ist. Die Aushandlung des Seerechtsübereinkommens der Vereinten Nationen erfolgte über weite Strecken informell, so daß eine Dokumentation nicht immer gewährleistet ist.[16] Dies ist vor dem Hintergrund zu sehen, daß staatliche Verhandlungsparteien oftmals weitergehendere Regelungen vereinbaren, wenn die Öffentlichkeit nicht zusieht oder mitliest. Für vorliegende Arbeit heißt dies: Soweit wie möglich wurde auf Originalquellen zurückgegriffen. Mitunter mußte jedoch auf persönliche Berichte, Sekundärquellen oder nicht in Buchform veröffentlichte Dokumente zurückgegriffen werden, um die dargebotene Information zu belegen.

---

[14] Art. 287, 279 ff. SRÜ.

[15] Vgl. Art. 36 IGH; Art. 21 Pariser Übereinkommen vom 04.06.1974.

[16] Dupuy/Vignes, A Handbook on the New Law of the Sea, 1991, S. 1337, Fn .1.

B. Der Grundsatz der friedlichen Streitbeilegung nach dem Seerechtsübereinkommen der Vereinten Nationen

Nachdem jahrhundertelang die militärische Konfrontation als legitimes Mittel der Durchsetzung eigener Interessen anerkannt war, hat sich die Völkerrechtsordnung heute in zweierlei Hinsicht gewandelt. Zum einen entstanden durch vermehrte Kodifikation des Völkerrechts geschriebene Regeln, welche die zunächst eher anarchisch ausgeprägte Völkerrechtsordnung[17] zu einer mehr und mehr festgefügten Rechtsordnung werden und das Eigeninteresse der Staaten zugunsten eines gemeinsamen Werte- und Ordnungssystems in den Hintergrund treten lassen.[18] Auch wenn die horizontal geprägte Völkerrechtsordnung sich nach wie vor von hierarchisch geprägten innerstaatlichen Rechtsordnungen unterscheidet,[19] kann dies der Beginn einer Überwindung jener Unterschiede sein. Dieser Prozeß dauert noch an und wird etwa durch die Arbeit der International Law Commission (ILC), durch zahlreiche regionale und universelle Kodifikations- und Revisionskonferenzen, aber auch durch das Völkervertragsrecht im allgemeinen weiter vorangetrieben. Die Seerechtskonferenzen der Vereinten Nationen sind nur ein, wenngleich wichtiges Beispiel für Kodifikationskonferenzen im 20. Jahrhundert. Vor allem die dritte VN-Seerechtskonferenz ging als eine der größten Unternehmungen zur Kodifikation von Völkerrecht in die Geschichte ein.[20] Der zweite Aspekt betrifft die Durchsetzung der so geschaffenen materiellen Regeln des Völkerrechts. Die universelle Völkerrechtsordnung besitzt keine internationale Exekutive zur Durchsetzung der aufgestellten Regeln.[21] Weder existiert eine universelle Regierung, noch mit einer universellen Armee und Polizei wirksame Organe einer solchen, die mit dem Vollzug völkerrechtlicher Regeln betraut werden und Regelverletzungen durch die Staaten effektiv sanktionieren könnten. Dies hat seinen Ursprung im Prinzip der Souveränität der Staaten, welches das gesamte Völkerrecht maßgeblich prägt und es im Grundsatz jedem Staat ermöglicht, seine Angelegenheiten exklusiv, das heißt unter Ausschluß Dritter zu regeln. Im Gegenzug verbietet das Prinzip der souveränen Gleichheit[22] konsequenterweise auch, sich in die Angelegenheiten eines Staates einzumischen oder gar bei ihm unter Einsatz militärischer Gewalt zu intervenieren (Einmischungs-[23] und Interventionsverbot[24]).

---

[17] Combacau/Sur, Droit international public, 1995, S. 23 ff..

[18] Herdegen, Völkerrecht, 2000, Rdnr. 2.

[19] Shaw, International Law, 1997, S. 5.

[20] Henry Kissinger, zit. bei Richardson in Buergenthal (ed.), Contemporary Issues in International Law, 1984, S. 150.

[21] Shaw, International Law, 1997, S. 3; van Dyke (ed.), Consensus and Confrontation: The United States and the Law of the Sea Convention, 1985, S. 461.

[22] Art. 2 Nr. 1 VNC.

[23] Art. 2 Nr. 7 VNC.

Während eine völkerrechtliche Exekutive rudimentär bleibt, ist die Entwicklung einer internationalen Gerichtsbarkeit weiter vorangeschritten.[25] Sie entwickelte sich bereits seit dem Altertum,[26] setzte sich mit der ersten Haager Friedenskonferenz und der Einrichtung des Ständigen Haager Schiedshofes fort[27] und erklomm mit dem Ständigen Internationalen Gerichtshof[28] und dessen Fortsetzung im Internationalen Gerichtshof[29] nach dem zweiten Weltkrieg eine wichtige Entwicklungsstufe. Der Internationale Seegerichtshof ist neben dem Internationalen Strafgerichtshof die bisher jüngste universell arbeitende gerichtliche Streitbeilegungseinrichtung.[30]

Das Prinzip souveräner Gleichheit, das Einmischungs- und Gewaltverbot führen dazu, daß die Staaten exklusive Akteure, Schöpfer und „Herren"[31] des Völkerrechts sind, das Völkerrecht mithin von ihrem Willen abhängt, mögen in der sich globalisierenden Welt der Gegenwart auch vermehrt ökonomische und politische Zwänge den souveränen Handlungsspielraum der Staaten faktisch einschränken. Sie werden daher tendenziell einem sie bindenden völkerrechtlichen Vertrag um so weniger zustimmen, je mehr dieser in die staatliche Souveränität eingreift. Diese Erscheinung bekommt der Bereich der friedlichen Streitbeilegung besonders zu spüren, denn eine obligatorische internationale Gerichtsbarkeit, die zu bindenden Entscheidungen führt, begrenzt staatliche Kompetenzen in besonders starkem Maße. Von einem Eingriff in die staatliche Souveränität läßt sich insofern allerdings nicht sprechen, denn Kompetenzabgabe ist kein Eingriff in staatliche Souveränität, sondern deren Ausfluß.[32] Staaten sind in praxi zurückhaltend, einer Einrichtung maßgebliche Kompetenzen der Rechtsprechung zu übertragen, auf deren Entscheidungen sie dann keinen Einfluß mehr haben, daran aber gebunden sind.[33] Daraus erklärt sich die Scheu der souveränen Staaten davor, ihre teils hochpolitischen Angelegenheiten von einer unabhängigen internationalen Einrichtung bindend entschei-

---

[24] Art. 2 Nr. 4 VNC.

[25] Weniger weitgehend Shaw, der die Existenz jeglicher „Staatsgewalten" in der Völkerrechtsordnung verneint, Shaw, International Law, 1997, S. 3.

[26] Raeder, L'arbitrage international chez les Hellènes, 1912.

[27] Art. 41 ff. I. Haager Abkommen zur friedlichen Erledigung internationaler Streitfälle v. 18. Oktober 1907 (Neufassung der Version von 1899), RGBl. 1910, S. 5 ff..

[28] Statut StIGH, PCIJ, Series D, No. 1, 4. Aufl., 1940, S. 12 ff..

[29] Art. 92 ff. VNC; 1, 37 IGH.

[30] Art. 287 Abs. 1 lit. a) SRÜ iVm. SRÜ Anlage VI.

[31] BVerfGE 89/155 (190).

[32] StIGH The S.S. "Wimbledon", PCIJ, Series A, No. 1, 1923, S. 25; aA wohl Richardson bei Buergenthal, Contemporary Issues, S. 151-153.

[33] Richardson bei Buergenthal, Contemporary Issues, S. 151 ff..

den zu lassen.[34] Das zeigt auch die Regelung im Seerechtsübereinkommen, dem Küstenstaat in der Ausschließlichen Wirtschaftszone bestimmte gerichtliche Zuständigkeiten zu verleihen.[35]

---

[34] Ebd., S. 151-153, 155.

[35] Art. 73 Abs. 1 iVm. 56 SRÜ; van Dyke, Consensus and Confrontation, S. 461, 468.

I. Entstehung des Streitbeilegungssystems im Seerechtsübereinkommen

Die Regelung der Streitbeilegung im Seerechtsübereinkommen der Vereinten Nationen war eine der Hauptfragen und auch Haupterrungenschaften der III. VN-Seerechtskonferenz.[36] Am Ende stand mit Teil XV SRÜ ein umfassendes System für die Beilegung seerechtlicher Streitigkeiten.[37]

1. Die Anfänge

Bemühungen eine umfassende mutlilaterale Regelung für seerechtliche Streitigkeiten zu schaffen, gab es zahlreiche. Sie sind in dem Gesamtkontext der seevölkerrechtlichen Entwicklung der letzten 150 Jahre zu sehen. Im zwanzigsten Jahrhundert gab es mehrere Anläufe zur Schaffung geschriebener seevölkerrechtlicher Regelungen. 1930 scheiterte der Versuch hierfür zunächst: Der Völkerbund erarbeitete einen Kodifikationsentwurf zur Piraterie, Ausbeutung der Schätze des Meeres und zum Status des Küstenmeers, der aber nie geltendes Recht wurde.[38] Dennoch waren die Haager Artikelentwürfe von 1930 Orientierungshilfe für die Arbeit der nach Gründung der Vereinten Nationen 1948 eingesetzten International Law Commission (ILC). Auf Ersuchen der UN-Generalversammlung erstellte die ILC 1956 einen Bericht mit den wesentlichen Gesichtspunkten des damaligen Seerechts.[39] Sie befaßte sich vor allem mit der Regelung des Küstenmeers und der Hohen See. Der Bericht enthielt allerdings nur sehr begrenzt Vorschläge zur Streitbeilegung. Für Streitigkeiten über Küstenmeer und Anschlußzonen machte die ILC überhaupt keinen Vorschlag.[40] Streitigkeiten über den Festlandsockel sollten nach Ansicht der ILC schiedsgerichlich beigelegt werden, was aber eine bloße Soll-Regelung darstellte („Any disputes [...] should be submitted to arbitration").[41] Keinen einheitlichen Vorschlag machte die ILC ferner zur Beilegung von Streitigkeiten im Bereich der Hohen See.[42] Der ILC-Bericht war nichtsdestotrotz die Basis für die Arbeit der ersten VN-Seerechtskonferenz 1958.[43]

---

[36] Nordquist (ed.), United Nations Convention on the Law of the Sea 1982 – a Commentary, 1989, Bd. V, S. xiii; ebd. vor Art. 279, Rdnr. XV.1..

[37] Verdross/Simma, Universelles Völkerrecht, 3. Aufl., § 466.

[38] Nordquist, UNCLOS Commentary, Bd. V, vor Art. 279, Rdnr. XV.1.; Churchill/Lowe, The law of the sea, S. 13.

[39] ILC Yearbook, 1956, Bd. II, S. 1 ff.; Watts, The International Law Commission 1949-1998, Bd. I, S. 31 ff..

[40] ILC Yearbook, 1956, Bd. II, S. 1 (3).

[41] ILC Yearbook, 1956, Bd. II, S. 1 (4).

[42] ILC Yearbook, 1956, Bd. II, S. 1 (4 f.).

[43] Hoog, Die Genfer Seerechtskonferenzen von 1958 und 1960, 1961, S. 13/14.

2. Die ersten beiden VN-Seerechtskonferenzen

Die von der Vollversammlung der Vereinten Nationen auf Empfehlung der „International Law Commission" (ILC) einberufene erste VN-Seerechtskonferenz[44] tagte vom 24. Februar bis 27. April 1958 in Genf.[45] Teilnehmer waren die Regierungen fast aller VN-Mitgliedstaaten. Durch Bevollmächtigte waren jedoch auch einige Nichtmitglieder, darunter auch die Bundesrepublik Deutschland vertreten.[46]

Die erste VN-Seerechtskonferenz beschäftigte sich vor allem mit dem materiellen Seerecht. Es ging um die Regelung des Status von Küstenmeer und Anschlußzone, Hoher See, Fischerei, Festlandsockel und dem freien Zugang zum Meer für Binnenstaaten. Diese Arbeit wurde fünf verschiedenen Komitees übertragen.[47] Ergebnis der Konferenz waren die vier verschiedenen Seerechtsübereinkommen vom 29. April 1958: die Konvention über das Küstenmeer und die Anschlußzone,[48] die Konvention über die Hohe See,[49] die Konvention über die Fischerei und die Erhaltung der lebenden Schätze der Hohen See[50] und die Konvention über den Festlandsockel.[51] Wenngleich daher zunächst überwiegend materiellrechtliche Fragen im Vordergrund standen, machten sich die beteiligten Staaten und Sonderorganisationen bereits Gedanken über die Mittel zur friedlichen Streitbeilegung seerechtlicher Konflikte. Allerdings wurde die Frage der Streitbeilegung nur im Plenum, nicht etwa in den Ausschüssen behandelt, nachdem bereits der ILC-Entwurf von 1956 keine Bestimmung zur allgemeinen obligatorischen Streitschlichtung enthalten hatte.[52] Darauf konnten sich auch die Teilnehmer der ersten Seerechtskonferenz ob großen Widerstands vor allem von seiten des Ostblocks nicht einigen. Ein entsprechender Vorschlag der Niederlande verfehlte die notwendige 2/3-Mehrheit.[53] Die Verhandlungspartner verabschiedeten ein Streitbeilegungsprotokoll, das lediglich fakultativ war.[54] Art. 1 des Streitbeilegungsprotokolls stellt eine Fakultativklausel im

---

[44] GA resolution 1105 (XI), Djonovich, (Hrg.), United Nations Resolutions, Series I, Resolutions Adopted by the General Assembly, New York, 1985 (Djonovich, Series I), Bd. VI, S. 156.

[45] UNCLOS I, Off. Records, 1958.

[46] UNCLOS I, Off. Records, 1958, Bd. II, S. 1-3.

[47] UNCLOS I, Off. Records, 1958, Bde. III-VII.

[48] Lay/Churchill/Nordquist, New Directions in the Law of the Sea, Documents 1973 (Lay/Churchill/Nordquist, Documents), Bd. I, S. 1 ff..

[49] BGBl. II, 1972, S. 1091 ff..

[50] Lay/Churchill/Nordquist, Documents, Bd. I, S. 353 ff.; Developments in the Law of the Sea 1958 – 1964, The British Institute of International and Comparative Law, ILS No. 3, S. 27 ff..

[51] Lay/Churchill/Nordquist, Documents, Bd. I, S. 101 ff..

[52] ILC Yearbook, 1956, Bd. II, S. 1 ff..

[53] UNCLOS I, A/CONF. 13/L 24, Off. Records, 1958, S. 110 (112).

[54] Art. 1 des Streitbeilegungsprotokolls von 1958, BGBl. II, 1972, S. 1102 ff..

Sinne von Art. 36 Abs. 1 Alt. 2 IGH dar.[55] Allerdings war die Regelung abdingbar: Die Parteien konnten statt der Anrufung des IGH auch binnen einer bestimmten Frist die Anrufung eines Schiedsgerichts oder die Abhaltung eines Vergleichsverfahrens vereinbaren.[56] Zudem erfaßte das fakultative Streitbeilegungsprotokoll von 1958 keine Fischereistreitigkeiten.[57] Art. 2 des fakultativen Streitbeilegungsprotokolls nahm die Artikel 4 mit 8 der Fischereikonvention vom sachlichen Anwendungsbereich des Protokolls aus. Für die in diesen Vorschriften genannten Bereiche war gemäß Art. 9 ff. der Fischereikonvention ein spezielles Schiedsverfahren durch eine Sonderkommission anwendbar.[58]

Ein umfassendes seerechtliches Streitbeilegungsregime kam auf dieser ersten Seerechtskonferenz nicht zustande. Als Gründe wurden unter anderem Vorbehalte westlicher Juristen gegen die Notwendigkeit eines umfassenden Streitregelungsmechanismus ins Feld geführt.[59] Nachdem auf der ersten VN-Seerechtskonferenz keine Einigung über die Breite des Küstenmeers erzielt werden konnte, berief die VN-Vollversammlung eine zweite Seerechtskonferenz ein, die vom 17. März bis 26. April 1960 wiederum in Genf tagte.[60] Inmitten stand allerdings ausschließlich die Frage der Ausdehnung des Küstenmeers und der Fischereigrenzen, über die im übrigen auch hier keine Einigung erzielt werden konnte. Streitbeilegungsfragen waren nicht Gegenstand der Beratungen auf der zweiten VN-Seerechtskonferenz.[61]

3. Die dritte VN-Seerechtskonferenz und die Schaffung des Seerechtsübereinkommens

Die dritte VN-Seerechtskonferenz erörterte dann breit sämtliche Fragen des Seevölkerrechts, inklusive der Streitbeilegungsfragen,[62] was schließlich zur Ausarbeitung des Streitbeilegungsregimes in Teil XV des Seerechtsübereinkommens führte. Vorlaufarbeiten erfolgten im von 1969 bis 1973 tagenden sogenannten Meeresbo-

---

[55] Art. 1 des Streitbeilegungsprotokolls von 1958.

[56] Art. 3 und 4 des Streitbeilegungsprotokolls von 1958.

[57] Art. 2 des Streitbeilegungsprotokolls von 1958.

[58] Art. 2 des Streitbeilegungsprotokolls von 1958 (BGBl. II, 1972, S. 1102 ff.) iVm. Art. 9-12 Fischereikonvention von 1958.

[59] Zur Position der Sowjetunion, Lazarev, Modernes Seevölkerrecht, 1987, S. 191.

[60] GA resolution 1307 (XIII), Djonovich, Series I, Bd. VII, S. 148 f..

[61] UNCLOS II, A/CONF. 19/9, 1960, Report of the Committee of the Whole.

[62] GA resolution 2750 C (XXV), Djonovich, Series I, Bd. XIII, S. 241 (242 f.); List of subjects des vorarbeitenden Meeresbodenausschusses in Lay/Churchill/Nordquist, Documents, Bd. II, S. 745 ff.; GA resolution 3067 (XXVIII) in Platzöder (Hrg.), Third United Nations Conference on the Law of the Sea: Documents, 1982 (Platzöder, Documents), Bd. XVII, S. 3 f..

denausschuß (Sea-Bed-Committee).[63] Hier wurden vor allem Streitbeilegungsfragen erörtert, die mit der Errichtung eines Meeresbodenregimes zusammenhingen.[64] In diesem Stadium war daher an die Errichtung eines speziellen Meeresbodengerichts gedacht.[65] Lediglich Malta machte bereits hier Vorschläge zur Schaffung eines umfassenden seerechtlichen Streitbeilegungsregimes, das die Einrichtung eines International Maritime Court vorsah.[66] Über die speziellen Fragen eines Meeresbodenregimes hinaus schuf der Meeresbodenausschuß jedoch auch eine Agenda für die dritte VN-Seerechtskonferenz.[67]

Die konkrete Ausarbeitung von Teil XV SRÜ erfolgte auf der dritten VN-Seerechtskonferenz dann auf zwei verschiedenen Ebenen. Nachdem sich die Hauptkommissionen zu Beginn der Konferenz, in der sogenannten „Caracas-Sitzung" nicht eingehend mit der Frage seerechtlicher Streitbeilegung auseinandergesetzt hatten, gründete sich eine informelle Arbeitsgruppe zur Bearbeitung dieses Themas (Informal Working Group), an der ca. 30 Delegationen beteiligt waren. Diese Gruppe erstellte Arbeitspapiere mit verschiedenen Vorschlägen für ein Streitbeilegungsregime, die Grundlage für die Arbeit der „Streitbeilegungs-Gruppe" (Dispute Settelement Group) waren, zu der sich die informelle Gruppe 1974/75 weiterentwickelte.[68] Sie schuf das Grundkonzept des Streitbeilegungssystems im Seerechtsübereinkommen,[69] und unterbreitete der Konferenz am Ende der dritten Sitzung 1975 einen Vorschlag für ein seerechtliches Streitbeilegungsregime.[70]

Die Verhandlungen auf der dritten VN-Seerechtskonferenz waren über weite Teile vom Streit der Anhänger des generellen Ansatzes (general approach) mit den Anhängern des funktionellen Ansatzes (functional approach) geprägt. Erstere strebten eine einheitliche Lösung seerechtlicher Streitbeilegung, etwa in Form eines einzigen ständigen Seegerichtshofs, an, ohne aber spezielle Verfahren komplett auszu-

---

[63] GA resolution 2750 C, Djonovich, Series I, Bd. XIII, S. 241 (242 f.); List of subjects/Meeresbodenausschuß, Lay/Churchill/Nordquist, Documents, Bd. II, S. 745 ff..

[64] GA resolution 2750 C, Djonovich, Series I, Bd. XIII, S. 241 (242 f.).

[65] Entwurf des Statuts eines Meeresbodengerichts, Platzöder, Documents, Bd. XII, S. 54-65; DSG/1, 4. (a) in Platzöder, Documents, Bd. XII, S. 3; Adede The Basic Structure of the Disputes Settlement Part of the Law of the Sea Convention, ODIL, 1982, S. 125 ff..

[66] SBC-Report A/8421, GA Off. Records, Supplement No. 21 1971, S. 105 (176).

[67] List of subjects/Meeresbodenausschuß, Lay/Churchill/Nordquist, Documents, Bd. II, S. 745 ff..

[68] DSG/1-4 in Platzöder, Documents, Bd. XII, S. 3-22.

[69] DSG/2nd Session/No. 1-8 (inklusive aller revidierten Fassungen) in Platzöder, Documents, Bd. XII, S. 66-193.

[70] DSG/2nd Session/No. 1/Rev. 5 in Platzöder, Documents, Bd. XII, S. 108-129; A/CONF.62/Background Paper 1, ebd., S. 194-217.

schließen,[71] während die Funktionalisten maßgeschneiderte Ad-Hoc-Mechanismen, die zu bindenden Entscheidungen durch vor allem technische Experten führen sollten, befürworteten. So waren etwa Spezialverfahren für Streitigkeiten aus den Bereichen Tiefseebergbau, Schiffahrt, Fischerei, Meeresumweltschutz und wissenschaftliche Meeresforschung vorgesehen.[72] Hinzu traten Spezialprobleme in Verfahren einstweiligen Rechtsschutzes (vorläufige Maßnahmen und sofortige Freigabe von Schiffen), sowie die Diskussion der Ausnahmen von den bindenden Entscheidungen, was insbesondere durch die Entwicklungsstaaten unterstützt wurde, die bindende Entscheidungen in ihrer ausschließlichen Wirtschaftszone ablehnten.[73] Auch innerhalb der Gruppe der Generalisten bestand keine einheitliche Auffassung über das für die Entscheidung von Streitigkeiten unter dem Seerechtsübereinkommen zuständige Streitbeilegungsorgan. Die Vorstellungen gingen vom Internationalen Gerichtshof im Haag über einen speziellen Seegerichtshof bis hin zu schiedsgerichtlicher Konfliktregelung.[74] Im Falle eines einzigen zu schaffenden Gerichts stellte sich die Frage nach seiner Funktion: Ein-Instanz-Gericht oder Berufungsgericht für alle Arten seevölkerrechtlicher Verfahren?[75] Die Befürworter des Internationalen Gerichtshofs fürchteten um die völkerrechtliche Rechtseinheit und sahen die Gefahr sich widersprechender Entscheidungen verschiedener völkerrechtlicher Gerichte.[76] Die Anhänger eines speziellen Seegerichtshofs führten dagegen die fachliche Spezialisierung seiner Mitglieder ins Feld und unterstrichen, daß mit der Schaffung eines neuen völkerrechtlichen Gerichts auch Parteien Zugang finden könnten, die vor dem IGH bislang ausgeschlossen sind. So schlugen die Seegerichtshofs-Befürworter die Öffnung des Seegerichtshofs auch für internationale Organisationen sowie juristische und natürliche Personen des innerstaatlichen Rechts vor.[77] Außerdem sprach auch die geringe Akzeptanz des IGH eher dagegen, diesen allein als seevölkerrechtliches Streitbeilegungsmittel unter der Konvention zu etablieren.[78] Einer dritten Gruppe von Staaten wiederum waren streitige Verfahren vor dem Seegerichtshof zu starr. Eine Auswahl der kompetentesten

---

[71] DSG/3, Alt. A in Platzöder, Documents, Bd. XII, S. 15; Entwurf des Statuts eines Seegerichtshofs, DSG/4 in Platzöder, Documents, Bd. XII, S. 17 (23-53).

[72] DSG/3, Alt. B-E in Platzöder, Documents, Bd. XII, S. 15-17; DSG/1, 4., ebd., S. 3 f.; Beitrag von Polen und Sowjetunion, ebd., S. 231-233.

[73] Dupuy/Vignes, Handbook, S. 1335 f..

[74] DSG/2, 4., 5., 6. in Platzöder, Documents, Bd. XII, S. 5 (12-14); Entwurf eines Seegerichtshofsstatuts, ebd., (23 ff.); DSG/2nd Session/No. 1/Rev. 3, Art. 10, ebd., S. 85 (89); DSG/2nd Session/No. 1/Rev. 4, Art. 9, ebd. S. 98 (99 f.); DSG/2nd Session/No. 1/Rev. 5, Art. 9, ebd. S. 108 (110).

[75] Dupuy/Vignes, Handbook, S. 1335.

[76] 59th Plenary Meeting, Rdnr. 23, UNCLOS III, Off. Records, Bd. V, S. 13 (15).

[77] 58th Plenary Meeting, Rdnr. 11, UNCLOS III, Off. Records, Bd. V, S. 8 (9).

[78] Lehoux, La Troisième Conférence sur le droit de la mer et le règlement obligatoire des différends, CYIL Bd. XVIII, 1980, S. 31 (52).

Richter sei nur im Rahmen eines Schiedsverfahrens möglich, weshalb diese Staatengruppe das Streitbeilegungsregime des Seerechtsübereinkommens auf die Schiedsgerichtsbarkeit beschränken wollte.[79] Einige Staaten schließlich wollten ein obligatorisches Streitbeilegungssystem für das Seerechtsübereinkommen komplett verhindern und verfolgten statt dessen einen rein funktionalen Ansatz mit Streitschlichtung durch verschiedene Spezialorganisationen.[80]

Die letzten beiden Vorschläge begegnen insofern Bedenken, als es Ziel des Seerechtsübereinkommens gewesen war, einen wesentlichen Beitrag zur Weiterentwicklung völkerrechtlicher Streitbeilegung zu leisten.[81] Mit einer Beschränkung auf ein bloßes schiedsgerichtliches Streitbeilegungssystem wäre dies nicht möglich gewesen. Doch auch die Beschränkung der Streitbeilegungsmöglichkeiten auf ein spezielles Seegericht unter Ausschluß des IGH hätte die oben schon genannte Bedeutung des IGH in seevölkerrechtlichen Streitfragen mißachtet. Wenngleich das Statut des schließlich geschaffenen Internationalen Seegerichtshofs[82] die besondere fachliche Eignung auf dem Gebiet des Seerechts vorschreibt,[83] erfordert eine einschlägige Spezialisierung nicht unbedingt die Einrichtung eines speziellen Fachgerichts. Auch am IGH sitzen Richter mit ausgewiesener seerechtlicher Fachkenntnis.[84] Insofern trägt dieses Kompetenz-Argument derjenigen Staaten nicht, welche die Schlichtung von Streitigkeiten nach der Konvention allein einem Spezialgericht überantworten wollten. Hinzu treten die Vorbehalte einiger Staaten während der dritten VN-Seerechtskonferenz gegenüber einem exklusiven Spezialgericht für Seevölkerrecht. Die verschiedenen Positionen in der Konferenz mußten Berücksichtigung im Ergebnis finden.

In dem auf Vorschlag von Willem Riphagen schließlich gefundenen „Kompromiß von Montreux" wurde dann im Kern jenes System flexibler Streitbeilegung geschaffen, wie es schließlich in Art. 287 SRÜ Eingang gefunden hat.[85] Jedem Staat war es danach freigestellt, eine der vier Arten der Streitbeilegung zu wählen, zumindest aber ein Schiedsverfahren zu akzeptieren.[86] Hinsichtlich der streitigen Verfahren sah das Kompromißkonzept sowohl eine Anrufung des Internationalen Gerichtshofs, als auch des Internationalen Seegerichtshofs vor. Nachdem letzterer zunächst als bloßes Organ der Internationalen Meeresbodenbehörde vorgesehen

---

[79] 59th Plenary Meeting, Rdnr. 9-10, UNCLOS III, Off. Records, Bd. V, S. 13 (14).

[80] 60th Plenary Meeting, Rdnr. 28, UNCLOS III, Off. Records, Bd. V, S. 21 (24).

[81] GA resolution 2750 C (XXV), Djonovich, Series I, Bd. XIII, S. 241 (242 f.).

[82] Anlage VI SRÜ; im folgenden ISGH-Statut.

[83] Art. 2 Abs. 1 2. HS SRÜ Anlage VI.

[84] So etwa der Richter Oda.

[85] Informal text: A/CONF.62/WP.10/Rev.3 in Platzöder, Documents, Bd. II, S. 179 (297).

[86] A/CONF.62/WP.10/Rev.3 in Platzöder, Documents, Bd. II, S. 179 (297).

war,[87] einigte man sich 1975 auf die Schaffung eines eigenständigen Gerichtshofs.[88] Die Vertragsparteien schufen in dem im Anschluß an das Montreux-Wochende erstellten Text im Grundsatz Regelungen für fakultative und obligatorische Streitbeilegungsverfahren und den heutigen vier verschiedenen Arten gerichtlicher Streitbeilegung im Seerechtsübereinkommen.[89] Außerdem vereinbarten die Verhandlungspartner die Schaffung spezieller Verfahren für Fischerei- und Schiffahrtsstreitigkeiten sowie für Streitigkeiten über den Meeresumweltschutz und die wissenschaftliche Meeresforschung.[90] Damit hatten alle maßgeblichen, auf der Konferenz vertretenen Meinungen in das neue flexible Streitschlichtungsmodell Eingang gefunden.

---

[87] Art. 32 ISNT unter Teil III, A/CONF.62/WP.8 in Platzöder, Documents, Bd. I, 3 (6, 10).

[88] Art. 9 ISNT, A/CONF.62/WP.9 in Platzöder, Documents, Bd. I, S. 53 (54).

[89] Art. 9 ISNT, A/CONF.62/WP.9/Rev.1 in Platzöder, Documents, Bd. I, S. 77 (85); Entwurf eines Statuts für einen Seegerichtshof, DSG/2, 4., 5., 6. in Platzöder, Documents, Bd. XII, S. 5 (23 ff.).

[90] ISNT, Annex II A, B, C, A/CONF.62/WP.9 in Platzöder, Documents, Bd. I, S. 53 (62-64).

II. Ein flexibles System friedlicher Streitbeilegung

Das nach strittigen Verhandlungen schließlich geschaffene flexible System seerechtlicher Streitbeilegung ist um einen Ausgleich zwischen generellem und funktionellem Ansatz bemüht.[91] Es folgt im wesentlichen dem generellen Ansatz, enthält aber auch funktionelle Elemente. Letzteres zeigt sich in der Möglichkeit der Streitparteien für Fischereistreitigkeiten und für Streitigkeiten betreffend den Schutz der Meeresumwelt, die wissenschaftliche Meeresforschung oder die Schiffahrt, ein mit Experten besetztes spezielles Schiedsgericht nach Anlage VIII zum SRÜ[92] mit der Entscheidung des Streits betrauen können.[93] Für Streitigkeiten, welche die Ausbeutung des Meeresbodens betreffen, existiert nun die Meeresbodenkammer des Internationalen Seegerichtshofs.[94] Die Meeresbodenkammer kann auch Schiedsverfahren in Handelssachen durchführen.[95] Darüber hinaus besteht gemäß Art. 15 Abs. 2 ISGH-Statut die Möglichkeit für den Seegerichtshof, Ad-Hoc-Kammern für spezielle Streitigkeiten einzurichten.

Der generelle Ansatz des Seerechtsübereinkommens besteht aus den drei wesentlichen Mechanismen seerechtlicher Streitbeilegung: Dem Internationalen Seegerichtshof, dem Internationalen Gerichtshof und der Schiedsgerichtsbarkeit nach Anlage VII SRÜ.[96] Die Streitparteien sind hiernach frei, im Falle eines Streites über Auslegung oder Anwendung des Seerechtsübereinkommens zwischen einem der vorgenannten Mittel friedlicher Streitbeilegung zu wählen. Für Streitigkeiten über Auslegung oder Anwendung einer mit dem Seerechtsübereinkommen zusammenhängenden Übereinkunft, ist das Streitbeilegungsregime des Seerechtsübereinkommens gemäß Art. 288 Abs. 2 SRÜ, 21 Alt. 2 ISGH-Statut ebenfalls anwendbar, wenn der Streit dem entsprechenden Gericht oder Gerichtshof in Übereinstimmung mit der Übereinkunft unterbreitet worden ist. Ein Zusammenhang ist in Zusammenschau mit Art. 22 Abs. 1 Anlage VI SRÜ dann gegeben, wenn diese Übereinkunft vom Seerechtsübereinkommen erfaßte Gegenstände regelt. Ob das Streitbeilegungsregime des Seerechtsübereinkommens indes auch für Streitigkeiten über Auslegung oder Anwendung völkerrechtlicher Abkommen gilt, die mit dem Seerechtsübereinkommen in keinerlei Zusammenhang stehen, ist fraglich.[97] Dafür sprechen die Art. 21 und 22 ISGH-Statut. Während, wie gesehen, auch Art. 22 ISGH-Statut einen Zusammenhang mit dem Seerechtsübereinkommen verlangt

---

[91] Adede, ODIL, 1982, S. 125: "Adoption of a flexible system of dispute settlement".

[92] Im folgenden: Anlage VIII SRÜ (Anlage VII SRÜ etc.).

[93] Art. 287 Abs. 1 lit. d) SRÜ, Art. 1 Anlage VIII SRÜ.

[94] Art. 14, 35 ff. Anlage VI, Art. 186 ff. SRÜ.

[95] Art. 188 SRÜ.

[96] Art. 287 Abs. 1 SRÜ.

[97] Rao, The ITLOS and its Guidelines, IJIL 1998, S. 371 (372).

und obendrein nur für vor dem Seerechtsübereinkommen geschlossene Abkommen gilt, spricht Art. 21 ISGH-Statut nur von einer „sonstigen Übereinkunft", erfaßt also scheinbar alle übrigen völkerrechtlichen Verträge. Art. 21 ISGH-Statut ist jedoch in Zusammenhang mit Art. 288 Abs. 2 SRÜ zu lesen, der, wie gesehen, ein ausdrückliches Erfordernis eines Zusammenhangs der jeweiligen Streitmaterie mit dem Seerechtsübereinkommen enthält. Die Zuständigkeitsvorschrift des Art. 21 ISGH-Statut hinwiederum bezieht sich aber auf die Zuständigkeitsregelung der Konvention (Art. 288 SRÜ). Dementsprechend gilt das Streitbeilegungsregime des Seerechtsübereinkommens nur für Auslegungs- und Anwendungsstreitigkeiten, welche dieses selbst oder andere seerechtliche Übereinkünfte betreffen.

III. Basistexte des Seerechtsübereinkommens

Bei der Beschäftigung mit dem Seerechtsübereinkommen der Vereinten Nationen sollen, der Übersichtlichkeit wegen, verschiedene Textgruppen unterschieden werden.

Aus der Zeit vor Schaffung eines verbindlichen Vertragstexts liegen die Dokumente der Dritten VN-Seerechtskonferenz vor. Im Vorfeld der Konferenz hat bereits die Dispute Settlement Group Ideen entwickelt, die sich teilweise in den Konferenzdokumenten unter der Bezeichnung DSG/[...] wiederfinden.[98] Die Dokumente der Konferenz selbst firmieren unter den unterschiedlichsten Bezeichnungen.[99] Die drei großen Textentwürfe der Konferenz sind nacheinander der Informal Single Negotiating Text (ISNT),[100] seine überarbeitete Fassung, der Revised Single Negotiating Text (RSNT)[101] und der ebenfalls immer wieder überarbeitete Informal Composite Negotiating Text (ICNT).[102] Am Ende der Beratungen steht ein Entwurf des Seerechtsübereinkommens, die Draft Convention.[103] Die drei Texte ISNT, RSNT und ICNT tragen die Konferenznummerierung A/CONF[...].

Das schließlich rechtsverbindlich gewordene Übereinkommen besteht aus einem Haupttext[104] und insgesamt neun Anlagen,[105] darunter das Statut des Internationalen Seegerichtshofs in Anlage VI.[106] Alle Anlagen sind integraler Bestandteil des Übereinkommens.[107] Der Haupttext des Seerechtsübereinkommens ist in XVII Teile untergliedert, wobei der das Tiefseebergbauregime enthaltende Teil XI erst später integriert wurde und man deshalb mehrere Abkommen mit vorläufigen Regelungen in bezug auf den Tiefseeboden schuf.[108] In Teil XV findet sich das Streitbeilegungsregime des Seerechtsübereinkommens, das in vorliegender Darstellung in erster Linie interessiert.

---

[98] Abgedruckt zum großen Teil in Platzöder (ed.), Third United Nations Conference on the Law of the Sea: Documents (Platzöder, Documents), Bd. XII, S. 1-193.

[99] Platzöder, Documents, Bd. XII, S. 194-557.

[100] Platzöder, Documents, Bd. I, S. 1-114.

[101] Platzöder, Documents, Bd. I, S. 117-299.

[102] Platzöder, Documents, Bd. I, S. 301-537 u. Bd. II, S. 3-175.

[103] Platzöder, Documents, Bd. II, S. 179-538.

[104] BGBl. Teil II, 1994, S. 1798 ff.; Sartorius II, Internationale Verträge/Europarecht, Nr. 350.

[105] Abgedruckt in Platzöder/Grunenberg, Internationales Seerecht 1990, S. 159-219 (dt. Fassung) u. S. 434-489 (engl. Fassung).

[106] Abgedruckt in Sartorius II, Nr. 350 a. E..

[107] Art. 318 SRÜ.

[108] Platzöder/Grunenberg, S. 262-294.

C. Das Streitbeilegungsregime im Seerechtsübereinkommen

Die Frage einer obligatorischen internationalen Gerichtsbarkeit unter dem Seerechtsübereinkommen wurde auf der dritten VN-Seerechtskonferenz frühzeitig diskutiert und letztlich von der Mehrheit der Staaten unterstützt.[109] Das Ergebnis wird gemeinhin als grundsätzlich obligatorisches Streitbeilegungsregime bezeichnet,[110] das im wesentlichen auf der Einsicht beruhe, daß der im Seerechtsübereinkommen gefundene fragile Kompromiß einer Weltordnung für die Meere durch eine möglichst zwingende gerichtliche Einrichtung zu schützen sei.[111] Dem hat sich auch die UdSSR nicht entziehen können, was die Schaffung des Streitbeilegungsregimes im Seerechtsübereinkommen wesentlich ermöglichte (die Russische Föderation ist in der Konsequenz, zwar spät, auch dem Seerechtsübereinkommen beigetreten, wenngleich unter den Vorbehalten des Art. 298 SRÜ).

---

[109] DSG/1 (Fragen 1. u. 2.) in Platzöder, Documents, Bd. XII, S. 3; Art. 9 ISNT, A/CONF.62/WP.9 in Platzöder, Documents, Bd. I, S. 53 (54).

[110] Jaenicke, Die dritte Seerechtskonferenz der Vereinten Nationen, ZaöRV 1978, S. 438 (505).

[111] Ebd..

I. Obligatorische Gerichtsbarkeit

Zwar wird mitunter von einem raschen Konsens auf der dritten VN-Seerechtskonferenz über ein obligatorisches Streitbeilegungsregime berichtet.[112] Es fragt sich aber, ob das schließlich geschaffene Modell tatsächlich obligatorischer Natur ist. Bei genauerem Hinsehen ist dies nicht der Fall. Mithin existiert im Rahmen der Vereinten Nationen bislang überhaupt kein umfassendes obligatorisches System der Streitbeilegung.[113] Zwar bestehen mit dem Internationalen Gerichtshof und dem Internationalen Seegerichtshof streitige unabhängige, ständige Streitschlichtungseinrichtungen,[114] die von der wohl überwiegenden Auffassung zur obligatorischen Gerichtsbarkeit gezählt werden.[115] Aber auch diese Einrichtungen sind von einer Akzeptanz der Streitparteien abhängig, die sich ihrer Gerichtsbarkeit entweder unterwerfen,[116] oder eine entsprechende Wahl treffen müssen,[117] so daß der Begriff der obligatorischen Streitbeilegung hier im Grunde genommen nicht paßt.

Die obligatorische Streitbeilegung umfaßt mehrere Aspekte. Zum einen stehen die sogenannten obligatorischen Verfahren den fakultativen (nichtobligatorischen) gegenüber. Als Obligatorium werden dabei von der überwiegenden Ansicht in der Völkerrechtswissenschaft jene Verfahren bezeichnet, die auf Antrag nur einer Streitpartei und somit einseitig zum Einsatz kommen.[118] Die andere(n) Streitpartei(en) ist/sind dann gezwungen, sich auch auf jenes Verfahren einzulassen. Fakultative Verfahren kommen hingegen nur einvernehmlich in Gang.[119] Regelmäßig aber wird als Ausfluß des völkerrechtlichen Souveränitätsprinzips auch bei diesen sogenannten obligatorischen Verfahren eine wie auch immer geartete Zustimmung der entsprechenden Staaten gefordert:[120] sei es vor Aufkommen des Streits durch Unterwerfungserklärung wie in Art. 36 SRÜ oder durch Wahlerklärung wie in Art.

---

[112] R. Bernhardt, Die Streitbeilegung im Rahmen der Neuordnung des Seerechts, ZaöRV 1978, S. 959 (961).

[113] Tomuschat in Simma (ed.), VNC-Kommentar, Art. 33, Rdnr. 34; Brownlie, Principles of Public International Law, 5. Aufl., 1998, S. 703; Churchill/Lowe, The law of the sea, 3. Aufl. 1999, S. 450.

[114] Art. 92 S. 1 VNC; 1, 2 IGH.

[115] Nordquist, UNCLOS Commentary, Bd. V, Rdnr. 286.1.; Jaenicke in Wolfrum/Philipp (ed.), United Nations: Law, Policies and Practice, 1995, Bd. 2, S. 800 f.; aA wohl Handbook on the Peaceful Settlement of Disputes between States, United Nations 1992, Rdnr. 196-198; Merrills, International Dispute Settlement, 3. Aufl., 1998, S. 121.

[116] Art. 36 Abs. 2 IGH.

[117] Art. 287 SRÜ.

[118] Jaenicke in Wolfrum/Philipp (ed.), UN: Law, Policies and Practice, 1995, Bd. 2, S. 800; Lehoux, CYIL, 1980, S. 31 (34).

[119] Riphagen in Rozakis/Stephanon, The New Law of the Sea 1983, S. 284.

[120] Churchill/Lowe, The law of the sea, 3. Aufl. 1999, S. 450.

287 SRÜ, sei es durch Mitgliedschaft in einem bestimmten völkerrechtlichen Vertrag, der eine entsprechende Streitbeilegungsklausel für Streitigkeiten über seine Auslegung oder Anwendung enthält,[121] sei es auch nach Aufkommen des Streits durch Abschluß einer Streitbeilegungsvereinbarung ad hoc durch die Parteien.[122] Auch in den obligatorischen Verfahren nach dem IGH-Statut oder nach Teil XV SRÜ sind die Völkerrechtssubjekte daher nicht gezwungen, sich einem bestimmten Verfahren zu beugen.

Die Abgrenzung zwischen fakultativen und obligatorischen Verfahren kann daher Schwierigkeiten bereiten. Dabei ist die bloße Notwendigkeit, daß eine Partei das betreffende Verfahren durch einen Antrag o. ä. in Gang bringt, zunächst kein Argument gegen den obligatorischen Charakter des Verfahrens, denn auch in vergleichbaren Verfahren zwischen nichtsouveränen Rechtssubjekten des innerstaatlichen Rechts gilt, „Wo kein Kläger, da kein Richter". Die Möglichkeit, ein Verfahren einseitig in Gang zu setzen ist, wie schon gesagt, vielmehr Wesensmerkmal obligatorischer Streitbeilegung. Der Unterschied zum innerstaatlichen Recht liegt aber in der Notwendigkeit zusätzlicher Unterwerfungs-, Zustimmungs- oder Wahlentscheidungen der völkerrechtlichen Streitparteien.

Die Verfahren vor dem Ständigen Internationalen Gerichtshof ließen sich relativ klar als fakultative Verfahren qualifizieren.[123] Seine Zuständigkeit ergab sich erst durch generelle oder besondere Vereinbarung der Parteien.[124] Die IGH-Zuständigkeitsbegründung, durch Unterbreitung aufgrund einer Ad-Hoc-Vereinbarung, durch Zustimmungserteilung der Gegnerpartei nach Klageerhebung durch die andere Partei und die Zuständigkeitsbegründung aufgrund sog. kompromissarischer Klauseln in anderen völkerrechtlichen Übereinkommen sind jedenfalls fakultativer Art. Schwieriger zu beurteilen ist die Zuständigkeitsbegründung des IGH nach Art. 36 Abs. 2 IGH-Statut. Die Qualifizierung dieser Art der Zuständigkeitsbegründung als obligatorisch ist weit verbreitet.[125] In der Tat wird hier die Zuständigkeit eines ständigen internationalen Gerichts ohne gesonderte völkerrechtliche Übereinkunft begründet. Ausreichend ist neben oder anstatt[126] der Mitgliedschaft im IGH-Statut allein eine einseitige Unterwerfungserklärung des betreffenden Staats. Dennoch ist aber auch jene zwingend notwendig, um das Verfahren im Haag in die Wege zu leiten. Der IGH ist mithin nicht eo ipso zuständig. Von einer

---

[121] Art. 36 Abs. 1 Alt. 2 IGH.

[122] Art. 36 Abs. 1 Alt. 1 IGH.

[123] Nordquist, UNCLOS Commentary, Bd. V, Rdnr. 279.1; zur Verpflichtung aus Art. 2 Nr. 3 VNC Wolfrum, Handbuch Vereinte Nationen, 2. Aufl. 1991.

[124] Verdross/Simma, Universelles Völkerrecht, 3. Aufl., § 1319.

[125] Fischer in Ipsen, Völkerrecht, 1999, § 62, Rdnr. 44.

[126] Art. 35 Abs. 2 IGH.

wirklich obligatorischen Gerichtsbarkeit läßt sich daher vor diesem Hintergrund auch hier nicht sprechen.

Für das Hauptsacheverfahren vor dem Internationalen Seegerichtshof gilt nichts anderes. Das Seerechtsübereinkommen sieht in Art. 287 SRÜ ein Wahlrecht der Streitparteien ob des anzuwendenden Streitbeilgegungsverfahrens vor. Zwar entspricht das Wahlverfahren nach Art. 287 SRÜ nicht der Unterwerfungserklärung nach Art. 36 Abs. 2 IGH-Statut. Gemein haben die beiden Instrumente jedoch, daß eine einseitige Erklärung abgegeben werden muß, damit der Gerichtshof tätig werden kann. Eine automatische Zuständigkeitsbegründung gibt es also auch hier nicht. Internationaler Seegerichtshof und Internationaler Gerichtshof stellen daher keine durchgängige obligatorische Gerichtsbarkeit dar.

Mit einer Reihe spezieller Verfahren, die unten noch genauer zu analysieren sein werden, enthält das Seerechtsübereinkommen jedoch Ausnahmen hiervon. So gilt in Verfahren einstweiligen Rechtsschutzes (Art. 290 Abs. 5 SRÜ), in Verfahren der sofortigen Freigabe von Schiffen (Art. 292 SRÜ) und in Verfahren vor der Meeresbodenkammer des Gerichtshof nicht die Pflicht der Parteien zur Abgabe einer Wahlerklärung nach Art. 287 SRÜ. Hier wird ohne weiteres Zutun der Parteien die Gerichtsbarkeit des Internationalen Seegerichtshofs begründet. Wenngleich auch hier zumindest die Mitgliedschaft im Seerechtsübereinkommen vorausgesetzt ist, kann vorsichtig von obligatorischer Gerichtsbarkeit gesprochen werden. Denn die Voraussetzungen für ein Eingreifen der Verfahren vor dem Internationalen Seegerichtshof oder dem IGH unterliegen hier nur noch der bei Zusammenwirken souveräner Staaten unentbehrlichen völkervertragsrechtlichen Zustimmung. Wer ganz konsequent ist, mag auch dies nicht mehr als Obligatorium anerkennen und die Existenz obligatorischer Streitbeilegung im Völkerrecht überhaupt bestreiten. Auch im Bereich der internationalen Schiedsgerichtsbarkeit läßt sich zwischen obligatorischer und fakultativer Gerichtsbarkeit unterscheiden.[127] Das Streitbeilegungsregime des Seerechtsübereinkommens enthält hier weitere obligatorische Verfahren, auf die weiter unten eingegangen werden soll.

Die Verfahren des Abschnitts 2 werden zum einen gemeinhin als obligatorisch bezeichnet, zum anderen führen sie auch zu bindenden Entscheidungen.

---

[127] Cory unterscheidet in "compulsary und voluntary arbitration", Cory, Compulsory Arbitration of International Disputes, 1972, Introduction, S. ix.

II. Bindende Entscheidungen

Der zweite Aspekt obligatorischer Gerichtsbarkeit betrifft die Entscheidungen. Obligatorische Entscheidungen sind bindend und daher von den Streitparteien zu befolgen. Mögen sie aufgrund des völkerrechtlichen Souveränitätsgrundsatzes zugunsten von Staaten auch nicht vollstreckbar sein,[128] so besteht dennoch eine völkerrechtliche Verpflichtung, diese Entscheidungen umzusetzen.[129]

Bindend sind zunächst alle Entscheidungen von IGH und Internationalem Seegerichtshof unter dem Seerechtsübereinkommen.[130] Hierunter fallen auch vorläufige Maßnahmen nach Art. 290 Abs. 5 SRÜ und Entscheidungen über die sofortige Freigabe von Schiffen und Besatzungen nach Art. 292 SRÜ. Diese Entscheidungen haben zwar nur vorläufigen Charakter, sind aber dennoch bindend und damit rechtlich verpflichtend für die Parteien. Bindend sind schließlich gemäß Art. 81 Abs. 1, 84 S. 1 des Haager Abkommens von 1907 auch die Entscheidungen der internationalen Schiedsgerichtsbarkeit.[131]

---

[128] Lehoux, CYIL, 1980, S. 31 (66 f.).

[129] Ebd..

[130] Art. 59 IGH, Art. 33 ISGH-Statut.

[131] Wolfrum, Handbuch Vereinte Nationen, 2. Aufl. 1991, S. 815; Fischer in Ipsen, Völkerrecht, 1999, § 62, Rdnr. 32; Tomuschat in Simma, VNC-Kommentar, Art. 33, Rdnr. 30.

III. Die Zuständigkeit des Internationalen Seegerichtshofs

Allgemein sind internationale Gerichte und Gerichtshöfe im Völkerrecht nicht eo ipso zuständig. Nach dem aus dem Souveränitätsprinzip der Staaten fließenden völkerrechtlichen Grundsatz der begrenzten Einzelermächtigung unterliegt das Tätigwerden völkerrechtlicher Gerichte grundsätzlich der souveränen Entscheidung der Staaten und anderen Völkerrechtssubjekte. Mithin unterliegen staatliche Streitparteien völkerrechtlicher Gerichtsbarkeit daher nur mit ihrer Zustimmung.

1. Vorbemerkung: Obligatorische Regeln im Seerechtsübereinkommen

Das Streitbeilegungsregime im Seerechtsübereinkommen der Vereinten Nationen enthält im Prinzip den selben Grundsatz. Im Unterschied zu anderen, früheren Mitteln friedlicher Streitbeilegung im Völkerrecht enthält es jedoch vor allem im Bereich einstweiligen Rechtschutzes auch obligatorische Verfahren. Hierzu zählen v. a. die Fähigkeit einer Anordnung vorläufiger Maßnahmen[132] und die Anordnung der sofortigen Freigabe von Schiffen,[133] auf die noch genauer einzugehen sein wird. Die Anordnung vorläufiger Maßnahmen proprio motu, also ohne Parteiantrag,[134] ist hierbei insofern obligatorisch, als es für deren Anordnung keiner weiteren Zustimmung seitens der Streitparteien bedarf. Eine Inzidentkompetenz internationaler Gerichte zur Anordnung vorläufiger Maßnahmen in Absenz einer ausdrücklichen Regelung,[135] gibt es allerdings nicht. Die Befugnis des IGH zur Anordnung von Maßnahmen ohne explizite Zustimmung der Parteien fließt gerade daraus, daß das Statut solche Maßnahmen ausdrücklich vorsieht.[136] Mit ihrer Mitgliedschaft im Statut haben die Parteien bereits die Möglichkeit nach Art. 41 desselben akzeptiert. Zudem verbietet die Regelung des Art. 290 Abs. 3 SRÜ für den Seegerichtshof explizit die Anordnung vorläufiger Maßnahmen ohne Parteiantrag und -anhörung. Eine völkergewohnheitsrechtliche Regel zur Anordnung vorläufiger Maßnahmen proprio motu besteht daher nicht.

Insgesamt zeichnet sich das Streitbeilegungsregime des Seerechtsübereinkommens als flexibles Regime aus, das weniger von obligatorischer Gerichtsbarkeit, denn von Wahlfreiheit der Streitparteien zwischen verschiedenen Mitteln der Streitregelung gekennzeichnet ist. Im folgenden werden daher die verschiedenen Streitbeilegungsmittel erörtert, wobei ein Schwerpunkt auf ihrer Anwendbarkeit und Ab-

---

[132] Art. 290 SRÜ, 25 ISGH-Statut.

[133] Art. 292 SRÜ.

[134] Art. 41 IGH-Statut.

[135] Merrills, International Dispute Settlment, 3. Aufl., 1998, S. 123 ff..

[136] Merrills, International Dispute Settlment, 3. Aufl., 1998, S. 123 ff..

grenzung liegt. Auch ist dabei auf die Frage nach einer möglichen staatlichen Präferenz für das eine oder andere friedliche Streitbeilegungsmittel einzugehen.

2. Zuständigkeitsregeln im Seerechtsübereinkommen

An zwei Stellen regelt das Seerechtsübereinkommen die Zuständigkeit des Internationalen Seegerichtshofs. Zum einen in Teil XV für allgemeine seevölkerrechtliche Konflikte und zum anderen in Teil XI Abschnitt V für Meeresbodenstreitigkeiten. Eine Zuständigkeit des Seegerichtshofs kann sich darüber hinaus aber gemäß Art. 288 Abs. 2 SRÜ auch aus dritten Abkommen ergeben. Die Zuständigkeit des Seegerichtshofs nach dem Seerechtsübereinkommen ist dabei der praktisch bedeutendere Fall. Hierfür müssen die Zuständigkeitsvoraussetzungen aus Teil XV oder Teil XI Abschnitt 5 SRÜ gegeben sein.

a) Zuständigkeit des Internationalen Seegerichtshofs nach Teil XV SRÜ

Dieser Teil enthält das Streitbeilegungsregime des Übereinkommens und damit auch die maßgeblichen Zuständigkeitsvorschriften für den Internationalen Seegerichtshof. Teil XV SRÜ ist in drei Abschnitte gegliedert: Der erste Abschnitt enthält Regelungen zu allgemeinen Prinzipen für die Beilegung seerechtlicher Konflikte und diplomatische Mittel der Streitbeilegung; Abschnitt 2 regelt gerichtliche Verfahren der Streitbeilegung, die zu bindenden Entscheidungen führen, und umfaßt dabei streitige und Schiedsgerichtsbarkeit. Dieser Abschnitt enthält somit über Art. 288 SRÜ den Einstieg in die Zuständigkeit des Internationalen Seegerichtshofs im Rahmen dieser Verfahren. Mit den Verfahren der sofortigen Freigabe von Schiffen und ihren Besatzungen[137] und der Anordnung vorläufiger Maßnahmen[138] regelt er außerdem die wenigen obligatorischen Verfahren, die sich in völkerrechtlichen Streitbeilegungsregimen finden. Abschnitt 3 schließlich betrifft Grenzen und Ausnahmen des Teils XV SRÜ.[139]

Teil XV Abschnitt 2 SRÜ regelt sowohl die persönliche, als auch die sachliche Zuständigkeit des Internationalen Seegerichtshofs. Erstere ergibt sich aus Art. 291 SRÜ, zweitere aus Art. 288 iVm. 287 Abs. 1 lit. a) SRÜ. Voraussetzung für die Zuständigkeit des Seegerichtshofs ist grundsätzlich zunächst, daß Teil XV Abschnitt 2 SRÜ überhaupt anwendbar ist. Einstiegsnorm hierfür ist Art. 286 SRÜ.

---

[137] Art. 292 SRÜ.
[138] Art. 290 V SRÜ.
[139] Zum Aufbau des Seerechtsübereinkommens s. o. u. B. III..

aa) Anwendbarkeit des Abschnitts 2 nach Maßgabe von Art. 286 SRÜ

Art. 286 SRÜ eröffnet den Anwendungsbereich des speziellen Streitbeilegungsregimes unter dem Seerechtsübereinkommen mit seinen gerichtlichen Verfahren. Folgende drei Grundsätze prägen dieses Regime:

- Die im ersten Abschnitt von Teil XV SRÜ verbriefte Pflicht zur friedlichen Beilegung ihrer Streitigkeiten.

- Die Sekundärqualität der speziellen seerechtlichen Streitbeilegungsverfahren nach Teil XV Abschnitt 2 SRÜ.[140]

- Die Wahlfreiheit der Parteien ob des Mittels ihrer Streitregelung.[141]

aaa) Die Verpflichtung zur friedlichen Streitbeilegung nach dem Seerechtsübereinkommen – Art. 279 SRÜ

Art. 279 SRÜ weist auf die aus der VNC fließende[142] allgemeine völkerrechtliche Verpflichtung zur Friedlichkeit der eventuellen Beilegung eines Streits zwischen Staaten über die Auslegung oder Anwendung des Seerechtsübereinkommens hin. Dafür spricht erstens der Wortlaut von Art. 279 SRÜ, der klar von einer Streitbeilegung „durch friedliche Mittel" spricht. Zweitens spricht hierfür die explizite Verweisung von Art. 279 in Kapitel VI VNC. In der Vergangenheit wurde die Übertragung des Grundsatzes friedlicher Streitbeilegung in das Seerechtsübereinkommen schon deshalb für wichtig gehalten, weil sie eine Ausdehnung des Anwendungsbereichs des Seerechtsübereinkommens auch auf Nichtmitglieder der VN bedeutete.[143] Von der Tatsache abgesehen, daß der Grundsatz der friedlichen Streitbeilegung aber zumindest Völkergewohnheitsrecht,[144] wenn nicht gar ius cogens[145] ist, hat dieser Aspekt quantitativ geringe Bedeutung, da die meisten Staaten heute eben doch VN-Mitglieder sind. Bedeutend kann die Frage nach einer Geltung des Grundsatzes friedlicher Streitbeilegung erga omnes allerdings für die Verpflichtung auch anderer Völkerrechtssubjekte wie internationaler Organisationen oder gar Akteure ohne eigene Rechtspersönlichkeit auf der internationalen Bühne sein.[146] Schließlich

---

[140] Art. 286 SRÜ.

[141] Lehoux, CYIL, 1980, S. (31) 42-48.

[142] Art. 2 Nr. 3, Kapitel VI VNC.

[143] Nordquist, UNCLOS Commentary, Bd. V, Rdnr. 279.1..

[144] Tomuschat in Simma, VNC-Kommentar, Art. 2 Nr. 3, Rdnr. 19.

[145] Art. 53 WVRK.

[146] Tomuschat in Simma, VNC-Kommentar, Art. 2 Nr. 3, Rdnr. 19.

kann die Einbeziehung des Gerechtigkeitsgedankens aus Art. 2 Nr. 3 VNC in das seerechtliche Streitbeilegungsregime durchaus ein beachtenswerter Aspekt sein.[147]

Mit der Schaffung des Seerechtsübereinkommens der Vereinten Nationen hat die Verpflichtung zur friedlichen Streitbeilegung aus der VNC insofern eine neue Qualität erhalten. Art. 279 SRÜ ist dabei nicht als Verpflichtung zur Beilegung des Streits,[148] sondern als Verpflichtung zu entsprechenden Bemühungen zu sehen.[149] Verboten ist durch Art. 279 SRÜ iVm. 33 VNC jede gewaltsame Beilegung von Streitigkeiten. Das erklärt sich gewiß auch daraus, daß die Friedlichkeit der Streitbeilegung im internationalen Seerecht angesichts der historischen Rolle der Weltmeere als Invasionsmedium eine besondere Bedeutung hat.[150] Der Grundsatz friedlicher Streitbeilegung hat unter dem Seerechtsübereinkommen aber auch noch eine weitere wichtige Bedeutung. Das Seerechtsübereinkommen ist ein mühsam ausgehandeltes Werk völkervertraglicher Kompromisse.

Fraglich ist zunächst die Bedeutung von Art. 279 SRÜ als Regel zur friedlichen Streitbeilegung und insbesondere sein Verhältnis zur Verpflichtung friedlicher Streitbeilegung aus der Charta der Vereinten Nationen.

Neben der Nennung des Grundsatzes der friedlichen Beilegung von Streitigkeiten über die Anwendung und Auslegung des Seerechtsübereinkommens, nimmt Art. 279 SRÜ Bezug auf die allgemeine Verpflichtung zur friedlichen Streitbeilegung aus Art. 2 Nr. 3 VNC und auf deren Konkretisierung in Art. 33 VNC.

Strittig ist der Charakter der allgemeinen Verpflichtung aus Art. 2 Nr. 3 VNC als Norm zwingenden Völkerrechts (ius cogens), das von jedem einzuhalten ist.[151] Unstreitig ist Art. 2 Nr. 3 VNC eine zentrale Norm des Systems der Vereinten Nationen.[152] Die Verpflichtung zur friedlichen Streitbeilegung prägt nicht nur die Charta der Vereinten Nationen, sondern die gesamte Völkerrechtsordnung in der zweiten Hälfte des 20. Jahrhunderts.[153] Gegen den zwingenden Charakter der Norm wird jedoch eingewandt, die Staaten wollten sich ihre Mittel der Streitbeilegung nicht

---

[147] Nordquist, UNCLOS Commentary, Bd. V, Rdnr. 279.1; 1991; Fischer in Ipsen, Völkerrecht, 1999, § 62, Rdnr. 2 f..

[148] Art. 280 SRÜ.

[149] Lehoux, CYIL, 1980, S. (31) 42.

[150] Dupuy/Vignes, Handbook, S. 1342.

[151] IGH Fisheries Jurisdiction, ICJ Reports, 1974, S. 1 (32, 201); schiedsgerichtliches Urteil, griechische Entschädigungsforderungen gegen BRD wegen Neutralitätsverletzungen im ersten Weltkrieg, ArchVR 16 (1974/75), S. 344 f..

[152] Cot/Pellet, La Charte des Nations Unies, Art. 2 para. 3, S. 103.

[153] IGH, North Sea Continental Shelf, Urteil vom 20.02.1969, ICJ Reports, 1969, S. 1 (47).

aufzwingen lassen.[154] Dieses Argument kann deshalb nicht überzeugen, weil Art. 2 Nr. 3 VNC staatlichen Streitparteien nicht etwa bestimmte Mittel der Streitbeilegung zwingend vorschreibt – wie gesehen gibt es im heutigen Völkerrecht kein allgemeines Prinzip obligatorischer Streitbeilegung – sondern lediglich ein Kriterium für die anzuwendenden Streitbeilegungsmittel festlegt. In diesem Rahmen sind die Staaten frei ob der Wahl ihres Streitbeilegungsmittels. Die Rahmennorm Art. 2 Nr. 3 VNC aber hat auch im Hinblick auf das Verbot, Konflikte gewaltsam beizulegen[155] Absolutheitscharakter und ist daher ius cogens.[156] Unabhängig davon aber bindet die Charta und damit der Streitbeilegungsgrundsatz alle Mitglieder der Vereinten Nationen, also nahezu alle Staaten der Erde. Der Grundsatz friedlicher Streitbeilegung aus Art. 2 Nr. 3 VNC gilt daher generell für die zwischen Staaten beizulegenden Streitigkeiten. Damit kommt der Nennung von Art. 2 Nr. 3 VNC in Art. 279 SRÜ nur klarstellende Funktion zu, die daran erinnert, daß auch Streitigkeiten unter dem Seerechtsübereinkommen friedlich beizulegen sind. Diese Nennung stellt insoweit keine Verweisung auf den ohnehin geltenden allgemeinen Streitbeilegungsgrundsatz der VNC dar.[157]

Das Verhältnis von Art. 279 SRÜ zu Art. 33 VNC ist ähnlich zu interpretieren, zumal es sich bei Art. 33 VNC im wesentlichen um eine Konkretisierung von Art. 2 Nr. 3 VNC handelt,[158] die einige friedliche Streitbeilegungsmittel nennt. Allerdings spricht Art. 279 SRÜ im Gegensatz zu Art. 33 VNC nicht von einer Sicherheits- oder Friedensgefährdung,[159] also eine Situation in der die Gefahr eines Verstoßes gegen das Gewaltverbot aus Art. 2 Nr. 4 VNC besteht.[160] Daraus ließe sich folgern, daß Art. 279 SRÜ eigenständige Bedeutung neben Art. 33 VNC zukommt.[161] Dafür spricht die Verweisung in Art. 279 SRÜ nicht auf den gesamten Art. 33 VNC, sondern nur auf die dort genannten Mittel friedlicher Streitbeilegung, Art. 279 a. E. SRÜ: „[...] und bemühen sich zu diesem Zweck um eine Lösung durch die in Artikel 33 Absatz 1 der Charta genannten Mittel". Auf eine Friedensgefährdung kommt es daher im Seerechtsübereinkommen nicht an.[162] Im Seerechtsübereinkommen sollte von allgemein geltenden Streitbeilegungsgrundsätzen, wie dem Friedlichkeitsgebot

---

[154] Cot/Pellet, La Charte des Nations Unies, Art. 2 para. 3, S. 105.

[155] Art. 2 Nr. 4 VNC.

[156] Tomuschat in Simma, VNC-Kommentar, Art. 2 Ziff. 3, Rdnr. 1.

[157] von Wedel, RIW 1982, S. 634 (635) spricht von generellem Verweis.

[158] Verdross/Simma, Universelles Völkerrecht, 3. Aufl., § 463.

[159] Dagegen spricht Art. 2 Nr. 3 VNC nur allgemein von internationalen Streitigkeiten.

[160] Tomuschat in Simma, VNC-Kommentar, Art. 33, Rdnr. 13.

[161] Tomuschat in Simma, VNC-Kommentar, Art. 33, Rdnr. 3.

[162] Nordquist, UNCLOS Commentary, Bd. V, Rdnr. 279.3..

abgesehen, ein weitgehend eigenständiges Streitbeilegungsregime geschaffen werden, das auch von dem der VN-Charta unabhängig ist.[163]

Art. 279 SRÜ, wie auch Art. 33 VNC verdeutlichen, daß das Prinzip friedlicher Streitbeilegung keine Verpflichtung zur Streitbeilegung durch bestimmte Mittel darstellt.[164] Grundsätzlich bleibt es den Parteien unbenommen, ihren Konflikt durch selbstgewählte Mittel beizulegen.[165] Im Seerechtsübereinkommen ist dieses Prinzip der flexiblen Streitbeilegung mit seiner breit angelegten Wahlmöglichkeit ob des Beilegungsmittels besonders stark ausgeprägt. Dementsprechend gilt im Seerechtsübereinkommen das „Zunächst-Prinzip" der Charta der Vereinten Nationen nicht, wonach die Streitbeilegung zunächst Sache der Streitparteien ist, bei einem Fehlschlag dann aber die institutionelle Verantwortung der Weltgemeinschaft greift und es zur Anwendung der Kapitel VI und VII der Charta kommt.[166] Im Extremfall kann ein Streit danach bei entsprechender Einigkeit der Parteien auch gänzlich unbeigelegt bleiben,[167] denn solange es nicht zu unfriedlichen Auseinandersetzungen kommt, schließen auch Art. 2 Nr. 3, 33 VNC und Art. 279 SRÜ eine Nichtbeilegung des Streits nicht aus.[168]

Der Pflicht zur friedlichen Beilegung von Streitigkeiten nach Art. 279 SRÜ, 2 Nr. 3, 33 VNC ist auf jeden Fall dann ausreichend genügt, wenn der Streit mittels von den Parteien gewählten Verfahren tatsächlich beigelegt wurde, mögen diese Verfahren auch fakultativer Art sein.

---

[163] Vgl. die Diskussionen auf der dritten VN-Seerechtskonferenz, insbes. Dokumente DSG/1 in Platzöder, Documents, Bd. XVII, S. 3; DSG/2nd Session/No. 1 in Platzöder, Documents, Bd. XVII, S. 66 ff.; Memorandum of the President, A/CONF.62/WP.9/Add.1 in Platzöder, Documents, Bd. XVII, S. 65 (67); Art. 1 ISNT/PART IV, A/CONF.62/WP.9 in Platzöder, Documents, Bd. I, S. 53 f..

[164] Fischer in Ipsen, Völkerrecht, 1999, § 62, Rdnr. 2; Tomuschat in Simma, VNC-Kommentar, Art. 33, Rdnr. 17; Verdross/Simma, Universelles Völkerrecht, 3. Aufl., § 463.

[165] Fischer in Ipsen, Völkerrecht, 1999, § 62, Rdnr. 4; Tomuschat in Simma, VNC-Kommentar, Art. 33, Rdnr. 17.

[166] Tomuschat in Simma, VNC-Kommentar, Art. 33, Rdnr. 3.

[167] Nordquist, UNCLOS Commentary, Bd. V, Rdnr. 281.5..

[168] Richardson in Buergenthal, Contemporary Issues 1984, S. 154; Mosler in Mosler/Bernhardt (Hrsg.), Judicial Settlement of International Disputes, S. 4/5; Brownlie, Principles of Public International Law, 5. Aufl., 1998, S. 703.

bbb) Keine Streitbeilegung nach Teil XV Abschnitt 1 SRÜ – die Öffnungsvorschrift des Art. 286 SRÜ

Nur wenn es nicht aufgrund der Verfahren nach Abschnitt 1 zur Beilegung des Streits gekommen ist, öffnet Art. 286 SRÜ grundsätzlich das Tor zur gerichtlichen Streitbeilegung nach Abschnitt 2. Er bestätigt damit die bereits angesprochene Wahlfreiheit der Parteien.[169] Kommt es aufgrund der Verfahren des Abschnitts 1 zu einer Beilegung des Streits, so ist das Verfahren beendet. Hier zeigt sich der Sekundärcharakter von Teil XV Abschnitt 2 SRÜ.[170] Die Verfahren des Abschnitts 2, die zu bindenden Entscheidungen führen, kommen erst subsidiär zur Anwendung.

Voraussetzungen für die Anwendung des Abschnitts 2 sind folgende:

(1) Streitigkeit über Auslegung oder Anwendung des Seerechtsübereinkommens (Teil XV)

Teil XV findet Anwendung, wenn zum einen eine Streitigkeit vorliegt, und zum anderen, diese Streitigkeit sich auf Auslegung oder Anwendung des Seerechtsübereinkommens bezieht.

Das Seerechtsübereinkommen enthält keine direkte oder indirekte Definition des Begriffs „Streitigkeit". Im allgemeinen Völkerrecht ist unter Streitigkeit ist ein Rechtsstreit zu verstehen,[171] also eine Meinungsverschiedenheit zwischen zwei oder mehr Parteien über den Bestand eines subjektiven Rechts, was sich dadurch äußert, daß mindestens eine Partei den Bestand dieses subjektiven Rechts behauptet, während die andere/n Partei/en ihn ernsthaft bestreitet/t.[172] Für eine abweichende Streitigkeits-Definition im Seerechtsübereinkomen sind keine Gründe erkennbar. Die Entwicklung des Begriffs „Streitigkeit" steht in einer langen Tradition internationaler Gerichte. Auch der IGH übernahm diese Definition vom Ständigen Internationalen Gerichtshof. Es ist daher nicht ersichtlich, weshalb der Seegerichtshof, der zumindest diesselben seevölkerrechtlichen Streitigkeiten verhandeln kann

---

[169] Nordquist, UNCLOS-Commentary, Bd. V, Rdnr. 286.3..

[170] Lehoux, CYIL, 1980, S. (31) 44.

[171] Unabhängig von dem auch in Art. 279 SRÜ verwendeten Begriff „dispute", der insofern nicht mit „Streit", sondern mit „Rechtsstreit" zu übersetzen ist.

[172] Mavromatis Palestine Concessions case, PCIJ, Series A, No. 2, 1924, S. 11; eine frühe Legaldefinition des Begriffs findet sich in Art. 1 des Schiedsabkommens zum Pakt von Locarno; Berber, Dokumente II, S. 1667 f; i. ü. Dupuy/Vignes, Handbook, S. 1340; Verdross/Simma, Universelles Völkerrecht, 3. Aufl., § 1310; Graf Vitzthum, Völkerrecht, 6. Abschnitt, Rdnr. 56; Singh, United Nations Convention on the Law of the Sea – Dispute Settlement Mecanisms, 1985, S. 4.

wie der IGH und somit einen Ausschnitt aus dessen Gerichtsbarkeit bildet, eine andere Streitigkeitsdefinition zugrundelegen sollte, als andere internationale Gerichte. Auch die Delegierten der dritten Seerechtskonferenz hielten die traditionelle Definition für selbstverständlich,[173] so daß sie sich auf das Seerechtsübereinkommen ohne weiteres übertragen läßt.

Eine andere Frage ist, ob die vorliegende Streitigkeit auch eine internationale oder zwischenstaatliche sein muß. Über Art. 285 SRÜ erfaßt Teil XV im Rahmen von Meeresbodenstreitigkeiten auch solche Konflikte, an denen nicht ausschließlich Staaten und internationale Organisationen, sondern auch Private beteiligt sind. Insofern geht das Streitbeilegungsregime des Seerechtsübereinkommens in bestimmten Fällen weiter als jenes der VNC. Daher fragt sich, ob die Beschränkung aus der VNC auf internationale Konflikte auch im Seerechtsübereinkommen gilt. Zumal bestimmte Streitigkeiten, etwa aus dem Bereich der Meeresbodennutzung bei der einschränkenden Streitdefinition der VNC überhaupt nicht unter den Begriff der internationalen Streitigkeit fielen, muß dieser im Seerechtsübereinkommen weiter gefaßt werden als in der Charta. Streitigkeiten können demnach auch nicht-internationale Konflikte sein, solange Parteifähigkeit nach dem Seerechtsübereinkommen gegeben ist.

Ferner muß gemäß Art. 279 SRÜ eine Streitigkeit über Auslegung oder Anwendung des Seerechtsübereinkommens vorliegen. Diese Voraussetzung ist weit zu verstehen und erfaßt jede Streitigkeit über Bestimmungen des Übereinkommens selbst, wie auch über Bestimmungen, die mit dem Übereinkommen in Zusammenhang stehen. Der Internationale Seegerichtshof ist gemäß Art. 293 SRÜ befugt, auch alle mit dem Seerechtsübereinkommen nicht unvereinbaren völkerrechtlichen Regelungen anzuwenden. Der Streitigkeitsbegriff des Art. 279 SRÜ erfaßt daher auch solche Streitigkeiten, bei denen es nicht um Auslegung oder Anwendung des Seerechtsübereinkommens als solchem, sondern um anderweitige mit dem Übereinkommen zu vereinbarende völkerrechtliche Regelungen geht.[174] Problematisch kann der Fall einer Streitigkeit unter mehreren Abkommen mit verschiedenen Streitbeilegungsregimen sein. So ergaben sich im unten noch ausführlich zu erörternden Fall um den südlichen Blauflossenthunfisch entsprechende Abgrenzungsprobleme zwischen dem Seerechtsübereinkommen und der Konvention zum Erhalt des Südlichen Blauflossenthunfischs.[175] Nicht erfaßt sind dennoch Streitigkeiten über die Änderung des Übereinkommens (Art. 312 – 316 SRÜ).

---

[173] Dupuy/Vignes, Handbook, S. 1340.

[174] Dupuy/Vignes, Handbook, S. 1341.

[175] „Convention for the Conservation of Southern Bluefin Tuna", im folgenden SBT-Konvention; Simmonds, New Directions in the Law of the Sea, P 28; auszugsweise in ILM Bd. XXXIX, Nov. 2000, S. 1359 (1363-1366).

(2) Streitbeilegung mit alternativ vereinbarte Verfahren eigener Wahl nach Abschnitt 1

Das flexible Streitbeilegungssystem des Seerechtsübereinkommens kommt zunächst in Teil XV Abschnitt 1 SRÜ, mithin in den Art. 279 bis 284 SRÜ zum Ausdruck, die den Parteien einer Streitigkeit über Auslegung oder Anwendung des Seerechtsübereinkommens die Wahl von Mitteln friedlicher Streitbeilegung außerhalb der Konvention ermöglichen und das Verhältnis selbstgewählter Mittel zu den Verfahren des Seerechtsübereinkommens regeln. Der ebenfalls in Abschnitt 1 enthaltene Art. 285 SRÜ bezieht sich auf das Verhältnis von Teil XV Abschnitt 1 SRÜ zum speziellen Meeresbodenregime nach Teil XI Abschnitt 3 SRÜ.

Die Streitparteien bleiben in jedem Fall Herren des Verfahrens und können daher ihren Streit gemäß Art. 280 SRÜ auch jederzeit durch Mittel eigener Wahl beilegen, müssen sich also an die in Teil XV SRÜ genannten Mittel nicht halten. Diese zentrale Regelung des Streitbeilegungsregimes im Seerechtsübereinkommen birgt die Gefahr der Zersplitterung seevölkerrechtlicher Streitbeilegung und jene, sich widersprechender Entscheidungen in diesem Bereich.[176] Diesen Nachteil nahmen die Vertragsstaaten der dritten VN-Seerechtskonferenz aber in Kauf, um nicht das souveränitätsintensivere Modell einer einzigen Entscheidungsinstanz zu etablieren.[177]

Die Wahl alternativer Mittel friedlicher Streitbeilegung im Rahmen des flexiblen Streitbeilegungssystems unter dem Seerechtsübereinkommen kann somit zum Ausschluß der Steitbeilgungsmittel des Teils XV Abschnitt 2 SRÜ, mithin also der obligatorischen Streitbeilegung führen. Dabei lassen sich zwei Hauptfälle unterscheiden:

Bereits vor Inkrafttreten des Seerechtsübereinkommens bestehende Vereinbarungen der Streitparteien außerhalb des Seerechtsübereinkommens zur Beilegung ihrer Streitigkeiten über Auslegung oder Anwendung des Seerechtsübereinkommens treten gemäß Art. 282 SRÜ an die Stelle der gerichtlichen Streitbeilegung nach Teil XV Abschnitt 2 SRÜ. Vorherrschende Einschätzung auf der dritten VN-Seerechtskonferenz war es, den Staaten eine Streitbeilegung mit früher vereinbarten Mitteln weiterhin zu ermöglichen. Entsprechende Vereinbarungen sollten nach dem Willen dieser Mehrheit von Teilnehmerstaaten der Konferenz daher Anwendungsvorrang vor dem Streitbeilegungsregime des Seerechtsübereinkommens haben.[178]

---

[176] R. Bernhardt, Die Streitbeilegung im Rahmen der Neuordnung des Seerechts ZaöRV 1978, S. 959 (965 f.).

[177] R. Bernhardt, ZaöRV 1978, S. 959 (963).

[178] 60th Plenary Meeting, UNCLOS III, Off. Records, Bd. V., S. 21 (27).

Die zweite Möglichkeit besteht im Abschluß nachträglicher Vereinbarungen durch die Streitparteien über ihre Streitbeilegung (Art. 280 SRÜ). Dies umfaßt v. a. die Fälle der Ad-Hoc-Vereinbarungen im Falle eines entstandenen Streits. Denkbar ist aber auch der Abschluß einer generellen Streitbeilegungsvereinbarung nach Art. 280 SRÜ, soweit diese nicht unter Art. 282 SRÜ fällt. Die Vereinbarungen eigenständiger Mittel friedlicher Streitbeilegung gilt ebenfalls vorrangig vor den Mitteln des Teil XV.[179]

(a) Vereinbarungen nach Art. 280 SRÜ

Art. 280 SRÜ fixiert explizit das schon in Art. 279 I. HS SRÜ und Art. 33 VNC verankerte Recht der Parteien einer Streitigkeit über Anwendung und Auslegung des Seerechtsübereinkommens auf Beilegung mit Mitteln eigener Wahl. Dem Wortlaut nach können die Parteien daher jederzeit, also auch ad hoc bei einem schon entstandenen Konflikt, eine Vereinbarung über ein Beilegungsmittel außerhalb des Streitbeilegungsregimes im Seerechtsübereinkommen treffen. Das Seerechtsübereinkommen läßt den Parteien dabei völlige Wahlfreiheit und beschränkt sie auch nicht etwa auf die in Art. 279 I. HS SRÜ iVm. Art. 33 VNC genannten Mittel, wobei auch diese nicht abschließend sind, wie die Vereinbarungsmöglichkeit „andere[r] friedliche[r] Mittel eigener Wahl" in Art. 33 VNC zeigt.[180] Die völlige Wahlfreiheit der Parteien entspricht dem völkerrechtlichen Prinzip souveräner Gleichheit[181] und wird durch Art. 280 SRÜ für das Seerechtsübereinkommen nochmals ausdrücklich betont. Der Wortlaut des Art. 279 I. HS, „bemühen" zeigt, daß die Parteien zwar grundsätzlich gehalten sind, auf die in Art. 33 VNC genannten Mittel zurückzugreifen, durchaus aber auch eine anderweitige Streitbeilegung vereinbaren können. Auch Art. 280 SRÜ enthält als solcher keinerlei Einschränkungen hinsichtlich der vereinbarten Streitbeilegungsmittel. Intention der dritten VN-Seerechtskonferenz war es, wie schon mehrfach angesprochen, ein sehr flexibles System der Streitbeilegung zu schaffen.

Eine weitere Frage ist, ob alternativ gewählte Mittel eine Streitbeilegung nach Teil XV SRÜ blockiert.[182] Dem Wortlaut von Art. 286 SRÜ nach ist das SRÜ-Streitbeilegungsregime nur ausgeschlossen, wenn eine Beilegung mittels der alternativen Mittel auch erfolgt ist: „[...] beigelegt worden ist". Auch der Wortlaut von Art. 281 Abs. 1, [Teil XV findet] „nur Anwendung, wenn eine Beilegung [...] nicht erzielt

---

[179] Art. 280 SRÜ; R. Bernhardt, Die Streitbeilegung im Rahmen der Neuordnung des Seerechts ZaöRV 1978, S. 959 (866).

[180] Art. 33 Abs. 1 a. E. VNC.

[181] Tomuschat in Simma, VNC-Kommentar, Art. 33, Rdnr. 34.

[182] von Wedel, RIW 1982, S. 634 (635).

worden ist", spricht e contrario dafür, daß sich die Subsidiarität des Regimes der Seerechtskonvention nur auf das Ergebnis der Alternativverfahren, nicht aber auf diese Verfahren selbst bezieht. Daraus würde im Ergebnis folgen, daß neben einem eigenständig vereinbarten Streitbeilegungsversuch auch die gerichtlichen Verfahren des 2. Abschnitts zur Anwendung kämen. Der Abschnitt 2 wäre mithin erst mit einer erfolgreichen Beilegung des Streits mittels den nach Art. 280 SRÜ vereinbarten Verfahren unanwendbar. Eine solche Parallelität der Verfahren entspricht jedoch nicht der ratio legis des flexiblen Streitbeilegungsregimes im Seerechtsübereinkommen. Sinn und Zweck des Art. 280 SRÜ war es gerade, den Parteien unabhängig von den gerichtlichen Verfahren, die zu bindenden Entscheidungen führen auch weniger verbindliche Möglichkeiten ihrer Streitregelung zu ermöglichen. Bejahte man eine Parallelität der Verfahren, vereitelte man letztlich diese Intention. Schließlich ist gemäß Art. 286 SRÜ für ein Ingangsetzen der gerichtlichen Verfahren des 2. Abschnitts ohnehin regelmäßig ein Parteiantrag erforderlich, der sich im gegebenen Fall auch als Zeichen eines Scheiterns der Streitbeilegung iSv. Art. 281 SRÜ interpretieren läßt. Eine Parallelität der Verfahren ist unter dieser Prämisse ausgeschlossen.

Im Ergebnis finden daher während des Streitbeilegungsversuchs mit alternativ gewählten Mitteln keine Verfahren nach dem 2. Abschnitt statt.

(b) Nichtbeilegung eines Streits – Art. 281 SRÜ

Konnte der Streit mit diesen Mitteln nicht beigelegt werden, so sind gemäß Art. 281 Abs. 1 SRÜ zwei Konstellationen denkbar:

- Die zwischen den Parteien gemäß Art. 280 SRÜ getroffene Vereinbarung schließt eine weitere Streitbeilegung aus und das Verfahren ist somit beendet

- Sie schließt eine weitere Beilegung nicht aus und Abschnitt 2 kommt somit zur Anwendung.

Interesse verdient v. a. die erste Konstellation, die darüber entscheidet, ob das Verfahren fortgesetzt wird oder nicht und damit darüber, ob eine Streitigkeit über Anwendung oder Auslegung des Seerechtsübereinkommens im Extremfall auch unbeigelegt bleiben kann.

Gegen ein solches Ergebnis sprechen die Gefahr eines Weiterschwelens des Streits mit dem möglichen Ausbruch offener Feindseligkeiten sowie die Gefahr eines Rechtsmißbrauchs, wenn sich Staaten aus Eigeninteresse einer Streitbeilegung entziehen.

Für die Möglichkeit der Nichtbeilegung spricht hingegen der klare Wortlaut von Art. 281 Abs. 1 letzter HS SRÜ. Demnach können die Parteien eine Streitbeilegung ausschließlich mit den nach Art. 280 SRÜ gewählten Mitteln vereinbaren. Ihre Vereinbarung nach Art. 280 SRÜ kann also „ein weiteres Verfahren [ausschließen]".[183] Dem Wortlaut nach wäre im Falle eines Scheiterns des Streitbeilegungsversuchs nach Art. 280 SRÜ ein Rückgriff auf Teil XV SRÜ ausgeschlossen, und der Streit bliebe unbeigelegt.[184] Für ein solches Ergebnis spricht auch der Wortlaut „bemühen" von Art. 279 SRÜ. Dem Grundsatz der friedlichen Streitbeilegung genügen die Streitparteien demnach auch mit bloßen Streitbeilegungsversuchen, mögen diese auch scheitern. Zudem machen die Art. 297 f. SRÜ deutlich, daß in einer nicht unbedeutenden Zahl von Fällen das Streitbeilegungsregime des Seerechtsübereinkommens ohnehin ausscheidet.[185] Schließlich ermöglicht dieses flexible Regime den Parteien, wie auch immer geartete Abmachungen zu treffen, die dann systematischerweise eine Streitregelung nach dem Seerechtsübereinkommen ausschließen, so daß sich die Parteien auf diese Weise dem Streitbeilegungsregime des Seerechtsübereinkommens sogar komplett entziehen können.[186]

Für die Freiheit der Streitparteien, ihren Streit nicht beizulegen spricht schließlich auch die Systematik der VN-Charta, wonach ein Eingreifen der Staatengemeinschaft in eine Streitigkeit zwischen Staaten regelmäßig nur dann in Betracht kommt, wenn damit eine Friedensgefährdung verbunden ist. Gefährdet also die konkrete Streitigkeit den Weltfrieden oder die internationale Sicherheit, so bleibt ein Verfahren des Sicherheitsrats der Vereinten Nationen gemäß Art. 24 Abs. 1 VNC stets möglich.[187]

Schließlich spricht auch der Grundsatz der Vertragsfähigkeit souveräner Staaten dafür, daß die Parteien grundsätzlich frei vereinbaren können, wie und ob sie ihren Streit diplomatisch oder gerichtlich beilegen.[188] Die Ungültigkeit einer solchen Vereinbarung ist nur unter den Voraussetzungen der Art. 46 ff. WVRK denkbar. Einzig infragekommender Ungültigkeitsgrund ist insofern ein Widerspruch der Streitbeilegungsvereinbarung mit ius cogens. Wie gesehen ist jedoch nur das Verbot einer unfriedlichen Streitbeilegung ius cogens.[189] Vereinbarten die Streitparteien daher etwa, ihren Streit gegebenenfalls auch mit militärischen Mitteln auszutragen, so wäre diese Vereinbarung nach Art. 53 WVRK ungültig. Mit einer einvernehmlichen

---

[183] Art. 281 Abs. 1 l. HS SRÜ.

[184] Nordquist, UNCLOS Commentary, Bd. V, Rdnr. 281.5..

[185] Lehoux, CYIL, 1980, S. 31, (49).

[186] Lehoux, CYIL, 1980, S. 31, (45).

[187] von Wedel, RIW 1982, S. 634 (636).

[188] Art. 6 WVRK.

[189] Art. 2 Nr. 3 VNC; Tomuschat in Simma, VNC-Kommentar, Art. 2 Ziff. 3, Rdnr. 1.

Nichtbeilegung des Streits nach Scheitern entsprechender Versuche halten sich die Konfliktparteien jedoch innerhalb ihrer Verpflichtung zu einem Versuch friedlicher Streitbeilegung nach Art. 279 SRÜ iVm. Art. 33 VNC und verstoßen auch nicht gegen das Verbot gewaltsamer Konfliktregelung aus Art. 2 Nr. 3 VNC. Selbst wenn eine Streitpartei aus sachfremden (etwa politischen) Erwägungen heraus nach Abschnitt 1 ein Streitbeilegungsmittel wählt, das von vornherein keine Streitbeilegung erwarten läßt, ist hierin zwar ein Verstoß gegen die Verpflichtung zum friedlichen Beilegungsversuch nach Art. 279 SRÜ iVm. Art. 33 VNC, zu sehen, nicht jedoch ein Verstoß gegen die ius cogens-Norm des Art. 2 Nr. 3 VNC.[190]

In jedem Fall kann natürlich auch der zunächst vereinbarte Ausschluß eines weiteren Verfahrens durch eine anderslautende Vereinbarung der Streitparteien jederzeit[191] wieder aufgehoben werden. Trachtet nur eine der Streitparteien nach einer solchen Revision, so bleibt es aufgrund des Grundsatzes pacta sunt servanda zwangsläufig bei den Regelungen der ursprünglichen Vereinbarung,[192] mag das Ergebnis auch rechtspolitisch wenig befriedigen.[193] Dies gilt selbst dann, wenn mehrere Parteien an der Ausgangsvereinbarung beteiligt waren und alle bis auf eine die Revision der Nichtbeilegungsvereinbarung wünschen.[194] Allerdings ist in diesen Fällen der Abschluß einer Neuvereinbarung nach Art. 280 SRÜ oder eine Ad-Hoc-Unterbreitung an die in Teil XV Abschnitt 2 SRÜ genannten Gerichte zwischen denjenigen Parteien möglich, die ein weiteres Verfahren wünschen.

Wann die Beilegung eines Streits nach Art. 281 Abs. 1 SRÜ gescheitert ist, war indes anfangs umstritten, insbesondere die Frage, ob die Parteien sich hierüber verständigen müssen. Angesichts der Tatsache, daß sich die Parteien schon nicht auf die Beilegung des Streits einigen konnten, erscheint die Verpflichtung zu einer Einigung über das Scheitern der Streitbeilegung aber in der Praxis schwierig. Eine sinnvolle Verfahrensweise ist daher die Möglichkeit für jede Streitpartei ein Scheitern der Beilegungsbemühungen zu erklären und den Streit einem Gericht nach Teil XV SRÜ vorzulegen. Die gegnerischen Parteien können dann die Zuständigkeit des angerufenen Gerichts bestreiten („preliminary objection"), worüber dieses gemäß Art. 288 Abs. 4 SRÜ vorab zu entscheiden hat.[195] Die Parteien eines Streits können auch vereinbaren, daß sie den alternativ gewählten Beilegungsversuch als

[190] aA von Wedel, RIW 1982, S. 634 (636).
[191] Art. 280 SRÜ.
[192] Art. 26 WVRK.
[193] Lehoux, CYIL, 1980, S. 31 (50).
[194] Lehoux, CYIL, 1980, S. 31 (50).
[195] Ambatielos Case, ICJ Reports 1952, S. 25 (40 ff.).

gescheitert betrachten, wenn binnen einer bestimmten Frist keine Einigung zustande kommt.[196]

(c) Verpflichtungen aus anderen völkerrechtlichen Abkommen – Art. 282 SRÜ

Bestehen zwischen den Parteien anderweitige völkerrechtliche Vereinbarungen für die Beilegung von Streitigkeiten über Auslegung oder Anwendung des Seerechtsübereinkommens, so haben diese gemäß Art. 282 SRÜ Vorrang vor den Verfahren nach Teil XV SRÜ. Voraussetzung ist gemäß dem Wortlaut von Art. 282 SRÜ jedoch, daß die darin vereinbarten Streitbeilegungsmittel zu bindenden Entscheidungen führen. Art. 282 SRÜ ist eine das Streitbeilegungsregime des Seerechtsübereinkommens betreffende Konkretisierung von Art. 311 SRÜ. Nach dieser weiter unten noch näher zu beschreibenden Vorschrift, die wiederum eine spezielle Ausführungsbestimmung zu Art. 30 WVRK unter dem Seerechtsübereinkommen darstellt, haben früher oder später geschlossene Abkommen nur dann Vorrang vor dem Seerechtsübereinkommen, wenn oder soweit sie mit diesem vereinbar sind.

(aa) Anwendungsbereich von Art. 282 – frühere und spätere Abkommen

Strittig ist, ob sich diese Vorrangigkeit nicht nur auf vor Inkrafttreten des Seerechtsübereinkommens geschlossene Vereinbarungen, sondern auch auf nach dessen Inkrafttreten geschlossene Verträge erstreckt. Der Wortlaut des Art. 282 SRÜ „haben [...] vereinbart" könnte einerseits dafür sprechen, daß diese Vereinbarung schon vor dem Seerechtsübereinkommen existiert haben muß. Andererseits ist dieser Formulierung in Art. 282 SRÜ nicht zu entnehmen, zu welchem Zeitpunkt die abweichende Vereinbarung getroffen worden sein muß. Aus dem Wortlaut „haben [..] vereinbart" läßt sich mithin nicht zwingend schließen, daß die Parteien bereits zum Zeitpunkt des Inkrafttretens des Seerechtsübereinkommens eine entsprechende Vereinbarung getroffen haben müssen. Vielmehr können sie dies auch nach Inkrafttreten des Seerechtsübereinkommens getan „haben". Auch im Hinblick auf Art. 30 WVRK läßt sich der Wortlaut des Art. 282 SRÜ nicht klären, denn anders als ersterer spricht letzterer nicht von der Vorrangigkeit eines „früher oder später geschlossenen" Vertrags,[197] sondern schlicht von „anderen", „allgemeinen, regionalen oder zweiseitigen" Übereinkommen.

Für eine Anwendung von Art. 282 SRÜ auch auf nach Inkrafttreten des Seerechtsübereinkommens geschlossene Vereinbarungen spricht erstens der allgemeine Flexibilitätsgedanke von Teil XV SRÜ, wie er insbesondere in Art. 280 SRÜ zum

---

[196] Art. 281 Abs. 2 SRÜ.
[197] Art. 30 Nr. 2 WVRK.

Ausdruck kommt.[198] Demnach bleibt es den Streitparteien unbenommen, jederzeit anderweitige Beilegungsinstrumente zu vereinbaren.[199]

Zweitens steht Art. 282 in der Reihung nach Art. 280 und 281 SRÜ und ließe sich deshalb als Folgevorschrift zu diesen beiden Grundsatzvorschriften interpretieren.

Gegen eine Anwendung von Art. 282 SRÜ auf schon bestehende Abkommen spricht jedoch erstens, daß es nicht Zweck von Art. 282 SRÜ ist, sämtliche abweichende Vereinbarungen der Streitparteien zu erfassen, sondern vielmehr, ihnen bereits geschlossene Abkommen zu erhalten. Ohne eine explizite Bestimmung wie Art. 282 SRÜ genösse gemäß Art. 30 WVRK das Seerechtsübereinkommen Vorrang vor früheren Abmachungen, was aber ob der Existenz von Art. 282 SRÜ de lege lata nicht der Fall ist. Zweitens besteht bei Anwendung von Art. 282 SRÜ auch auf schon bestehende Abkommen die Gefahr einer Sinnentleerung von Art. 280 f. SRÜ. Mithin bliebe für die beiden letztgenannten Vorschriften kein Anwendungsbereich mehr. Spezifisch dort geregelte Instrumentarien, wie die Möglichkeit der Nichtbeilegung des Streits liefen leer. Umgekehrt würde durch die generelle Anwendung von Art. 282 SRÜ zwingend eine bindende Entscheidung für das alternativ vereinbarte Streitbeilegungsmittel eingeführt, die Art. 280, 281 SRÜ nicht verlangen. Letztlich läßt sich Art. 282 SRÜ auch nicht – wie oben kurz dargestellt – als Folgevorschrift von Art. 280 f. SRÜ interpretieren. Die Reihung der weiteren in Teil XV Abschnitt 1 SRÜ enthaltenen Vorschriften (Verpflichtung zum Meinungsaustausch, Art. 283 SRÜ; Vergleich, Art. 284 SRÜ) zeigt, daß es sich in diesem Abschnitt nicht um eine systematische Reihung von Normen, sondern um höchst verschiedene Vorschriften zur Beilegung von Streitigkeiten durch nichtzwingende Mittel handelt. Art. 282 SRÜ hat daher gegenüber Art. 280, 281 SRÜ eine eigenständige Stellung.

Im Ergebnis ist eine Anwendung von Art. 282 SRÜ auf nach Inkrafttreten des Seerechtsübereinkommens geschlossene Verträge daher abzulehnen. Für solche Vereinbarungen ist auf Art. 280 f. SRÜ zu verweisen.

Im Zusammenhang mit der Betrachtung von Streitregelungsvorschriften in anderen internationalen Übereinkünften stellt sich vor allem die Frage, ob eine Vereinbarung nach Art. 282 SRÜ zu einem generellen und irreversiblen Ausschluß der obligatorischen Verfahren des Teils XV Abschnitt 2 SRÜ führt und welche Anforderungen an die alternativ vereinbarten Streitbeilegungsmittel zu stellen sind.

---

[198] Nordquist, UNCLOS-Commentary, Bd. V, Rdnr. 282.5..
[199] Ebd..

(bb) Arten alternativer Streitbeilegung nach Art. 282 SRÜ

Gemäß Art. 282 SRÜ können durch die Vertragsstaaten mittels völkerrechtlicher Übereinkünfte aller Art andere als in Teil XV SRÜ vorgesehene Streitbeilegungsmittel vereinbart worden sein. Sie können eine obligatorische Streitregelung bei Schaffung einer eigenständigen fakultativen Streitbeilegungsregelung gänzlich ausschließen,[200] solange diese zumindest zu einer bindenden Entscheidung führen. Sie können aber auch eine das obligatorische Streitbeilegungsregime des Seerechtsübereinkommens aus Teil XV Abschnitt 2 ausschließende, eigenständige obligatorische Streitregelung enthalten, indem die Streitparteien Schiedsabreden treffen oder schon erwähnte kompromissarische Klauseln vereinbaren.[201] Schließlich sind auch Mischformen denkbar, die eine teilweise, eine parallele oder gemischte Anwendbarkeit des Teils XV Abschnitt 2 SRÜ vorsehen.

Die Frage ob die Parteien unter Art. 282 SRÜ die weiteren gerichtlichen Verfahren nach Teil XV Abschnitt 2 durch eine Art. 281 Abs. 1 letzter HS SRÜ entsprechende Ausschlußregelung umgehen können ist eher theoretischer Natur, da in der Vergangenheit kein entsprechendes internationales Übereinkommen geschlossen worden ist. Nach der oben zur Anwendbarkeit von Art. 282 SRÜ vertretenen Auffassung kämen hierfür ohnehin nur vor Inkrafttreten des Seerechtsübereinkommens, mithin vor 1994 geschlossene Abkommen in Frage, die zudem Streitigkeiten über Anwendung oder Auslegung des Seerechtsübereinkommens betreffen müssen. Zwar existieren eine Reihe von Abkommen, die Beilegungsregelungen für auf sie selbst bezogene Streitigkeiten enthalten; jedoch ist keine Abmachung vor 1994 bekannt, die für Streitigkeiten über das Seerechtsübereinkommen geschlossen worden wären. Selbst wenn ein solches Abkommen bestände, könnte es jedenfalls nicht eine Nichtbeilegung des Streits vorsehen, denn diese ist in Art. 282 SRÜ nicht vorgesehen. Mit einem Scheitern eine nach Art. 282 SRÜ vereinbarten und versuchten Streitbeilegung öffnet sich daher die Streitbeilegung nach Teil XV Abschnitt 2 SRÜ.

(cc) Sofortiger Rückgriff auf Mittel gerichtlicher und schiedsgerichtlicher Streitbeilegung

Der Vorrang der Streitbeilegung nach Abschnitt 1 bedeutet indes nicht, daß die Parteien überhaupt von dieser Möglichkeit der Streitbeilegung Gebrauch machen müssen. Sie können aufgrund der Art. 280, 282 SRÜ auch sofort auf die Mittel

---

[200] R. Bernhardt, Die Streitbeilegung im Rahmen der Neuordnung des Seerechts ZaöRV 1978, S. 959 (965).

[201] R. Bernhardt, Die Streitbeilegung im Rahmen der Neuordnung des Seerechts ZaöRV 1978, S. 959 (966).

nach Abschnitt 2 zugreifen.[202] Es fragt sich aber, ob dies dann wirklich ein direkter Zugriff auf die Verfahren nach Abschnitt 2 oder vielmehr ein Rückgriff auf die Verfahren nach Abschnitt 1 ist. Es stellt sich also die Frage, ob die in Art. 280 – 282 SRÜ genannten Optionen der Streitbeilegung überhaupt systematisch dem 1. Abschnitt von Teil XV SRÜ zuzuordnen sind, oder nicht etwa eine eigenständige Kategorie bilden. Fraglich ist auch, ob die Wahl eines der Streitbeilegungsmittel aus Art. 287 Abs. 1 SRÜ als Wahl im Sinne von Art. 280 SRÜ, oder als bloße Wahlerklärung im Sinne von Art. 287 SRÜ zu werten ist.

Dem Wortlaut nach können die Streitparteien nach Art. 280 – 282 SRÜ auch gerichtliche und schiedsgerichtliche Verfahren, die zu bindenden Entscheidungen führen wählen. „[...] durch friedliche Mittel eigener Wahl [...]" erfaßt nicht nur die Streitbeilegungsmittel nach Abschnitt 1. Art. 280 – 282 SRÜ bilden jedoch keine eigene Kategorie der Streitbeilegung, sondern eröffnen nur die allgemeine Möglichkeit zur Streitregelung à la carte. Demgegenüber stehen etwa die Vorschriften der Art. 283 und 284 SRÜ, die konkrete Verfahren der Streitbeilegung regeln. Die Verfahren nach Art. 280-282 SRÜ sind insofern auch nicht systematisch den Verfahren fakultativer Streitbeilegung zuzuordnen, sondern stellen lediglich Öffnungsklauseln für alle Arten völkerrechtlicher Streitbeilegung, mithin also auch für die Verfahren nach Art. 287 SRÜ dar, deren Voraussetzung dann aber noch gesondert zu prüfen sind. Art. 280 – 282 SRÜ sind also weder als Rechtsgrund-, noch als Rechtsfolgenverweis zu interpretieren.

Im Ergebnis ist also festzustellen, daß die Parteien sofort auf die obligatorischen Streitbeilegungsmittel aus Art. 287 SRÜ zurückgreifen können, ohne den Umweg über Abschnitt 1 gehen zu müssen. Art. 280 – 282 SRÜ stellen insofern nur Öffnungsklauseln dar und regeln keine konkreten Streitbeilegungsverfahren iSd. Abschnitt 1. Wählen die Parteien bereits im Prüfstadium des Abschnitts 1 den Internationalen Seegerichtshof, den Internationalen Gerichtshof oder eines der beiden Schiedsverfahren im Sinne von Art. 287 Abs. 1 SRÜ, so handelt es sich dabei weder um eine Wahl nach Art. 279 SRÜ iVm. 33 VNC, noch nach Art. 280 – 282 SRÜ, sondern um die Ausübung der Wahloption nach Art. 287 Abs. 1 SRÜ. In der Realität wird die Unterscheidung durch zeitlichen Zusammenfall all dieser Schritte aber ohnehin nicht sichtbar.[203]

---

[202] aA offenbar von Wedel, RIW 1982, S. 634 (636), der ein streitiges Verfahren erst nach Ablauf eines Schlichtungsverfahrens nach Art. 284 SRÜ für statthaft hält.
[203] van Dyke, Consensus and Confrontation, S. 480.

(d) Verpflichtung zum Meinungsaustausch

Besteht zwischen den Streitparteien eine Vereinbarung, welche eine obligatorische Streitbeilegung ausschließt, selbst jedoch keine weitergehende Regelung eines Mittels friedlicher Streitbeilegung enthält, so verpflichtet Art. 283 SRÜ die Parteien im Konfliktfall zumindest zum Meinungsaustausch. Die Vorschrift steht somit in engem Zusammenhang mit Art. 280 SRÜ, der den Parteien nach dem Prinzip flexibler Streitbeilegung grundsätzliche Wahlfreiheit ob ihres Streitbeilegungsmittels einräumt.[204] Dementsprechend stellt Art. 283 SRÜ im Grunde nur die Verlängerung des Art. 279 SRÜ als allgemeine Verpflichtung der Parteien zur friedlichen Beilegung ihrer Streitigkeiten dar.[205] Andererseits werden von den Streitparteien nach Art. 283 SRÜ geführte und gescheiterte Verhandlungen als ausreichend für den Übergang von Teil XV Abschnitt 1 SRÜ in Abschnitt 2 gewertet.[206] Art. 283 SRÜ beschränkt die Parteien nicht auf das Mittel der Verhandlung. Der Meinungsaustausch kann gemäß dem Prinzip flexibler Streitbeilegung auch mit anderen Mitteln wie Vermittlung, Untersuchung oder Vergleich erfolgen.[207] Die Verpflichtung der Parteien zum Meinungsaustausch bleibt auch während einer Streitbeilegung durch andere Mittel bestehen und lebt wieder auf, wenn diese anderen Streitbeilegungsbemühungen scheitern.[208] Die Parteien sind gehalten, ihren Meinungsaustausch auf eine Einigung hinzuführen. Daß diese tatsächlich zustande kommt, stellt jedoch keine Verpflichtung dar.[209] Verschiedentlich wird daher die Effektivität von Konsultationen als Mittel der Streitbeilegung bezweifelt.[210]

(e) Abweichende Vereinbarungen über das Streitbeilegungsmittel iSv. Art. 33 VNC

Auch Art. 33 VNC erfaßt zwar eine Streitregelung durch Schiedsverfahren oder durch gerichtliche Entscheidung.[211] Art. 279 SRÜ iVm. 33 VNC sind jedoch keine eigenständigen Verfahren im Sinne des Abschnitts 1, sondern enthalten lediglich den allgemeinen Hinweis auf die Pflicht zur friedlichen Streitbeilegung und zählen hierfür beispielhaft einzelne Möglichkeiten auf, sind also nicht abschließend. Des-

---

[204] Dupuy/Vignes, Handbook, S. 1342/1343; Nordquist, UNCLOS Commentary, Bd. V, Rdnr. 280.1..

[205] Konferenzpräsident Amarasinghe, A/CONF.62WP.9/Add.1 (1975), Para. 10, V Off. Rec. 122 (President) in Platzöder, Documents, Bd. I, S. 65 (67).

[206] ISGH Beschluß/SBT vom 27.08.1999, Rdnr. 57, ITLOS Reports, 1999, S. 277 (294).

[207] Nordquist, (UNCLOS Commentary), Bd. V, Rdnr. 283.1..

[208] Art. 283 Abs. 2 SRÜ.

[209] Nordquist, UNCLOS Commentary, Bd. V, Rdnr. 283.5..

[210] Lazarev, Modernes Seevölkerrecht, 1987, S. 201/202.

[211] Art. 33 Abs. 1 VNC.

halb ließe sich das Streitbeilegungsregime des Seerechtsübereinkommens auch nicht durch einen Rückgriff über Abschnitt 1 (Art. 279 SRÜ iVm. 33 VNC) umgehen. Andernfalls könnte etwa der IGH auch gemäß Art. 279 SRÜ iVm. 33 VNC, 36 Abs. 2 IGH-Statut, anstatt über Art. 287 SRÜ angerufen werden. Ob der IGH dennoch, das heißt ohne den Weg über Art. 279 SRÜ, direkt über Art. 36 Abs. 2 IGH unter Umgehung des Art. 287 SRÜ angerufen werden kann, ist damit allerdings noch nicht geklärt. Dies soll weiter unten geschehen.[212]

Entsprechend dem Verweis aus Art. 279 SRÜ in den Art. 33 VNC haben die Parteien auch die Möglichkeit, im Rahmen ihrer Streitbelegung zunächst auf Gute Dienste[213] Verhandlung, Untersuchung, Vermittlung, Vergleich, Schiedsspruch, gerichtliche Entscheidung, Inanspruchnahme regionaler Einrichtungen oder Abmachungen oder auf andere friedliche Mittel eigener Wahl zurückzugreifen.[214] Für einige dieser Streitbeilegungsmittel hält das Seerechtsübereinkommen indes eigene Regelungen bereit. So finden sich spezielle Regelungen in Art. 284 SRÜ (freiwilliges Vergleichsverfahren), 287 SRÜ (streitige Gerichtsbarkeit, Schiedsverfahren) und den Anlagen V (Obligatorisches Vergleichsverfahren), VI (Streitbeilegung durch den Internationalen Seegerichtshof), VII (Schiedsverfahren) und VIII (Besonderes Schiedsverfahren). Bei einer Streitbeilegung durch den IGH kann es zu Konkurrenzen mit dem Seerechtsübereinkommen kommen, die später behandelt werden sollen.[215]

(f) Ergebnis: Nichtbeilegung der Streitigkeit nach Teil XV Abschnitt 1 SRÜ

Ist es schließlich nach Abschnitt 1 zu keiner Streitbeilegung gekommen, so ist der Anwendungsbereich von Teil XV Abschnitt 2 SRÜ, mithin also der gerichtlichen und schiedsgerichtlichen, bindenden Streitbeilegung nach dem Seerechtsübereinkommen eröffnet. Art. 286 SRÜ wirkt insofern nur als Öffnungsvorschrift, führt mithin also nicht zu einem automatischen Transfer des Verfahrens aus Abschnitt 1 in Abschnitt 2.[216] Vielmehr bedarf es nach dem Wortlaut von Art. 286 SRÜ neben der Wahlerklärung beider Parteien nach Art. 287 SRÜ eines zusätzlichen Antrags einer Streitpartei, was einerseits abermals als Rücksichtnahme auf staatliche Souveränitätsbedürfnisse zu werten ist.[217] Andererseits kann die Zuständigkeit eines internationalen Gerichtshofs, dessen Entscheidungen bindend sind, auf diese Weise durch

---

[212] S. u. u. D. II. 3..

[213] Fischer in Ipsen, Völkerrecht, 1999, § 62, Rdnr. 4.

[214] Art. 33 Abs. 1 VNC; Fischer in Ipsen, Völkerrecht, 1999, § 62, Rdnr. 4 ff..

[215] S. u. u. D.

[216] Mensah, The Dispute Settlement Regime of the 1982 United Nations Convention on the Law of the Sea, Max Planck Yearbook, 1998, S. 307 (310).

[217] Lehoux, CYIL, 1980, S. 31 (45).

einseitigen Antrag herbeigeführt werden, die Wahlerklärung nach Art. 287 SRÜ vorausgesetzt. Die obligatorische Schiedsgerichtsbarkeit nach Anlage VII und VIII zum Seerechtsübereinkommen, deren Entscheidungen ebenfalls bindend sind, kann so sogar durch bloße Mitgliedschaft im Seerechtsübereinkommen und einseitigen Antrag nach Art. 286 SRÜ in Gang gebracht werden. Aus diesem Grunde handelt es sich, wie schon gesehen, bei Teil XV Abschnitt 2 SRÜ grundsätzlich nicht um obligatorische Verfahren völkerrechtlicher Streitbeilegung. Etwas anderes gilt allerdings für obligatorische Schiedsverfahren nach Art. 287 Abs. 3 oder 5 SRÜ, bei denen auch die Wahlerklärung entfallen kann.

Der fehlende Antrag als solcher führt, im Gegensatz zur Wahlerklärung, nicht zum nichtobligatorischen Charakter der Verfahren nach dem 2. Abschnitt.[218] Ruft keine Partei ein Gericht oder einen Gerichtshof nach Art. 287 SRÜ an, so ist eine Entscheidung insofern auch einvernehmlich nicht gewollt. Auch im innerstaatlichen Recht gilt der Satz, „wo kein Kläger, da kein Richter". Die Gefahr, daß eine Partei einseitig eine Streitbeilegung verhindert, besteht so nicht. Ein Hinauszögern der Streitregelung ist nach diesem System allerdings möglich, wenn bei zunächst erfolgendem Rückgriff auf Abschnitt 1 langwierige Verhandlungen stattfinden, die von einer Partei von vornherein in der Absicht des Scheiterns geführt werden.[219] Dies wäre aber rechtsmißbräuchlich.

Haben die Parteien nach Art. 279 – 282 SRÜ in Verbindung mit anderweitigen völkerrechtlichen Streitbeilegungsvorschiften gleich auf obligatorische Verfahren zurückgegriffen,[220] so ist die Streitfrage durch diese anderweitigen Streitbeilegungsinstrumente im Zweifel abschließend geklärt worden, so daß für Art. 286 ff. SRÜ kein Raum mehr bleibt.

(3) Ausnahmen von Abschnitt 2: Abschnitt 3

Die obligatorischen Verfahren, die zu bindenden Entscheidungen führen, kommen gemäß Art. 286 SRÜ vorbehaltlich des Abschnitts 3 zur Anwendung. Die Art. 297 ff. SRÜ enthalten also Grenzen und Ausnahmen der Anwendbarkeit des Abschnitts 2.

Wie oben bereits erläutert bestanden auf der Dritten VN-Seerechtskonferenz Vorbehalte gegenüber einer uneingeschränkt zuständigen unabhängigen Gerichtsbarkeit, die bindende Entscheidungen trifft.[221] Die Verhandlungspartner konnten sich deshalb nur auf ein Streitbeilegungssystem verständigen, das bestimmte, beson-

---

[218] Lehoux, CYIL, 1980, S. 31, (45).

[219] Ebd..

[220] Was, wie oben gesehen (C. III. 2. a) aa) bbb) (2) (c) (cc) möglich ist.

[221] 60th Plenary Meeting, Rdnr. 10, UNCLOS III, Off. Records, S. 213.

ders souveränitätsintensive Bereiche vom Streitbeilegungssystem des zweiten Abschnitts ausnimmt.

Es existieren daher zum einen generelle Grenzen der Anwendbarkeit (Ipso-Jure-Ausnahmen) des zweiten Abschnitts (Art. 297 SRÜ) und zum anderen fakultative (optionale) Ausnahmen, also eine Opt-Out-Regelung von seiner Anwendbarkeit (Art. 298 SRÜ).[222]

(a) Generelle Grenzen der Anwendbarkeit von Teil XV Abschnitt 2 SRÜ – Art. 297 SRÜ

Art. 297 SRÜ stellt zunächst eine grundsätzliche Grenze obligatorischer Streitbeilegung dar. Gleichzeitig sieht er aber auch Ausnahmen von diesem Grundsatz, also gewissermaßen Ausnahmen von der Ausnahme oder Rückausnahmen vor.[223]

(aa) Grundsätzlicher Ausschluß obligatorischer Streitbeilegung nach Art. 297 SRÜ

Das Verfahren nach Teil XV Abschnitt 2 SRÜ findet grundsätzlich keine Anwendung, wenn es um die Auslegung oder Anwendung des Seerechtsübereinkommens im Zusammenhang mit der Ausübung souveräner Rechte oder Hoheitsbefugnisse ("sovereign rights or jurisdiction") durch den Küstenstaat geht. Das Seerechtsübereinkommen enthält eine Reihe von Passagen, die dem Küstenstaat die Ausübung solcher souveränen Rechte garantieren oder näher regeln. Zu nennen sind:

- Art. 2 ff. SRÜ, der die Souveränität des Küstenstaats im Bereich seines Küstenmeers bzw. der Archipelstaaten für deren Archipelgewässer (Art. 2 Abs. 1 SRÜ) festlegt, inklusive des darüberliegenden Luftraums und des Meeresbodens und Meeresuntergrunds in diesem Bereich (Art. 2 Abs. 2 SRÜ). Die folgenden Vorschriften (Art. 3 – 32 SRÜ) enthalten genaue Definitionen über den Umfang des Küstenmeers und regeln die friedliche Durchfahrt fremder Schiffe. In diesem Zusammenhang bestehen wiederum Ausnahmen von der grundsätzlich unbeschränkten Zuständigkeit des Küstenstaats in diesem Gebiet. So schränkt Art. 27 SRÜ die Strafgerichtsbarkeit des Küstenstaats an Bord eines durchfahrenden fremden Schiffes ein. Gleiches sieht Art. 28 SRÜ für die Ausübung der Zivilgerichtsbarkeit durch den Küstenstaat vor.

---

[222] Jaenicke in Wolfrum/Philipp (ed.), United Nations: Law, Policies and Practice, 1995, Bd. 2, S. 801.

[223] Jaenicke, Die dritte Seerechtskonferenz der Vereinten Nationen, ZaöRV 1978, S. 438 (506) f..

- Art. 33 SRÜ, der die Rechte des Küstenstaats in der an das Küstenmeer angrenzenden sog. Anschlußzone regelt,

- Art. 34 SRÜ, der festhält, daß das Meerengenregime nicht die Ausübung der Souveränität oder der Hoheitsbefugnisse der Meerengenanliegerstaaten berührt,

- Art. 39 SRÜ, der den Schutz der küstenstaatlichen Souveränität bei der Transitdurchfahrt von Schiffen durch Meerengen garantiert (Art. 39 Abs. 1 lit. c)),

- Art. 49 SRÜ, der die Souveränität der Archipelstaaten in ihren Archipelgewässern garantiert,

- Art. 56 SRÜ, der eine Reihe souveräner Rechte des Küstenstaats in der ausschließlichen Wirtschaftszone aufzählt (Abs. 1): „In der ausschließlichen Wirtschaftszone hat der Küstenstaat a) souveräne Rechte zum Zweck der Erforschung und Ausbeutung, Erhaltung und Bewirtschaftung der lebenden und nichtlebenden natürlichen Ressourcen der Gewässer über dem Meeresboden, des Meeresbodens und seines Untergrunds sowie hinsichtlich anderer Tätigkeiten zur wirtschaftlichen Erforschung und Ausbeutung der Zone wie der Energieerzeugung aus Wasser, Strömung und Wind; b) Hoheitsbefugnisse, wie in den diesbezüglichen Bestimmungen dieses Übereinkommens vorgesehen, in bezug auf i) die Errichtung und Nutzung von künstlichen Inseln, von Anlagen und Bauwerken; II) die wissenschaftliche Meeresforschung, iii) den Schutz und die Bewahrung der Meeresumwelt; c) andere in diesem Übereinkommen vorgesehene Rechte und Pflichten.",

- Art. 58 iVm. Art. 87 SRÜ, die wiederum eine Reihe von Rechten, so die Freiheit der Schiffahrt, des Überflugs und der Verlegung unterseeischer Kabel und Rohrleitungen sowie andere damit zusammenhängende Nutzungen des Meeres sowohl für Küstenstaaten, als auch für dritte Staaten garantiert,

- Art. 73 SRÜ, der Maßnahmen des Küstenstaats zur Durchsetzung seiner souveränen Rechte in der ausschließlichen Wirtschaftszone, insbesondere das Anhalten, Überprüfen und Festhalten von Schiffen ermöglicht,

- Art. 77 SRÜ mit der Garantie ausschließlicher Rechte des Küstenstaats zur Erforschung und Ausbeutung des Festlandsockels,

- Art. 79 Abs. 4 SRÜ über die Rechte des Küstenstaats im Zusammenhang mit der Legung unterseeischer Kabel und Rohrleitungen auf dem Festlandsockel,

- Art. 125 Abs. 3 SRÜ zur Wahrung der Rechte der Transitstaaten bei der Ausübung des Transitrechts durch die Binnenstaaten,

- Art. 142 SRÜ für den Schutz der Rechte des Küstenstaats bei Tätigkeiten im Gebiet,

- Art. 193 SRÜ mit dem souveränen Recht der Staaten auf Ausbeutung ihrer natürlichen Ressourcen unter Beachtung ihrer Pflicht zum Schutz der maritimen Umwelt

- Art. 236 SRÜ zur Staatenimmunität,

- Art. 245 SRÜ, der das souveräne Recht der Küstenstaaten auf wissenschaftliche Meeresforschung garantiert,

- Art. 246 Abs. 8 SRÜ als Bekräftigung des Rechts auf wissenschaftliche Meeresforschung.

Art. 297 SRÜ sieht, wie bereits erwähnt, auch Ausnahmen von der Nichtanwendbarkeit des Teil XV Abschnitt 2 SRÜ vor.

(bb) Ausnahmen der Grenzen obligatorischer Streitbeilegung unter Art. 297 SRÜ

- **Streitigkeiten über die Freiheit der Schiffahrt**

Im Zusammenhang mit den vorgenannten souveränen Rechten und Hoheitsbefugnissen des Küstenstaats steht auch eine Reihe von Pflichten und Beschränkungen dieser Rechte. Soweit die in Art. 87 SRÜ genannten Freiheiten der Hohen See auch in der ausschließlichen Wirtschaftszone gelten[224], besteht für den Küstenstaat zwangsläufig eine Souveränitätsbeschränkung. Zum anderen ist er dann auch verpflichtet, die Freiheiten von Drittstaaten nicht zu beeinträchtigen. Als Beispiele seien die Legung unterseeischer Kabel und Rohrleitungen, die in der ausschließlichen Wirtschaftszone auch dritten Staaten erlaubt ist[225] sowie das Recht der friedlichen Durchfahrt,[226] das sogar das Küstenmeer betrifft, genannt. Der Küstenstaat ist demgemäß verpflichtet, die Ausübung der Freiheiten des Art. 87 SRÜ durch Dritt-

---

[224] Art. 58 Abs. 1 SRÜ.

[225] Art. 58 Abs. 1 SRÜ.

[226] Art. 17 SRÜ.

staaten nicht zu verhindern.[227] Wird behauptet, der Küstenstaat habe gegen diese Verpflichtungen verstoßen, ist das Streitbeilegungsregime des Abschnitts 2 anwendbar.[228] Im übrigen ist nur eine Streitbeilegung nach Abschnitt 1 eröffnet.

Gleiches gilt bei Streit über den Verstoß eines seine in Art. 58 Abs. 1 SRÜ garantierten Rechte ausübenden Drittstaates gegen das Seerechtsübereinkommen oder die Gesetze des Küstenstaats, die dieser in Einklang mit dem Seerechtsübereinkommen erlassen hat.[229]

- **Streitigkeiten über Meeresumweltschutzregelungen**

Gemäß Art. 297 Abs. 1 lit. c) SRÜ ist Teil XV Abschnitt II SRÜ anwendbar, wenn einem Küstenstaat der Verstoß gegen bestimmte durch das Seerechtsübereinkommen oder zuständige internationale Organisationen oder Konferenzen festgelegte Vorschriften zum Schutz der Meeresumwelt vorgeworfen wird. Das Seerechtsübereinkommen selbst enthält keine umweltseerechtlichen Standards. Vorschriften, gegen die in diesem Kontext Verstöße denkbar sind, finden sich als Beispiele in der von der International Maritime Organisation (IMO) aufgestellten IMCO-Konvention,[230] als auch in dem zur Verringerung von Ölverschmutzungen abgeschlossenen MARPOL-Übereinkommen. Letztendliche Klarheit herrscht hierüber aber ebensowenig wie über die Frage der Anwendbarkeit der IMCO- respektive MARPOL-Regeln auf Nichtmitglieder dieser beiden Abkommen.[231] Zumal die Frage der Anwendbarkeitsausnahmen nach Art. 297 f. SRÜ in bisherigen Verfahren nach dem Streitbeilegungsregime des Seerechtsübereinkommens keine Rolle gespielt hat, läßt sich nur vermuten, ob der Internationale Seegerichtshof oder andere Streitbeilegungseinrichtungen unter dem Seerechtsübereinkommen ihre Zuständigkeit eher weit oder eher eng auslegen würden.

Zumal der Seegerichtshof sowohl im Southern-Bluefin-Tuna-Fall, als auch im MOX-Plant-Fall seine Zuständigkeit bejaht und sie damit eher weit ausgelegt hat, sollte auch bei der Beurteilung der Anwendungsgrenzen nach Teil XV Abschnitt 3 SRÜ eher von einer weiten Auslegung auszugehen sein.[232] Demnach unterfallen Art. 297 Abs. 1 lit. c) SRÜ sämtliche, wie oben gesagt, festgelegte Regeln und Normen für Schutz und Bewahrung der Meeresumwelt. Das Wort „bestimmte" bringt demnach

---

[227] Jaenicke, ZaöRV 1978, S. 438 (507 f.).

[228] Art. 297 Abs. 1 lit. a) SRÜ.

[229] Art. 297 Abs. 1 lit. b) SRÜ.

[230] BGBl II, 1982, S. 4 ff..

[231] J. P. A. Bernhardt, Compulsory Dispute Settlement, VJIL, 1979-1980, S. 69 (80 f.).

[232] ISGH Southern Bluefin Tuna, Anordnung v. 27.08.1999 in ITLOS, Reports, 1999, S. 277 ff.; ISGH MOX Plant Case, Anordnung v. 03.12.2001, ILM, 2002, S. 405 (413).

zum Ausdruck, daß Art. 297 Abs. 1 lit. c) SRÜ nur spezielle auf den Küstenstaat anwendbare Meeresumweltschutzregelungen unterfallen, will indes aber diesen Anwendungsbereich nicht auf Regeln nach IMCO oder MARPOL beschränken.

- **Streitigkeiten über wissenschaftliche Meeresforschung**

Ähnlich wie in den schon genannten Fällen ist das Streitbeilegungsregime des Seerechtsübereinkommens auch bei Auslegungsfragen hinsichtlich der wissenschaftlichen Meeresforschung anwendbar, es sei denn, die Parteien streiten über das Ermessen des Küstenstaats im Rahmen des Art. 246 SRÜ[233] oder über den küstenstaatlichen Widerruf einer Forschungserlaubnis nach Art. 253 SRÜ.[234] In diesen Fällen ist der Küstenstaat nicht verpflichtet, einer Unterwerfung des Streits unter die Verfahren der Art. 287 ff. SRÜ zuzustimmen. Art. 246 SRÜ gestattet den Staaten wissenschaftliche Meeresforschung nur mit Zustimmung des Küstenstaats, zu deren Erteilung dieser jedoch „unter normalen Umständen" verpflichtet ist. Nicht normal, und somit einer küstenstaatlichen Verweigerung zugänglich, sind alle unfriedlichen, sowie die in Art. 246 Abs. 5 SRÜ aufgeführten maritimen Aktivitäten.[235] Auch hier ist die genaue Bedeutung des Begriffs „normaler Umstände" jedoch fraglich, soll aber vorliegend nicht vertieft erörtert werden.

Behauptet der Forschungsstaat, der Küstenstaat übe seine Rechte im Sinne von Art. 246, 253 SRÜ nicht rechtskonform aus, so wird der Streit allerdings auf Antrag einer Partei einem Vergleichsverfahren nach Anlage 5 Abschnitt 2 zum SRÜ unterworfen.[236] Auch das dort vorgesehene Vergleichsverfahren nach Art. 297 Abs. 2 u. 3, Anlage V Abschnitt 2 SRÜ wird zu den Verfahren obligatorischer Streitbeilegung gezählt, führt jedoch nicht zu bindenden Entscheidungen.[237]

- **Fischereistreitigkeiten**

Fischereistreitgkeiten unterfallen der obligatorischen Streitbeilegung des Seerechtsübereinkommens im Grunde nur für Auslegungsstreitigkeiten hinsichtlich der Überfischung der Gewässer.[238] In allen anderen Bereichen, insbesondere für Streitigkeiten über die Festlegung der zulässigen Fangmenge, ist das seerechtliche Streitbeilegungsregime nicht anwendbar.[239] Insofern bleibt auch hier nur der Weg

---

[233] Art. 297 Abs. 2 lit. a) i) SRÜ.

[234] Art. 297 Abs. 2 lit. a) ii) SRÜ.

[235] J. P. A. Bernhardt, VJIL, 1979-1980, S. 69 (84 f.).

[236] Art. 297 Abs. 2 lit. b) SRÜ.

[237] Nordquist, UNCLOS Commentary, Bd. V, Rdnr. 286.1..

[238] Art. 297 Abs. 3 lit. a) SRÜ; J. P. A. Bernhardt, VJIL, 1979-1980, S. 69 (90).

[239] Art. 297 Abs. 3 SRÜ.

für eine Streitbeilegung nach Abschnitt 1. Scheitert diese, so wird der Streit jedoch unter den Voraussetzungen des Art. 297 Abs. 3 lit. b) SRÜ[240] auf Antrag einer Partei ebenfalls einem Vergleichsverfahren nach Anlage V Abschnitt 2 SRÜ unterworfen.

Im Ergebnis ist fraglich ist ob die Ausnahme der in Art. 297 SRÜ genannten Bereiche von der obligatorischen Streitbeilegung so kategorisch ist, daß dies die Streitparteien hindert, sich darauf zu einigen, den Streit trotzdem nach Maßgabe von Abschnitt 2 beizulegen.

Das ist im Ergebnis nicht so. Zwar sind die Parteien zunächst an die Ausnahmen des Abschnitts 3 gebunden. Die Möglichkeit, auf die Verfahren des Abschnitts 2 zurückzugreifen, ergibt sich aber aus dem oben beschriebenen Art. 280 SRÜ, mithin also aus Abschnitt 1, wonach die Parteien für die Beilegung ihres Streits stets auf friedliche Mittel eigener Wahl zurückgreifen können. Eine Beilegung durch Mittel eigener Wahl im Sinne von Art. 280 SRÜ bedeutet jedoch, daß die Parteien ein konkretes Streitbeilegungsmittel vereinbaren müssen. Damit treffen sie gleichzeitig eine beiderseitige Wahlerklärung im Sinne von Art. 287 Abs. 1 SRÜ.

(b) Opt-Out-Regelung des Art. 298 SRÜ

Für bestimmte, souveränitätsintensive Bereiche sieht Art. 298 SRÜ die Möglichkeit der Staaten vor, die zwingende Anwendung des zweiten Abschnitts durch entsprechende schriftliche Erklärung zu umgehen. Ursprünglich war dieses System des Opt-Out für sämtliche Ausnahmen der Anwendbarkeit von Teil XV Abschnitt 2 SRÜ vorgesehen, überlebte dann aber nur in Art. 298 SRÜ. Drei Fälle berechtigen die Streitparteien demnach zum Opt-Out:

(aa) Delimitationsausnahme

Die Vertragsstaaten können nach Art. 298 Abs. 1 lit. a) SRÜ erklären, daß Streitigkeiten über Auslegung oder Anwendung der Artikel 15, 74 und 83 SRÜ, betreffend die Abgrenzung von Meeresgebieten, nicht den Verfahren nach Abschnitt 2 unterworfen werden. Damit wurde auf der dritten VN-Seerechtskonferenz jenen Staaten Rechnung getragen, die auf dem souveränitätsintensiven Recht des Küstenstaats beharrten, seine Grenzen selbst festzulegen.[241] Entstand eine solche Grenzstreitigkeit jedoch nach Inkrafttreten des Seerechtsübereinkommens, so wird der Streit bei Scheitern einer Einigung zwischen den Parteien einem obligatorischen Vergleichs-

---

[240] Zu den Voraussetzungen für das Vergleichsverfahren: Art. 297 Abs. 3 lit. b) SRÜ.

[241] J. P. A. Bernhardt, VJIL, 1979-1980, S. 69 (95).

verfahren nach Anlage V Abschnitt 2 SRÜ unterworfen, wobei aus der Gebietshoheit fließende Rechte von der Schlichtung ausgenommen sind.

Auch die Delimitationsausnahme ist nicht zufriedenstellend, denn im Grunde entzieht sie sämtliche maritimen Grenzstreitigkeiten der obligatorischen Gerichtsbarkeit des Teils XV Abschnitt 2 SRÜ. Angesichts der Tatsache, daß kaum ein Teil des Völkerseerechts ein größeres Potential an Streitfällen bietet als die Delimitation von Meeresbereichen, ist dies eine quantitativ bedeutsame Einschränkung obligatorischer Streitbeilegung unter dem Seerechtsübereinkommen. Zu wünschen wäre daher eine Streichung dieser, wenn nicht sämtlicher optionaler Ausnahmen nach Art. 298 SRÜ, mag das unter derzeitigen Mehrheitsverhältnissen unter den souveränen Vertragsstaaten auch wenig realistisch erscheinen.[242]

(bb) Militärausnahme

Nach Art. 298 Abs. 1 lit. b) SRÜ haben die Streitparteien das Recht zum Opt-Out auch bei Streit über militärische Handlungen.[243]

(cc) Sonstige Ausnahmen

Eine dritte Opt-Out-Möglichkeit besteht schließlich nach Art. 298 Abs. 1 lit. c) in den Fällen, in denen der Sicherheitsrat der Vereinten Nationen mit der Sache befaßt ist.[244] Außerdem müssen die Parteien keine Streitigkeiten über Vollstreckungsmaßnahmen in Ausübung der in Art. 297 Abs. 2 und 3 SRÜ genannten souveränen Rechte dem System obligatorischer Streitbeilegung nach dem Seerechtsübereinkommen unterwerfen.[245]

(dd) Fazit

Die Opt-Out-Möglichkeiten in Art. 298 SRÜ beschränken das umfassende obligatorische Streitbeilegungssystem des Seerechtsübereinkommens nach Teil XV, was aus Sicht einer möglichst umfassenden völkerrechtlichen Streitbeilegungsregelung ein Nachteil ist. Verschiedene Staaten haben daher Erklärungen nach Art. 287

---

[242] J. P. A. Bernhardt, VJIL, 1979-1980, S. 69 (97 f.).

[243] Art. 298 Abs. 1 lit. b) SRÜ; Jaenicke in Wolfrum/Philipp (ed.), United Nations: Law, Policies and Practice, Bd. 2, S. 802; Merrills, International Dispute Settlement, 3. Aufl., S. 176; J. P. A. Bernhardt, VJIL, 1979-1980, S. 69 (98 f.).

[244] Art. 298 Abs. 1 lit. c) SRÜ iVm. Art. 12, 24 UN-Charta.

[245] Art. 298 Abs. 1 lit. b) SRÜ; Jaenicke in Wolfrum/Philipp (ed.), United Nations: Law, Policies and Practice, Bd. 2, S. 802.

SRÜ unter in Art. 298 SRÜ genannten „Vorbehalten" abgegeben.[246] Allerdings neutralisiert das Reziprozitätsprinzip diesen Nachteil zu einem gewissen Grad. Demnach kann eine Streitpartei, die von der Möglichkeit des Opt-Out Gebrauch gemacht hat, für die ausgenommenen Streitbereiche einseitig auch keine Rechte mehr geltend machen.[247] So gesehen birgt das Opt-Out auch für den Staat, der von seinem Opt-Out-Recht Gebrauch macht, eine gewisse Unattraktivität. Einvernehmlich können die Parteien jedoch stets von Art. 297 f. SRÜ abweichende Vereinbarungen treffen, wie Art. 299 SRÜ herausstellt. Dies zeigt das flexible System des Seerechtsübereinkommens.

(4) Antrag einer Streitpartei

Weitere Voraussetzung für die Anwendbarkeit der obligatorischen Verfahren nach Teil XV Abschnitt 2 SRÜ ist, wie schon erwähnt, nach Art. 286 SRÜ ein entsprechender Antrag einer Streitpartei auf gerichtliche Entscheidung.

bb) Die konkrete Zuständigkeit des Internationalen Seegerichtshofs nach Teil XV Abschnitt 2 SRÜ

Die eigentliche Zuständigkeit des Seegerichtshofs im Rahmen obligatorischer Verfahren, die zu bindenden Entscheidungen führen, ergibt sich, wie oben bereits angesprochen, aus Art. 291 und 288 SRÜ. Art. 291 regelt den persönlichen Anwendungsbereich der Gerichtsbarkeit des Seegerichtshofs, Art. 288 den sachlichen Anwendungsbereich.

aaa) Die Zuständigkeit rationae personae – Art. 291 SRÜ

Die Zuständigkeit rationae personae des Seegerichtshofs unter dem allgemeinen Streitbeilegungsregime des Seerechtsübereinkommens erstreckt sich gemäß Art. 291 Abs. 1 SRÜ nur auf die Vertragsstaaten des Seerechtsübereinkommens.[248] Art. 291 Abs. 2 SRÜ läßt seinem Wortlaut nach zwar auch andere Rechtsträger zu, aber nur soweit dies im Seerechtsübereinkommen ausdrücklich vorgesehen ist. Dies ist sehr begrenzt der Fall und gilt im Hauptsacheverfahren nach Teil XV SRÜ nur für Internationale Organisationen, sofern ihnen nach den in Anlage IX genannten Voraussetzungen derselbe Zugang zum allgemeinen Streitbeilegungsregime des Seerechtsübereinkommens eingeräumt wurde wie den Vertragsstaaten. Andere Rechtssubjekte als Internationale Organisationen, wie private und öffentliche juristische oder natürliche Personen, können gemäß Art. 291 Abs. 2 SRÜ nur in meeres-

---

[246] http://www.un.org/Depts/los/settlement_of_disputes/choice_procedure.htm.

[247] Merrills, International Dispute Settlement, 3. Aufl., 1998, S. 177.

[248] Dupuy/Vignes, Handbook, S. 1339.

bodenrechtlichen Streitfällen als Parteien vor dem Internationalen Seegerichtshof auftreten, worauf weiter unten einzugehen ist.

Aus der Regelung des Art. 291 Abs. 1 SRÜ ergibt sich, daß ein Staat, der einmal Mitglied im Seerechtsübereinkommen geworden ist, automatisch auch dessen Streitbeilegungsregime, insbesondere die Regelungen obligatorischer Streitbeilegung nach Teil XV Abschnitt 2 SRÜ akzeptiert hat, ohne daß es einer gesonderten Unterwerfungserklärung mehr bedürfte.[249] Ausreichend ist insofern eine nach Art. 287 SRÜ erfolgende Wahlerklärung, wenn nicht der Streit vorab anderweitig beigelegt wurde. Doch auch ohne Wahlerklärung greift das Verfahren nach Teil XV Abschnitt 2 SRÜ insofern ein, als dann, wie schon angesprochen, zumindest ein Schiedsgericht nach Anlage VII SRÜ zuständig wird.[250]

Im Unterschied hierzu ist eine Zuständigkeit der Meeresbodenkammer nach Teil XI ratione personae auch für Streitigkeiten zwischen Vertragsstaaten und der Behörde, zwischen Vertragsstaaten sowie zwischen und mit Parteien eines spezifischen Abbauvertrags gegeben.[251] Erfaßt sind hier auch künftige Vertragsschließende.[252]

bbb) Die sachliche Zuständigkeit des Internationalen Seegerichtshofs – Art. 288 SRÜ

Für die sachliche Zuständigkeit des Seegerichtshofs ist Art. 288 SRÜ maßgebend, der jedoch auf Art. 287 SRÜ Bezug nimmt. Er regelt dementsprechend nicht nur die Zuständigkeit des Internationalen Seegerichtshofs, sondern aller Gerichte und Gerichtshöfe nach Art. 287 SRÜ. Mithin ergibt sich die Zuständigkeit des hier in erster Linie zu behandelnden Seegerichtshofs also aus Art. 288, 287 SRÜ. Demnach müssen die Streitparteien eine übereinstimmende Wahl des Internationalen Seegerichtshofs nach Art. 287 SRÜ als Mittel zur friedlichen Beilegung ihres Streits getroffen haben, um dessen Zuständigkeit nach Art. 288 SRÜ zu begründen.

Zunächst wird allgemein die Wahlvorschrift des Art. 287 SRÜ näher betrachtet und dann die konkreten Voraussetzungen für die Wahl des Seegerichtshofs aus Art. 288 SRÜ. Neben der zumindest theoretisch sehr wichtigen Hauptsachezuständigkeit des Seegerichtshofs nach Art. 287 f. SRÜ wird in den folgenden Kapiteln außerdem auf seine Zuständigkeit in den Verfahren einstweiligen Rechtsschutzes einzugehen sein, die in seiner bisherigen Praxis eine erwähnenswerte Rolle spielen.

---

[249] Nordquist, UNCLOS Commentary, Bd. V, Rdnr. 286.2..

[250] Art. 287 Abs. 3 oder 5 SRÜ.

[251] Art. 187 SRÜ.

[252] Art. 187 lit. d).

(1) Die Voraussetzungen des Art. 287 SRÜ

Wie bereits mehrfach angesprochen, konnten sich die Vertragsstaaten der dritten VN-Seerechtskonferenz nicht auf ein einheitliches Mittel bindender seevölkerrechtlicher Streitbeilegung nach dem Seerechtsübereinkommen einigen, sondern entschieden sich für ein Modell der Wahlfreiheit.[253] Gemäß Art. 287 Abs. 1 SRÜ kann ein Vertragsstaat im Seerechtsübereinkommen durch schriftliche Erklärung jederzeit, das heißt bereits bei Unterzeichnung, Ratifikation bzw. Beitritt oder zu einem späteren Zeitpunkt, eines der vier dort aufgeführten Streitbeilegungsmittel wählen. Dies sind der Internationale Seegerichtshof,[254] der Internationale Gerichtshof,[255] ein seerechtliches Schiedsgericht nach Anlage VII[256] oder ein spezielles seerechtliches Schiedsgericht nach Anlage VIII SRÜ.[257] Die Reihenfolge der in Art. 287 Abs. 1 SRÜ genannten Streitbeilegungsinstrumente war anfangs umstritten. Ein Teil der Konferenzteilnehmer trat dafür ein, den IGH als Hauptrechtsprechungsorgan der Vereinten Nationen an erster Stelle zu erwähnen, andere wollten hier die Schiedsgerichte nennen,[258] wieder andere den Internationalen Seegerichtshof, auf den man sich, zunächst noch unter der Bezeichnung „Law of the Sea Tribunal",[259] schließlich verständigte.[260] Voraussetzung für die Zuständigkeit des jeweiligen Gerichts oder Gerichtshofs ist dann eine übereinstimmende Erklärung der am Streit beteiligten Parteien. Diese Erklärung ist widerruflich.[261] Die ursprünglich abgegebene Erklärung eines am Streit beteiligten Vertragsstaats bleibt jedoch auch nach Eingang des Widerrufs noch drei Monate in Kraft.[262] Die Erklärung ist ferner auf bestimmte Arten von Streitigkeiten beschränkbar.[263]

Das Wahlrecht der Vertragsstaaten nach Art. 287 SRÜ, als Ausfluß des flexiblen Systems seevölkerrechtlicher Streitbeilegung, ist äußerst weitgehend. Es erlaubt die Auswahl eines oder auch mehrerer dort genannter Streitbeilegungsmittel in ei-

---

[253] Jaenicke, ZaöRV, 1978, S. 438 (506).

[254] Art. 287 Abs. 1 lit. a) SRÜ.

[255] Art. 287 Abs. 1 lit. b) SRÜ.

[256] Art. 287 Abs. 1 lit. c) SRÜ.

[257] Art. 287 Abs. 1 lit. d) SRÜ.

[258] Art. 9 Vorschlag Dispute Settlement Group v. 1. Mai 1975, DSG/2nd Session/No. 1/Rev. 5 in Platzöder, Documents, Bd. XVII, S. 108 (110).

[259] Art. 9 ISNT Part IV, A/CONF.62/WP.9/Rev.1 in Platzöder, Documents, Bd. 1, S. 77 (85).

[260] Art. 287 Draft Convention on the Law of the Sea in Platzöder, Documents, Bd. II, S. 365 (478).

[261] Dupuy/Vignes, Handbook, S. 1343.

[262] Art. 287 Abs. 6 SRÜ.

[263] R. Bernhardt, ZaöRV 1978, S. 959 (970).

ner beliebigen Rangfolge.[264] Auch eine Beschränkung bestimmter Streitbeilegungsmittel auf bestimmte Streitigkeiten ist möglich.[265] Die Erklärung nach Art. 287 SRÜ kann zeitlich begrenzt oder unbegrenzt sein.[266] Die Wahl muß nicht generell im Voraus durch eine jede Streitpartei erfolgt sein, sondern ist auch ad hoc im konkreten Streitfall möglich.[267] Anders als das IGH-Statut[268] spricht Art. 287 SRÜ zwar nicht von der Möglichkeit, einen „compromis" zu schließen. Nichts hindert jedoch die Parteien, ihre übereinstimmenden Wahlerklärungen im Sinne von Art. 287 SRÜ in der Form einer notifizierten völkerrechtlichen Übereinkunft („compromis") abzugeben. Rechtlich ist ein solcher „compromis" jedoch weiterhin als Fall des Art. 287 Abs. 1 SRÜ anzusehen. Eine Einschränkung des Wahlrechts besteht indes darin, daß seine Ausübung gemäß dem in Abs. 7 niedergelegten Grundsatz „electa una via" nach Aufkommen des Streits auf diesen keinen Einfluß mehr hat.[269]

Unklar ist, ob die Parteien bestimmte Streitbeilegungsmittel auf bestimmte Streitigkeiten beschränken können wenn sie gleichzeitig mehrere verschiedene Streitbeilegungsmittel gewählt haben. Können die Streitparteien beispielsweise vereinbaren, daß der unter anderem gewählte Internationale Seegerichtshof nur für Fischereistreitigkeiten außerhalb der ausschließlichen Wirtschaftszone zuständig sein soll? Der Wortlaut von Art. 287 SRÜ spricht nur von der Wahl des entsprechenden Mittels, nicht aber von einer Wahl für bestimmte Streitigkeiten. Für eine solche Flexibilität auch in der Art der zu behandelnden Streitigkeiten spricht in Zusammenschau mit Teil XV Abschnitt 1 SRÜ die dem Streitbeilegungsregime des Seerechtsübereinkommens inhärente große Flexibilität. Wenn die Parteien einer Streitigkeit über Auslegung oder Anwendung des Seerechtsübereinkommens nicht einmal zu gerichtlicher oder schiedsgerichtlicher Streitbeilegung gezwungen sind, muß ihnen bei grundsätzlicher Wahl gerichtlicher Streitbeilegung eine Auswahl per Streitigkeit gestattet sein. Die Gefahr wäre sonst, daß die Parteien sich scheuen, eine Wahlerklärung nach Art. 287 SRÜ abzugeben und ihren Streit lieber nach den Verfahren von Teil XV Abschnitt 1 SRÜ regeln oder nicht regeln.[270] Den Streitparteien soll nach dem Willen der Vertragsstaaten der dritten VN-Seerechtskonferenz ein hohes Maß an Wahlfreiheit eingeräumt werden.

Auf der anderen Seite ist die Zuständigkeit der Gerichte und Gerichtshöfe nach Teil XV Abschnitt 2 SRÜ detailliert geregelt. In Teil XV Abschnitt 3 SRÜ finden sich ex-

---

[264] Riphagen in Rozakis/Stephanon, The New Law of the Sea, 1983, S. 284.

[265] Ebd., S. 285.

[266] Dupuy/Vignes, Handbook, S. 1343.

[267] R. Bernhardt, ZaöRV 1978, S. 959 (968).

[268] Art. 36 Abs. 1 Alt. 1 IGH.

[269] Dupuy/Vignes, Handbook, S. 1344.

[270] Art. 281 Abs. 1 letzter HS SRÜ.

plizite Ausnahmen vom Regime gerichtlicher Streitbeilegung im Seerechtsübereinkommen. Die Tatsache, daß diese Anwendungsausnahmen und zudem noch Ausnahmen von diesen Ausnahmen detailliert im Seerechtsübereinkommen geregelt sind, spricht für ihren abschließenden Charakter. Diese Regelungen würden durch eine Streitigkeitswahl der Streitparteien ebenso unterminiert wie die detaillierten Regelungen der Gerichtsbarkeit der Meeresbodenkammer des Seegerichtshofs.[271] Schließlich mißachtet eine solche Streitigkeitsauswahl auch die möglicherweise eingreifenden obligatorischen Verfahren einstweiligen Rechtsschutzes. Um derlei Konflikte mit der Gerichtsbarkeit der nach Art. 287 SRÜ gewählten Streitbeilegungsmittel zu vermeiden, ist die Wahlfreiheit der Streitparteien daher auf die Mittelwahl zu beschränken.

Haben die Streitparteien unter Art. 287 SRÜ kein einheitliches Verfahren gewählt, so wird insofern unwiderleglich vermutet, daß sie zumindest einem Schiedsverfahren nach Anlage VII SRÜ zugestimmt haben.[272] Eine Reihe von Staaten hat dabei den Internationalen Seegerichtshof als Streitbeilegungseinrichtung unter dem Seerechtsübereinkommen gewählt. Hierunter fallen Österreich, Belgien, Chile, Argentinien, Kroatien, Deutschland, Griechenland, Portugal und die Europäische Gemeinschaft um nur einige zu nennen.[273] Auffällig ist, daß eine Reihe von EG-Mitgliedstaaten nicht den Seegerichtshof, sondern den IGH als Streitbeilegungsmittel gewählt haben. Es handelt sich hierbei vor allem um die Fischfangstaaten Spanien, Schweden und Niederlande, sowie um Norwegen als nicht EG-Mitglied.[274] Zudem beschränkt sich die Wahl der Staaten meist nicht auf ein einziges Streitbeilegungsmittel aus Art. 287 Abs. 1 SRÜ, sondern sie wählen mehrere aus. So hat etwa Deutschland den Internationalen Seegerichtshof, Schiedsgerichte unter Anlage VII SRÜ und den IGH als Mittel für die Beilegung seiner Streitigkeiten mit anderen Staaten über Auslegung oder Anwendung des Seerechtsübereinkommens gewählt.[275] Dies birgt zusätzliche Abgrenzungskonflikte der verschiedenen Streitbeilegungsmittel.

Der Frage des Wahlrechts nach Art. 287 SRÜ für Internationale Organisationen soll weiter unten nachgegangen werden. Gleiches gilt für die im Rahmen der Konkurrenz des Streitbeilegungsregimes im Seerechtsübereinkommen mit anderweitigen Streitbeilegungsvorschriften bedeutsame Frage, ob die Art. 287, 288 SRÜ die Zu-

---

[271] Art. 187 SRÜ ff..

[272] Art. 287 Abs. 3 und 5 SRÜ.

[273] http://www.un.org/Depts/los/settlement_of_disputes/choice_procedure.htm.

[274] http://www.un.org/Depts/los/settlement_of_disputes/choice_procedure.htm.

[275] Zu den Wahlerklärungen LSB No. 44 (2001), S. 1-9;
http://www.un.org/Depts/los/settlement_of_disputes/choice_procedure.htm.

ständigkeitsvoraussetzungen für die in Art. 287 SRÜ genannten Streitbeilegungs-mittel abschließend regeln, mithin also zuständigkeitsbegründend wirken.

(2) Vorbehalte gegen das Seerechtsübereinkommen und bei der Wahl des Streitbeilegungsmittels

Fraglich ist, ob die Vertragsstaaten das Seerechtsübereinkommen auch unter Vor-behalt annehmen können. Insbesondere Vorbehalte gegen das an sich obligatori-sche Streitbeilegungsregime der Konvention stießen und stoßen insofern auf Skep-sis. Dabei ist nicht nur die Frage einer Annahme des Seerechtsübereinkommens unter Vorbehalt generell, sondern auch die Frage einer vorbehaltlichen Wahl des Streitbeilegungsmittels im Rahmen von Art. 287 von Interesse.

Gemäß Art. 19 WVRK kann ein Staat bei Unterzeichnung, Ratifikation, Annahme oder Genehmigung eines völkerrechtlichen Vertrags grundsätzlich Vorbehalte ge-gen einzelne Teile oder Bestimmungen dieses Vertrags anbringen und ihre An-wendung im konkreten Rechtsstreit somit ausschließen. Unzulässig sind Vorbehal-te jedoch, wenn sie der Vertrag verbietet[276] oder nur bestimmte Vorbehalte zu-läßt,[277] zu welchen der konkret angebrachte nicht gehört oder wenn der angebrach-te Vorbehalt mit Ziel und Zweck des Vertrags unvereinbar ist.[278]

Das Seerechtsübereinkommen selbst enthält weder eine ausdrückliche Bestim-mung über die Zulässigkeit, noch über die Unzulässigkeit (bestimmter) Vorbehalte. Mehrere Gründe sprechen im Zusammenhang mit dem Streitbeilegungsregime des Seerechtsübereinkommens jedoch für eine Unzulässigkeit von Vorbehalten gemäß Art. 19 lit. c) WVRK.

Zum einen gehört die verbindliche Beilegung seerechtlicher Streitigkeiten zum Kern des im Seerechtsübereinkommen neugeordneten Seevölkerrechts. Diese umfas-sende materiell- und prozessrechtliche Neuordnung, die wesentliches Ziel der drit-ten VN-Seerechtskonferenz war, würde daher konterkariert, könnte sich ein Staat der obligatorischen Streitbeilegung dieses Regimes entziehen.[279] Die Vertragsstaa-ten haben zum anderen im Seerechtsübereinkommen ein äußerst flexibles Streit-beilegungsregime geschaffen, das den souveränen Staaten breite Wahlmöglichkei-ten ob des konkreten Beilegungsmittels beläßt. Dieses Regime sollte dann aber zumindest bindend sein und nicht auch noch umgangen werden können. Insbeson-dere sollen sich die Streitparteien mit Blick auf Art. 287 Abs. 3 und 5 SRÜ zumin-

---

[276] Art. 19 lit. a) WVRK.
[277] Art. 19 lit. b) WVRK.
[278] Art. 19 lit. c) WVRK.
[279] R. Bernhardt, ZaöRV 1978, S. 959 (962).

dest einem seevölkerrechtlichen Schiedsverfahren nicht entziehen können.[280] Auch die Tatsache, daß die Vertragsstaaten in Art. 297 und in dem explizit und erschöpfend die hier anbringbaren Vorbehalte aufzählenden Art. 298 SRÜ zusätzliche Ausnahmen von der obligatorischen Gerichtsbarkeit der Streitbeilegungsmechanismen der Konvention vorgesehen haben, spricht systematisch gegen die Möglichkeit, gegen das seerechtliche Streitbeilegungsregime auch noch Vorbehalte anbringen zu können. Mitunter werden allerdings die Art. 297 f. SRÜ als Regelungen von Vorbehalten im Seerechtsübereinkommen bezeichnet.

Ähnlich problematisch ist die Frage eines Anbringens von Vorbehalten bei der Wahl des Streitbeilegungsmittels nach Art. 287 SRÜ. Man könnte hier zwar an die Regelung in Art. 36 Abs. 3 IGH-Statut denken, die eine vorbehaltliche Unterwerfungserklärung erlaubt. Zum einen aber ist Art. 287 SRÜ weder inhaltlich, noch systematisch mit Art. 36 IGH-Statut zu vergleichen, da er nicht als Unterwerfungsklausel ausgestaltet ist, sondern als Optionsklausel. Mithin ist die Systematik des Art. 287 SRÜ souveränitätsintensiver als der noch sehr vorsichtige Art. 36 IGH-Statut. Zum anderen unterscheiden sich die beiden Vorschriften eben gerade dadurch, daß Art. 287 SRÜ nicht wie Art. 36 IGH-Statut explizit das Anbringen von Vorbehalten vorsieht. Nachdem die Vertragsstaaten im Seerechtsübereinkommen, wie oben gesehen, von einer Unvereinbarkeit von Vorbehalten und Seerechtsübereinkommen inklusive seines Streitbeilegungsregimes ausgingen, kann eine Erlaubnis zum Anbringen jedweder Vorbehalte unter dem Seerechtsübereinkommen nur bei ausdrücklicher Anordnung durch die Konvention angenommen werden. Anders als in Art. 36 IGH-Statut, kann die Wahl eines Streitbeilegungsmittels nach Art. 287 SRÜ daher nicht unter Vorbehalt im engeren Sinn erfolgen. Im weiteren Sinne sind Vorbehalte dementsprechend nur unter den Voraussetzungen der Art. 297 f. SRÜ möglich.

(3) Die Möglichkeit einer von Art. 287 SRÜ abweichenden Wahl des Streitbeilegungsmittels

Fraglich ist, ob die Streitparteien im Rahmen von Teil XV Abschnitt 2 SRÜ auch andere als die in Art. 287 SRÜ vorgesehenen Mittel der Streitbeilegung wählen können. Für seerechtliche Streitigkeiten zwischen EU-Staaten ist hier insbesondere an den EuGH zu denken.[281]

Falls eine von Art. 287 SRÜ abweichende Wahl möglich ist, so stellte dies eine Einschränkung der Zuständigkeit des Internationalen Seegerichtshofs dar, könnte aus der großen Wahlfreiheit der Parteien unter dem Seerechtsübereinkommen also

---

[280] Ebd., S. 959 (962 f.).

[281] Nordquist, UNCLOS Commentary, Bd. V, Rdnr. 290.7..

auch eine Konkurrenzsituation anderer völkerrechtlicher Streitbeilegungsmittel zu jenen des Seerechtsübereinkommens entstehen. Zu klären ist in einem solchen Fall auch, auf welcher Rechtsgrundlage eine solche alternative Wahl erfolgen könnte und welche konkreten Tatbestandsvoraussetzungen hierbei gelten, insbesondere, ob gegebenenfalls einzelne Voraussetzungen nach Teil XV SRÜ weiterhin anwendbar bleiben.

Die Gerichtsbarkeit dieses anderen Gerichtshofs kann sich zunächst aus einem anderen internationalen Vertrag ergeben. Gemeint sind dabei aber, wie gesagt, nicht die Fälle der Vereinbarung eines alternativen Streitbeilegungsinstruments nach Teil XV Abschnitt 1 SRÜ, sondern jene unter Teil XV Abschnitt 2 SRÜ. Zeitlich gesehen ist hier also bereits keine Streitbeilegung nach Abschnitt 1 erfolgt und insofern der Abschnitt 2 eröffnet.[282] Es fragt sich dabei, ob unser Beispielsgerichtshof seine Gerichtsbarkeit auch nach dem Seerechtsübereinkommen unter Anwendung der dortigen Verfahren ausüben kann.[283]

Gegen eine abweichende Wahlmöglichkeit spricht zunächst die Aufzählung von vier konkreten Streitbeilegungsmitteln in Art. 287 SRÜ. Denkbar wäre jedoch die Vereinbarung eines solchen Drittgerichtshofs auf Grundlage von Art. 282 SRÜ. Prinzipiell sind die Parteien, wie oben gesehen, stets völlig frei in der Wahl ihres Streitbeilegungsmittels, können also aufgrund von Art. 282 SRÜ auch andere als jene in Art. 287 SRÜ aufgeführten Streitbeilegungsmittel wählen.[284] Die Wahl eines Alternativgerichtshofs ist dann allerdings ausschließlich eine Wahl nach Teil XV Abschnitt 1 SRÜ, das heißt, es gilt ausschließlich dieses andere Verfahren, samt den entsprechenden Verfahrensregeln. Für die Anwendung von Teil XV SRÜ bleibt in diesem Fall kein Raum mehr. Art. 282 SRÜ führt dann aus dem Anwendungsbereich des Seerechtsübereinkommens hinaus, so daß die dort geregelten Streitbeilegungsverfahren gerade nicht gelten.

Das Wort Verfahren im Sinne von Art. 282 SRÜ ließe sich indes aber auch weitergehender als Gericht/Gerichtshof interpretieren. Das heißt, die Parteien könnten unter Beibehaltung des Verfahrens nach Teil XV SRÜ gemäß Art. 282 SRÜ schlicht ein anderes Gericht als die in Art. 287 SRÜ vorgesehenen Gerichte wählen. Dann gilt im übrigen allerdings auch der gesamte Teil XV SRÜ, von Art. 287 SRÜ abgesehen. Dagegen sprechen jedoch der Wortlaut und Natur des Art. 282 SRÜ. Wird nach dieser Vorschrift ein anderes Verfahren als jenes nach Teil XV SRÜ gewählt, so ist im Prinzip der Weg in das Seerechtsübereinkommen verbaut. Zum anderen widerspricht die ratio legis des Seerechtsübereinkommens dem Gedanken, daß ein

---

[282] Art. 286 SRÜ.

[283] Nordquist, UNCLOS Commentary, Bd. V, Rdnr. 290.7..

[284] Nordquist, UNCLOS Commentary, Bd. V, Rdnr. 290.7..

Gericht oder Gerichtshof, welches/welcher seine Gerichtsbarkeit ausschließlich unter dem Seerechtsübereinkommen ausübt, nicht auch zu 100 % an das Verfahrensrecht dieses Abkommens gebunden ist. Denn wählen die Parteien ein Streitbeilegungsregime unter dem Seerechtsübereinkommen, so gelten im Prinzip auch sämtliche Bestimmungen dieses Übereinkommens. Demnach wäre eher davon auszugehen, daß auch ein Drittgerichtshof alle Verfahrensvorschriften des Seerechtsübereinkommens einzuhalten hat. Die Wahl eines alternativen Streitbeilegungsmittels in diesem Verfahrensstadium nach Art. 282 SRÜ widerspricht auch der Systematik des Streitbeilegungsregimes im Seerechtsübereinkommen, das, wie gesehen, zunächst eine Streitbeilegung nach Abschnitt 1 und dann erst den nun aber definitiven Übergang in Abschnitt 2 vorsieht. Insofern läßt sich innerhalb von Abschnitt 2 schwerlich abermals auf die Verfahrensmöglichkeiten des Abschnitts 1 zurückgreifen.

Andererseits läßt Art. 311 Abs. 3 SRÜ gerade auch anderweitige Vereinbarungen der Parteien zu. Danach können die Parteien in anderweitigen Übereinkünften im Verhältnis zueinander die Anwendung einzelner Bestimmungen des Seerechtsübereinkommens modifizieren oder suspendieren. Grenze sind allerdings Ziel, Zweck und wesentliche Grundsätze des Seerechtsübereinkommens sowie die Rechte und Pflichten der anderen Vertragsstaaten.

Demgegenüber steht eine Auffassung, die das Seerechtsübereinkommen für absolut zwingend hält.[285] Jeder Vertragsstaat des Seerechtsübereinkommens habe dieses als Ganzes als verbindlich anerkannt und habe ebenso wie alle anderen Vertragsstaaten ein Interesse an seiner vollumfänglichen Einhaltung. Entsprechend sei es unmöglich, einzelne Bestimmungen des Seerechtsübereinkommens durch Abreden zwischen einzelnen Vertragsstaaten abzubedingen. Als Argument wird Art. 41 Nr. 1 WVRK ins Feld geführt, der eine solche Modifikation multilateraler Abkommen verbiete.[286] Diese Auffassung kann jedoch den Sinngehalt des Art. 311 Abs. 3 SRÜ im Zusammenhang mit Art. 41 WVRK und dem Streitbeilegungsregime des Seerechtsübereinkommens nicht erklären. Die insofern zitierte Nr. 1 a) lit. i) existiert im übrigen gar nicht, so daß nicht klar ist, auf welche Vorschrift sich der Autor bezieht.[287] Jedenfalls läßt Art. 41 Nr. 1 a) WVRK eine Vertragsmodifikation zu, sofern sie in dem betreffenden multilateralen Abkommen zugelassen ist. Dies ist im Seerechtsübereinkommen mit Art. 311 Abs. 3 SRÜ gerade der Fall. Schon deshalb ist gegen abweichende Parteivereinbarungen nichts einzuwenden, sofern

---

[285] Marquardt, Das Streitbeilegungssystem im Rahmen des Tiefseebodenregimes nach der neuen Seerechtskonvention, 1987, S. 135.

[286] Ebd..

[287] Ebd., S. 135, Fn. 489.

die Parteien die Voraussetzungen des Art. 311 SRÜ und insbesondere dessen Abs. 3 beachten.

Art. 41 Nr. 1 b) SRÜ erlaubt es den Parteien im übrigen auch ohne eine solche Vorschrift, von den Bestimmungen eines multilateralen Vertrags abzuweichen, wenn dies nicht gegen sein Ziel und seinen Zweck und wesentliche Rechte und Pflichten der Parteien verstößt. Gerade das verlangt aber nun auch Art. 311 Abs. 3 SRÜ, mit seiner Maßgabe, daß vom Seerechtsübereinkommen abweichende Regelungen der Vertragsstaaten nicht Ziel, Zweck, wesentliche Grundsätze und Rechte und Pflichten der Vertragssaaten verletzt.

Zu entscheiden ist also, ob eine Suspendierung von Art. 287 SRÜ obige Grenzen überschreiten würde. Ziel und Zweck des Seerechtsübereinkommens ist die Schaffung einer umfassenden rechtlichen Ordnung für die Weltmeere. Dies schließt ein effektives Streitbeilegungssystem ein. Insofern kann man sich fragen, ob die Suspendierung des Art. 287 SRÜ nicht eine gewisse Entkernung des Streitbeilegungsregimes im Seerechtsübereinkommen darstellte, denn das flexible Wahlsystem aus Art. 287 SRÜ ist zentral im gesamten Streitbeilegungsregime des Seerechtsübereinkommens. Dabei ist jedoch zu berücksichtigen, daß die friedliche Streitbeilegung gewiß ein Zweck, nicht aber alleiniger Zweck des Seerechtsübereinkommens ist. Nach der Formulierung des Art. 311 Abs. 3 SRÜ ist für die Zweckunvereinbarkeit das gesamte Übereinkommen zu betrachten. Im übrigen bestätigt die Möglichkeit einer alternativen Wahl im Grunde gerade die in Art. 287 SRÜ angelegte Flexibilität der Streitbeilegung, mag dies im konkreten Fall auch zur Nichtanwendung des Art. 287 SRÜ führen. Ziel und Zweck des Seerechtsübereinkommens erfahren also durch die Wahl eines Drittgerichts eher eine Bestätigung denn eine Verletzung.

Bei wesentlichen Grundsätzen des Seerechtsübereinkommens ist in diesem Zusammenhang ebenfalls an die Streitbeilegungsregeln des Abkommens zu denken. Weder für sie, noch für andere wesentliche Grundsätze des Abkommens, ist eine Beeinträchtigung im Falle einer Alternativwahl zu erkennen. Ebenso verhält es sich mit den Rechten und Pflichten dritter Vertragsstaaten im Seerechtsübereinkommen. Tangiert von der Alternativwahl sind lediglich die jeweiligen Streitparteien, und diese haben einvernehmlich einer anderweitigen Wahl zugestimmt, so daß zumindest ihre Rechte nicht tangiert sind. Auch ihre Pflichten verletzen sie durch eine Alternativwahl nicht. Eher im Gegenteil kommen sie damit ihrer aus Art. 279 SRÜ fließenden Verpflichtung zur friedlichen Streitbeilegung unter dem Seerechtsübereinkommen nach.

Letztlich ergibt sich das Recht der Parteien auf abweichende Regelungen jedoch aus Art. 287 Abs. 4 und 5, sowie aus Art. 299 Abs. 2 SRÜ. Alle drei Vorschriften sprechen den Streitparteien explizit das Recht auf Vereinbarung alternativer Streitbeilegungsmittel zu. Nach den Absätzen 4 und 5 von Art. 287 kommt das in Art. 287 Abs. 1 SRÜ einvernehmlich gewählte Streitbeilegungsverfahren nur dann zur Anwendung, wenn die Parteien nichts Abweichendes vereinbart haben. Art. 299 Abs. 2 SRÜ verdeutlicht nochmals eher generell die Möglichkeit abweichender Streitregelungen unter Teil XV Abschnitt 2 SRÜ.

Noch genereller ist insofern der schon erwähnte Art. 311 SRÜ, der ganz allgemein abweichende Parteivereinbarungen unter dem Seerechtsübereinkommen betrifft. Für diese ist jedoch, wie gesehen, stets zu prüfen, ob anderweitige Gesichtspunkte die Grenzen des Art. 311 Abs. 3 SRÜ sprengen. Darauf kommt es im Rahmen des Streitbeilegungsregimes des Seerechtsübereinkommens nach Teil XV Abschnitt 2 insofern nicht an.

Grundsätzlich spricht also der Wahl eines alternativen Streitbeilegungsinstruments unter Teil XV Abschnitt 2 SRÜ bei Suspendierung von Art. 287 SRÜ nichts entgegen. Die Parteien können jederzeit derartige abweichende Regelungen treffen, entweder durch eine spezielle Abrede ad hoc oder auch mittels sogenannter kompromissarischer Klauseln in bi- oder multilateralen Verträgen.[288]

(4) Die Voraussetzungen des Art. 288 SRÜ

Aus Art. 288 SRÜ ergibt sich im engeren Sinne die sachliche Zuständigkeit der in Art. 287 SRÜ genannten Mittel friedlicher Streitbeilegung (Zuständigkeit ratione materiae).[289] Vorliegende Darstellung beschränkt sich indes auf die Zuständigkeit des Internationalen Seegerichtshofs nach Art. 288.

(a) Die Zuständigkeit des Seegerichtshofs nach Art. 288 Abs. 1, 287 SRÜ

Nach Abs. 1 ist jedes Gericht oder jeder Gerichtshof iSd. Art. 287 SRÜ für Streitigkeiten über die Auslegung oder Anwendung des Seerechtsübereinkommens zuständig, die ihm in Übereinstimmung mit Teil XV SRÜ und seiner Anlagen unterbreitet werden. Die Anlagen sind integrale Bestandteile des Seerechtsübereinkommens.[290] Zum einen ist daher ein Gericht oder Gerichtshof im Sinne von Art. 287 SRÜ notwendig, zum anderen muß diesem die Streitigkeit in Übereinstimmung mit dem Streitbeilegungsregime des Seerechtsübereinkommens unterbreitet worden sein. Der nach Art. 287 Abs. 1 lit. a) SRÜ von den Parteien gewählte Internationale Seegerichtshof ist, wie gesehen, ein Gerichtshof im Sinne des Art. 288 SRÜ.

---

[288] Lehoux, CYIL, 1980, S. 31 (56).

[289] Nordquist, UNCLOS Commentary, Bd. V, Rdnr. 288.1..

[290] Art. 318 SRÜ.

(b) Unterbreitung des Streits im Einklang mit Teil XV SRÜ

Die betreffende Streitigkeit muß entsprechend obiger Beschreibung in Einklang mit den Voraussetzungen des Teils XV SRÜ erfolgen.

(c) Die Zuständigkeit nach Art. 288 Abs. 2 SRÜ

Wie oben bereits angesprochen, ist der Internationale Seegerichtshof nach Art. 288 Abs. 2 auch für Streitigkeiten zuständig, welche die Auslegung oder Anwendung von internationalen Abkommen betreffen, die mit den Zielen des Seerechtsübereinkommens zusammenhängen.[291] Ziel dieser Regelung war die Popularisierung des Internationalen Seegerichtshofs.[292] Es muß sich bei den einschlägigen Auslegungsfragen im Zusammenhang mit dem entsprechenden internationalen Abkommen jedoch zumindest um seerechtliche Aspekte handeln.[293] Streitparteien können hier zudem nur Staaten, die Behörde oder andere Rechtssubjekte sein, die in der Lage sind, völkerrechtliche Verträge abzuschließen.[294] Infrage kommen insofern vor allem internationale Organisationen. Aber auch andere im Völkerrecht Handelnde wie stabilisierte de-facto-Regime oder der Vatikan wären taugliche Streitparteien im Sinne von Art. 288 Abs. 2 SRÜ. Private können jedenfalls nicht an einem Rechtsstreit im Sinne dieser Vorschrift beteiligt sein.[295] Außerdem muß das entsprechende internationale Abkommen eine ausdrückliche Bestimmung enthalten, wonach Streitigkeiten über seine Auslegung oder Anwendung einem Gericht (etwa dem Seegerichtshof) im Sinne von Art. 287 SRÜ unterbreitet wird.

Im Grundsatz stehen die Streitbeilegungsmechanismen des Seerechtsübereinkommens nur Vertragsstaaten offen.[296] Art. 288 Abs. 2 SRÜ hat den Vorteil, daß er als Ausnahmevorschrift im Sinne von Art. 291 Abs. 2 SRÜ auch Nichtmitglieder im Seerechtsübereinkommen in das Streitbeilegungsregime der Konvention einbezieht.[297] Dies ist zum einen ob der noch relativ geringen Zahl von Mitgliedern und zum anderen wegen der Ausdehnung friedlicher Streitbeilegung auch über den

---

[291] Nordquist, UNCLOS Commentary, Bd. V, Rdnr. 288.3..

[292] Singh, United Nations Convention on the Law of the Sea – Dispute Settlement Mecanisms, 1985, S. 67.

[293] Mensah, The Dispute Settlement Regime of the 1982 United Nations Convention on the Law of the Sea,
Max Planck Yearbook, Bd. 2 1998, S. 307 (321).

[294] Nordquist, UNCLOS Commentary, Bd. V, Rdnr. 288.3..

[295] aA Mensah, Max Planck Yearbook, Bd. 2 1998, S. 307 (321), der auch private Handelsgesellschaften als parteifähig im Rahmen eines Verfahrens nach Art. 288 Abs. 2 SRÜ ansieht.

[296] Art. 291 Abs. 2 SRÜ.

[297] Nordquist, UNCLOS Commentary, Bd. V, Rdnr. 288.3..

Kernanwendungsbereich des Seerechtsübereinkommens hinaus zu begrüßen. Streitigkeiten über die Zuständigkeit des Internationalen Seegerichtshofs nach Art. 288 SRÜ entscheidet dieser selbst (Art. 288 Abs. 4 SRÜ).

b) Zulässigkeitsvoraussetzungen im Hauptsacheverfahren nach Teil XV Abschnitt 2 SRÜ

Das Seerechtsübereinkommen enthält neben den oben ausgiebig erörterten Fragen zur Gerichtsbarkeit der im Streitbeilegungsregime des Übereinkommens vorgesehenen Gerichte auch Regelungen zur Zulässigkeit einer konkreten Klage.[298] Eine Klage kann theoretisch auch bei Zuständigkeit eines entsprechenden Gerichts oder Gerichtshofs unzulässig sein. Umgekehrt ist die Frage der Gerichtsbarkeit eines Gerichtshofs rechtlich keine Frage der Zulässigkeit einer bestimmten Klage. In der Praxis können die Fragen von Zuständigkeit und Zulässigkeit aber untrennbar miteinander verbunden sein.

Der Internationale Seegerichtshof scheint die Fragen ebenfalls nicht strikt zu trennen. Im Hauptsacheverfahren um die Saiga[299] war zwischen den Parteien strittig, ob der beklagte Staat Guinea die Zulässigkeit der Klage von Saint Vincent und den Grenadinen überhaupt bestreiten durfte, oder dies durch die Zuständigkeitsvereinbarung vom 30.01.1998 ausgeschlossen worden war. In der Abmachung hatten die Parteien vereinbart, daß der Internationale Seegerichtshof alle streitentscheidenden Fragen des Falles sowie die Frage seiner Gerichtsbarkeit zu erörtern habe, sofern dies bestritten werde: „The written and oral proceedings before the International Tribunal for the Law of the Sea shall comprise a single phase dealing with all aspects of the merits (including damages and costs) and the objection as to jurisdiction raised in the Government of Guinea's Statement of Response dated 30 January 1998".[300] Daraus leitete die Klägerpartei ab, daß Guinea nur die Einrede der Gerichtsbarkeit zustehe, nicht aber auch Zulässigkeitseinreden.[301] Der Gerichtshof entschied dann aber zugunsten Guineas und prüfte alle von diesem behauptete Zulässigkeitseinreden. Die Parteien wollten durch die Vereinbarung vom 30.01.1998 lediglich die Zuständigkeit des streitentscheidenden Gerichts ändern,

---

[298] Lehoux, CYIL, 1980, S. 31 (61 f.).

[299] ISGH M/V "Saiga" (No. 2), Urteil v. 01.07.1999, Rdnrn. 46 ff. in ITLOS, Reports of judgements, advisory opinions and orders 1999, S. 7 (31 ff.).

[300] Abs. 2 der Zuständigkeitsvereinbarung vom 30.01.1998 abgedruckt in ISGH M/V "Saiga" (No. 2), Urteil v. 01.07.1999, Rdnrn. 4, 47 in ITLOS, Reports, 1999, S. 7 (14, 31).

[301] Abs. 2 der Zuständigkeitsvereinbarung vom 30.01.1998, ebd., Rdnr. 48 in ITLOS, Reports, 1999, S. 6 (32).

im übrigen aber das vor dem Schiedsverfahren begonnene Verfahren mit allen Widerspruchs-, Einwendungs- und Einredemöglichkeiten beibehalten.[302]

An konkreten Zulässigkeitsvoraussetzungen unter dem Seerechtsübereinkommen sind vor allem die Erschöpfung des innerstaatlichen Rechtswegs (Art. 295 SRÜ) und das Verbot eines Mißbrauchs prozessualer Institutionen (Art. 294 SRÜ) zu nennen.

aa) Erschöpfung der innerstaatlichen Rechtsmittel – Art. 295 SRÜ

Das Verfahren nach Teil XV Abschnitt 2 SRÜ greift nach dem Wortlaut von Art. 295 SRÜ nur ein, wenn der innerstaatliche Rechtsweg erschöpft ist, wo das Völkerrecht dies erfordert. Bei der Ausarbeitung von Art. 295 SRÜ war der Punkt einer notwendigen Erschöpfung innerstaatlicher Rechtsschutzmöglichkeiten vor der Möglichkeit einer Anrufung internationaler Streitbeilegungsverfahren nach dem Seerechtsübereinkommen umstritten. Während die einen jene Regel als eine der ältesten Regeln des Völkerrechts bezeichneten[303] und es für unnötig hielten, eine Streitigkeit durch ein internationales Gericht entscheiden zu lassen, wo auch ein innerstaatliches Gericht zuständig wäre, argumentierten die anderen, daß für eine Streitigkeit zwischen souveränen Staaten innerstaatliche Gerichte regelmäßig nicht zuständig seien.[304] Ein Ansatz fordert bei einem sogenannten indirekten völkerrechtlichen Streitfall („indirect wrong"), an dem ein Privater, etwa als Geschädigter oder Schädiger beteiligt ist, die Anwendung der Rechtswegerschöpfungsregel. Ein „indirect wrong" liegt nach diesem Ansatz etwa vor, wenn ein privates Fischerboot durch die Behörden des Küstenstaats aufgebracht, festgehalten oder sonstwie an seinem normalen Fortkommen gehindert wird.[305] Derlei Fälle sind in der seevölkerrechtlichen Praxis relativ häufig, wie auch die bisherige Rechtsprechung des Internationalen Seegerichtshofs zeigt, die in der überwiegenden Zahl der Fälle mit aufgebrachten Schiffen zu tun hatte.[306] Bei einem sogenannten direkten völkerrechtlichen Streitfall („direct

---

[302] ISGH M/V "Saiga" (No. 2), Urteil v. 01.07.1999, Rdnr. 51 in ITLOS, Reports, 1999, S. 7 (32).

[303] Lehoux, CYIL, 1980, S. 31 (61 m.w.N.).

[304] Nordquist, UNCLOS Commentary, Bd. V, Rdnr. 295.1..

[305] Nordquist, UNCLOS Commentary, Bd. V, Rdnr. 295.1..

[306] ISGH M/V "Saiga" Cases (No. 1, No. 2), Urteile v. 04.12.1997 u. 01.07.1999 in ITLOS Reports, 1997, S. 13 ff., ITLOS Reports, 1999, S. 6 ff.; ISGH "Camouco", Urteil v. 07.02.2000 in ITLOS, Reports, 2000, S. 7 ff.; ISGH "Monte Confurco", Urteil v. 18.12.2000 in ITLOS, Reports, 2000, S. 83 ff., "Grand Prince", Urteil v. 20.04.2001 www.itlos.org/case documents/2001/document en 88.pdf; ISGH "Chaisiri Refer 2", Beschlüsse v. 06. u. 13.07.2001, www.itlos.org/case documents/2001/document en 103.pdf, www.itlos.org/case documents/2001/document en 104.pdf; "Volga", Urteil v. 23.12.2002, www.itlos.org/case documents/2002/document en 215.pdf.

wrong"), der sich direkt unter Staaten abspielt, kann jedoch nach diesem Ansatz keinesfalls ein innerstaatliches Gericht über die Sache entscheiden.[307] Beispiel hierfür ist dementsprechend der im August/September 1999 vor dem Internationalen Seegerichtshof verhandelte Fall des Südlichen Blauflossenthunfischs („Southern Bluefin Tuna" – SBT), bei dem sich ausschließlich Behörden Australiens, Neuseelands und Japans gegenüberstanden.[308]

Im Ergebnis verständigte man sich auf eine Anwendung der völkerrechtlichen Regel der Rechtswegerschöpfung unter dem Seerechtsübereinkommen mit der Einschränkung, daß es einer Erschöpfung des innerstaatlichen Rechtswegs nur dort bedarf, wo das Völkerrecht dies erfordert.[309] Das bedeutet, daß unabhängig von innerstaatlichen Rechtsschutzmöglichkeiten das Streitbeilegungsregime des Seerechtsübereinkommens greift, wenn

- davon auszugehen ist, daß in dem betreffenden Staat kein adäquater Rechtsschutz zu erreichen ist,

- ein reiner Streit unter Völkerrechtssubjekten stattfindet,

- bei Schäden Privater, diese Privatpersonen nicht die Staatsangehörigkeit des beklagten, sondern des klagenden Staats besitzen oder

- es sich um ein Verfahren auf sofortige Freilassung von Schiffen nach Art. 292 SRÜ handelt.[310]

Erster Punkt findet sich mittlerweile häufig in völkerrechtlichen Texten, so zum Beispiel im Verfahren vor dem Europäischen Gerichtshof für Menschenrechte.[311] Der zweite Punkt trägt dem vorgenannten Ansatz vom „direct" und „indirect wrong" Rechnung. Streiten sich nur Staaten ohne Beteiligung Privater, so kann ein innerstaatliches Gericht nicht zuständig sein, denn ein Staat kann aufgrund des Prinzips souveräner Gleichheit nach Art. 2 Abs. 2 VNC nicht der innerstaatlichen Gerichtsbarkeit eines anderen souveränen Staats unterworfen werden. Schließlich harmoniert die Regel von der Erschöpfung des innerstaatlichen Rechtswegs auch nicht mit dem Verfahren nach Art. 292 SRÜ, das ausdrücklich ein innerstaatliches Verfahren neben sich zuläßt.[312]

---

[307] Churchill/Lowe, The law of the sea, 3. Aufl., 1999, S. 451.

[308] ISGH Southern Bluefin Tuna, Anordnung v. 27.08.1999 in ITLOS, Reports, 1999, S. 277 ff..

[309] Art. 295 SRÜ.

[310] Nordquist, UNCLOS Commentary, Bd. V, Rdnrn. 295.5. und 295.6..

[311] Art. 35 Abs. 1 EMRK.

[312] Art. 292 Abs. 3 S. 1 1. HS SRÜ.

Im Verfahren um die Zurückhaltung des Tankers M/V Saiga hatte Guinea die Zulässigkeit der Klage von Saint Vincent und den Grenadinen unter anderem mit dem Argument bestritten, der innerstaatliche Rechtsweg sei nicht ausgeschöpft worden.[313] Der Kapitän der Saiga, ebenso wie der Schiffseigentümer und der Frachteigentümer hätten in Guinea den innerstaatlichen Rechtsweg beschreiten müssen, um ihre nun von Saint Vincent und den Grenadinen geltend gemachten Schäden ersetzt zu bekommen.[314] Saint Vincent und die Grenadinen hielten dagegen, es mache in dem Verfahren vor dem Seegerichtshof eine eigene Rechtsverletzung geltend. Im übrigen habe ein effektiver innerstaatlicher Rechtsschutz für Kapitän und Schiffseigentümer nicht bestanden.[315] Der Internationale Seegerichtshof entschied sich schließlich für die Unanwendbarkeit der Rechtswegerschöpfungsregel im Fall Saiga. Saint Vincent und die Grenadinen hatten keine Rechte Privater, sondern ausschließlich direkte Verletzungen eigner völkerrechtlich garantierter Rechte geltend gemacht.[316] Die betreffenden Privatpersonen hätten schon deshalb nicht auf die innerstaatliche Gerichtsbarkeit Guineas zurückzugreifen brauchen, da zwischen Guinea und ihnen keine Rechtsverbindung bestanden habe.[317] Das wäre nur der Fall gewesen, wenn die Saiga, respektive ihr Kapitän etwa Gesetze des Küstenstaats Guinea verletzt hätte, was, wie im Saiga-Urteil später festgestellt, nicht der Fall gewesen war.[318]

bb) Kein Mißbrauch prozessualer Institutionen, Art. 294 SRÜ

Die Vorschrift des Art. 294 SRÜ wurde erst relativ spät in den Entwurf des Seerechtsübereinkommens eingefügt. Sie gründet auf der Befürchtung der Küstenstaaten, Dritte, Staaten wie Organisationen, könnten durch offensichtlich unbegründete Klagen nach dem Seerechtsübereinkommen ihre küstenstaatliche Rechtsausübung in der ausschließlichen Wirtschaftszone vereiteln.[319] In Anlehnung an Art. 35 Abs. 3 EMRK sieht Art. 294 SRÜ daher auf Antrag einer Streitpartei oder ex officio eine Vorabprüfung der Begründetheit der Klage vor. Nur wenn die Klage prima facie be-

---

[313] ISGH M/V "Saiga" (No. 2), Urteil v. 01.07.1999, Rdnrn. 89 ff. in ITLOS Reports, 1999, S. 7 (43 ff.).

[314] ISGH M/V "Saiga" (No. 2), Urteil v. 01.07.1999, Rdnr. 90 in ITLOS, Reports, 1999, S. 7 (43).

[315] ISGH M/V "Saiga" (No. 2), Urteil v. 01.07.1999, Rdnrn. 90/94 in ITLOS, Reports, 1999, S. 7 (43, 44).

[316] ISGH M/V "Saiga" (No. 2), Urteil v. 01.07.1999, Rdnrn. 97/98 in ITLOS, Reports, 1999, S. 7 (45 f.).

[317] ISGH M/V "Saiga" (No. 2), Urteil v. 01.07.1999, Rdnr. 100 in ITLOS, Reports, 1999, S. 7 (46).

[318] ISGH M/V "Saiga" (No. 2), Urteil v. 01.07.1999, Rdnr. 100 in ITLOS, Reports, 1999, S. 7 (46) – mit wenig überzeugendem „seperate opinion" von Wolfrum, Rdnrn. 47 ff., ebd., S. 6 (108).

[319] Merrills, International Dispute Settlement, 3. Aufl., 1998, S. 174.

gründet ist, prüft das nach Art. 287 SRÜ angerufene Gericht die Klage weiter. Daraus läßt sich im übrigen auch folgern, daß diese Vorabprüfung bei einer anderweitigen Streitmittelwahl nach Art. 282 SRÜ nicht greift.

c) Spezielle Verfahren unter Teil XV Abschnitt 2 SRÜ – vorläufige Maßnahmen sofortige Freigabe von Schiffen

In Art. 290 und 292 enthält das Seerechtsübereinkommen spezielle Verfahren, die in verfahrensrechtlicher Hinsicht von den übrigen Regelungen des 2. Abschnitts abweichen. Rechtlich gesehen handelt es sich bei diesen Instituten um Verfahren einstweiligen Rechtsschutzes. Der Zuständigkeitsbereich des Internationalen Seegerichtshofs ist hierbei erheblich größer als in normalen Hauptsacheverfahren. Hier besteht speziell eine obligatorische Zuständigkeit des Seegerichtshofs.[320]

Im wesentlichen sind zwei, in der Praxis bedeutsame Verfahren einstweiligen Rechtsschutzes voneinander zu unterscheiden: die Anordnung vorläufiger Maßnahmen nach Art. 290 SRÜ und die sofortige Freigabe von Schiffen und Besatzungen nach Art. 292 SRÜ.

aa) Vorläufige Maßnahmen nach Art. 290 SRÜ

Zwei Szenarien sind im Rahmen der einstweiligen Rechtsschutzvorschrift Art. 290 SRÜ denkbar. Sie erfaßt zum einen die Möglichkeit für ein Gericht oder einen Gerichtshof im Sinne von Art. 287 SRÜ, vorläufige Maßnahmen anzuordnen (Art. 290 Abs. 1 SRÜ, 25 ISGH-Statut). Daneben enthält Art. 290 SRÜ allgemeine Voraussetzungen für die Anordnung vorläufiger Maßnahmen, die für alle Fälle der Anordnung vorläufiger Maßnahmen Art. 290 Abs. 5 SRÜ inbegriffen, gelten. Art. 290 Abs. 5 SRÜ regelt den Fall, daß die Streitparteien ein Schiedsgericht mit der Entscheidung ihres Streits angerufen haben, das jedoch noch nicht zusammengetreten ist. In solchen Fällen können entsprechende Anordnungen von einem einvernehmlich durch die Parteien bestimmten Gericht oder Gerichtshof oder im Falle der Uneinigkeit vom Internationalen Seegerichtshof getroffen werden.

aaa) Allgemeine Voraussetzungen für die Anordnung vorläufiger Maßnahmen

(1) Mit der Entscheidung befaßtes Organ ist in Art. 290 Abs. 1 ein Gericht oder Gerichtshof im Sinne von Art. 287 Abs. 1 SRÜ. Sowohl der Internationale Seegerichtshof, als auch der Internationale Gerichtshof oder ein Schiedsgericht nach Anlage VII oder VIII kann im Rahmen von Art. 290 SRÜ vorläufige Maßnahmen anordnen.

---

[320] Rao, IJIL 1998, S. 371 (372).

(2) Die Parteien müssen ihre Streitigkeit jenem Gericht oder Gerichtshof ordnungsgemäß, das heißt in Übereinstimmung mit dem jeweiligen Statut und den entsprechenden Verfahrensordnungen unterbreitet haben.

(3) Das betreffende Gericht oder der betreffende Gerichtshof muß sich prima facie, also dem ersten Anschein nach, für zuständig betrachten. Die Voraussetzungen für diese summarische Zuständigkeitsprüfung ergeben sich entweder aus dem Teil über die Streitbeilegung im Seerechtsübereinkommen (Teil XV) oder dem Streitbeilegungsregime in Meeresbodenstreitigkeiten (Teil XI Abschnitt 5).[321]

(4) Weiter hat das betreffende Gericht oder der betreffende Gerichtshof zu prüfen, ob entweder die Rechte mindestens einer Streitpartei gefährdet sind oder der Meeresumwelt schwere Schäden drohen.[322] Abweichend vom IGH-Statut kann das betreffende Gericht nach Art. 290 SRÜ nicht nur zur Rechtswahrung der Parteien, sondern auch zur Verhütung schwerer Schäden für die maritime Umwelt vorläufige Maßnahmen anordnen. Nach Art. 41 Abs. 1 seines Statuts kann der IGH hingegen nur zur Rechtswahrung der Streitparteien in Form von Sicherungsanordnungen vorläufige Maßnahmen anordnen.[323] Allerdings macht die Regelung des Art. 290 Abs. 1 SRÜ zum Schutz der maritimen Umwelt wenig Sinn, wenn sie nur auf Parteiantrag hin erfolgen kann[324] – insofern wäre eine Anordnungsmöglichkeit proprio motu am Platz gewesen.

(5) Schließlich ist für die Anordnung vorläufiger Maßnahmen nach Art. 290 SRÜ gemäß Absatz 3 ein Antrag einer Streitpartei notwendig. Im Gegensatz zum IGH, der eine explizite Möglichkeit zur Anordnung vorläufiger Maßnahmen proprio motu hat,[325] vereinbarten die Mitglieder der dritten VN-Seerechtskonferenz, daß vorläufige Maßnahmen nur auf Antrag einer Streitpartei angeordnet werden können.[326] Zunächst war zwar auch auf der dritten VN-Seerechtskonferenz an die Möglichkeit einer Anordnung vorläufiger Maßnahmen proprio motu gedacht.[327] Die Konferenzparteien lehnten dies jedoch im Ergebnis angesichts der Zuständigkeit nicht nur des IGH, sondern einer ganzen Reihe anderer Gerichte und Gerichtshöfe unter des

---

[321] Art. 290 Abs. 1 1. HS SRÜ.

[322] Art. 290 Abs. 1 2. HS SRÜ.

[323] Art. 41 Abs. 1 IGH.

[324] Art. 290 Abs. 3.

[325] Art. 41 IGH, 75 IGH-VerfO.

[326] Art. 290 Abs. 3 SRÜ.

[327] Art. 41 Abs. 1 Draft Statute of the Law of the Sea Tribunal in Platzöder, Documents, Bd. XII, 23 (38).

Seerechtsübereinkommens ab.[328] Daraus spricht eine gewisse Skepsis der Konferenzteilnehmer ob der Art von Entscheidungen, welche die neuen Gerichte und Gerichtshöfe unter der Konvention treffen würden. Der Wortlaut von Art. 290 Abs. 3 SRÜ, „aufgrund dieses Artikels",[329] verdeutlicht allerdings den speziellen Charakter der Vorschrift nur für das Seerechtsübereinkommen.

(6) Der Erlaß vorläufiger Maßnahmen nach Art. 290 SRÜ setzt außerdem eine vorherige Anhörung der Streitparteien voraus.

Sind vorgenannte Voraussetzungen erfüllt, so kann das betreffende Gericht oder der betreffende Gerichtshof entsprechende vorläufige Maßnahmen anordnen. Zudem stellten die Vertragsstaaten des Seerechtsübereinkommens die im IGH-Statut umstrittene Frage der Rechtsverbindlichkeit vorläufiger Maßnahmen klar, indem in Art. 290 SRÜ das Wort „indicate" („bezeichnen") aus Art. 41 IGH-Statut durch das Wort „prescribe" („anordnen") ersetzt und in Art. 290 Abs. 6 SRÜ klargestellt wurde, daß die so angeordneten Maßnahmen von den Parteien zu befolgen sind. Im übrigen teilt das betreffende Gericht oder der betreffende Gerichtshof die erlassenen Maßnahmen den Streitparteien und gegebenenfalls anderen Vertragsstaaten mit.[330]

Nach Art. 290 SRÜ angeordnete vorläufige Maßnahmen können bei entsprechender Änderung der Umstände auch geändert oder widerrufen werden.[331]

bbb) Die Anordnung vorläufiger Maßnahmen nach Art. 290 Abs. 5 SRÜ

Die allgemeine Möglichkeit, nach Art. 290 SRÜ vorläufige Maßnahmen anzuordnen, hatte bislang keine praktische Relevanz. Praktisch bedeutsam ist indes die Anordnung vorläufiger Maßnahmen durch den Internationalen Seegerichtshof nach Art. 290 Abs. 5 SRÜ. Bereits 1973 regten die USA an, vor Zusammentritt des von den Streitparteien angerufenen Gerichts ein ständiges Gericht mit der Anordnung jener Maßnahmen zu betrauen.[332] Gleiches sollte gelten, wenn das angerufene Gericht nicht die Zuständigkeit zum Erlaß einstweiliger Maßnahmen besitzt. Der Gedanke wurde von Konferenzpräsident Amarasinghe in dessen Bericht für die Informal Working Group von 1975 aufgegriffen. Der Präsident plädierte darin für eine Zuständigkeit des Internationalen Seegerichtshofs für entsprechende Anordnun-

---

[328] Art. 12 RSNT (Part IV), A/CONF.62/WP.9/Rev.2 in Platzöder, Documents, Bd. I, 269 (278); Art. 290 Abs. 2 ICNT, A/CONF.62/WP.10 in Platzöder, Documents, Bd. I, 301 (350).

[329] Art. 26 Annex I C ISNT (Entwurf des Konferenzpräsidenten Amerasinghe), A/CONF.62/WP.9 in Platzöder, Documents, Bd. I, 53 (61).

[330] Art. 290 Abs. 4 SRÜ.

[331] Art. 290 Abs. 2 SRÜ.

[332] Nordquist, UNCLOS Commentary, Bd. V, Rdnr. 290.4, Fn. 6 m. w. N..

gen,[333] läßt aber die zuständige Streitbeilegungseinrichtung offen: „[...] the__shall have jurisdiction [...]".[334]

Neben den allgemeinen Voraussetzungen, für den Erlaß vorläufiger Maßnahmen nach Art. 290 SRÜ, zu denen unter anderem die im SBT-Fall teils bestrittene Dringlichkeit gehört,[335] enthält Abs. 5 weitere Anforderungen. Demnach muß ein Schiedsgericht nach Teil XV Abschnitt 2 SRÜ mit der Entscheidung des Streits befaßt, aber noch nicht konstituiert sein. Befaßt ist das Gericht entweder durch Wahlerklärung der Parteien gemäß Art. 287 Abs. 1 lit. c) oder d), oder gemäß Art. 287 Abs. 3 oder Abs. 5. Zwei verschiedene Szenarien sind nun denkbar. Entweder die Parteien einigen sich auf ein Gericht oder einen Gerichtshof, das/der über die Anordnung vorläufiger Maßnahmen entscheiden soll, oder der Internationale Seegerichtshof bzw. seine Meeresbodenkammer ist automatisch für die Anordnung der Maßnahmen zuständig.

Im Verfahren der Anordnung vorläufiger Maßnahmen Saiga I war durch Notifikation von Saint Vincent und die Grenadinen vom 22.12.1997 ein Schiedsverfahren begonnen worden. Über dessen Verlauf ist, wie üblicherweise der Fall, nicht viel bekannt. Der Internationale Seegerichtshof nimmt im Verfahren nach Art. 290 Abs. 5 SRÜ nicht zu der Frage Stellung, ob die Streitparteien im Schiedsverfahren bereits Richter benannt haben und das Gericht schon konstituiert ist. Aufgrund der letztlich erfolgten Entscheidung des Seegerichtshofs im Verfahren nach Art. 290 Abs. 5 SRÜ ist davon aber auszugehen. Guinea bestritt im übrigen die Gerichtsbarkeit des Internationalen Seegerichtshofs in diesem Verfahren, da hier insofern eine Ausnahme von der Anwendbarkeit des zweiten Abschnitts gemäß Art. 297 Abs. 3 lit. a) SRÜ vorgelegen habe, als Guinea den Tanker in Ausübung seiner souveränen Rechte in bezug auf die lebenden Ressourcen seiner ausschließlichen Wirtschaftszone aufgebracht habe (Fischereiausnahme).[336] Zudem habe keine Dringlichkeit für die Anordnung vorläufiger Maßnahmen bestanden.[337] Der Seegerichtshof hielt die

---

[333] Art. 12 DSG/2nd Session/No.1/Rev.5 (1 May 1975) in Platzöder, Documents, Bd. XII, S. 108 (112); in Neubearbeitung als Art. 12 Papier der Co-Chairmen, A/CONF.62/Background Paper 1, (6 August 1976), in Platzöder, Documents, Bd. XII, S. 194 (199).

[334] aA Nordquist, UNCLOS Commentary, Bd. V, Rdnr. 290.4., Fn. 6.

[335] ISGH Beschluß/SBT vom 27.08.1999, Dissenting Opinion von Richter Vukas, Rdnr. 6, ITLOS, Reports, 1999, S. 330 (334 f.); Kwiatkowska, Southern Bluefin Tuna, Entscheidungsbesprechung, AJIL, 2000, S. 149 (152); aA Marr, The Southern Bluefin Tuna Cases: Precautionary Approach and Conservation of Fish Resources, EJIL, 2000, S. 815 (818).

[336] ISGH M/V "Saiga" (No. 2) Anordnung v. 11.03.1998, Rdnr. 22 in ITLOS, Reports, 1998, S. 21 (33); zur Ausnahme nach Art. 297 Abs. 3 lit. a) SRÜ s. i. ü. o. u. C. III. 2. a) aa) bbb) (3) (a) (bb).

[337] ISGH M/V "Saiga" (No. 2), Anordnung v. 11.03.1998, Rdnr. 22 in ITLOS, Reports, 1998, S. 21 (33).

Bereichsausnahme nach Art. 297 Abs. 3 SRÜ indes nicht für gegeben,[338] wobei fraglich ist, ob Art. 297 SRÜ überhaupt für Art. 292 und 290 Abs. 5 SRÜ gelten. Der Effektivität des vorläufigen Rechtsschutzes unter dem Seerechtsübereinkommen wäre erheblich mehr gedient, wenn Art. 297 f. SRÜ hier nicht gelten würden. Andererseits ist der Wortlaut von Art. 297 und 298 SRÜ einer solch weiten Auslegung nicht zugänglich, denn sie sprechen explizit von Ausnahmen von den in Teil XV Abschnitt 2 SRÜ vorgesehenen Verfahren. Hierunter fallen auch die Verfahren nach Art. 292 und 290 Abs. 5 SRÜ. Die Schaffung des Abschnitts 3 war ein Zugeständnis an die Souveränitätsintensität, die der zweite Abschnitt im übrigen aufwies. Ratio legis der Vertragsstaaten der dritten VN-Seerechtskonferenz war daher die Einschränkung der obligatorischen Verfahren des Abschnitts 2, wozu insbesondere die Verfahren nach Art. 292 und 290 Abs. V SRÜ zählen. Bei dem Einwand von Guinea ließe sich aber auch die Frage diskutieren, inwieweit Art. 297 Abs. 3 SRÜ überhaupt gegeben ist. Guinea unterstellt nämlich mit seiner Berufung auf die Fischereiausnahme des Art. 297 Abs. 3 SRÜ, daß es sich um eine Fischereistreitigkeit handelt. Während aller drei Saiga-Verfahren war diese Frage zwischen den Parteien höchst umstritten. Guinea machte insbesondere geltend, daß auch alle Hilfstätigkeiten der Fischerei, wie eben die Betankung von Fischereifahrzeugen auf See, dem Wesen nach eine Fischereiaktivität seien.[339] Saint Vincent und die Grenadinen hingegen machen deutlich, daß Bunkering-Aktivitäten eine ganz eigenständige Art der Meeresnutzung darstellten. Leider setzt sich der Seegerichtshof mit den Argumenten der Parteien hier, wie auch in Folgeentscheidungen kaum auseinander, sondern merkt nur kurz an, daß er Art. 297 Abs. 1 SRÜ prima facie für eine ausreichende Grundlage für seine Gerichtsbarkeit hält.[340] Eine Qualifikation des Bunkering nimmt er nicht vor.[341] Eine Zuständigkeit des Seegerichtshofs ergibt sich damit hier aus Art. 290 Abs. 5, 297 Abs. 1 SRÜ.

Die Frage der automatischen Zuständigkeit des Internationalen Seegerichtshofs war auf der dritten VN-Seerechtskonferenz durchaus umstritten. Auf eine alleinige Zuständigkeit des Seegerichtshofs vor Zusammentritt eines in der Hauptsache zuständigen Schiedsgerichts konnte man sich nicht einigen. Akzeptiert wurde die au-

---

[338] ISGH M/V "Saiga" (No. 2), Anordnung v. 11.03.1998, Rdnr. 30, in ITLOS, Reports, 1998, S. 21 (37).

[339] Lagoni vor dem Deutschen Verein für internationales Seerecht am 23.09.1999 in Hamburg, abgedruckt in Lagoni/von Brevern, „Folgen des SAIGA-Urteils für die Seeschiffahrt" / Vortrag von R. Lagoni und H. von Brevern, Hamburg, Schriften des deutschen Vereins für Internationales Seerecht, 2000.

[340] ISGH M/V "Saiga" (No. 2), Anordnung v. 11.03.1998, Rdnr. 30 in ITLOS, Reports, 1998, S. 21 (37), ISGH MOX Plant Case, Anordnung v. 03.12.2001, Rdnr. 53, ILM, 2002, S. 405 (413).

[341] ISGH M/V "Saiga" (No. 1), Urteil v. 04.12.1997, Rdnrn. 58, 59; ISGH M/V "Saiga" (No. 2), Urteil v. 01.07.1999, Rdnr. 138.

tomatische Zuständigkeit des Seegerichtshofs hier nur bei entsprechender Karenz der Parteien in der Benennung einer Alternative.[342] Dies war vor allem denjenigen Konferenzparteien geschuldet, die Anhänger spezieller Verfahren der Streitbeilegung waren (Funktionalisten). Bei der alleinigen Zuständigkeit des Seegerichtshofs zur Anordnung vorläufiger Maßnahmen könne dieser möglicherweise vollendete Tatsachen schaffen, wenn aus den vorläufigen Maßnahmen endgültige würden, so die Befürchtung der Funktionalisten. Das in die Bestimmung des Art. 290 SRÜ eingegangene Gegenargument war zum einen, daß die Parteien ausweislich Art. 290 Abs. 5 1. HS und Abs. 1 SRÜ für den Erlaß vorläufiger Maßnahmen eine andere Streitbeilegungseinrichtung als den Seegerichtshof wählen können, zum anderen die Möglichkeit des Hauptsachegerichts, die durch den Seegerichtshof erlassene vorläufige Maßnahme wieder aufzuheben, und zum Dritten die Festschreibung des vorübergehenden Charakters einstweiliger Maßnahmen im Abkommen.[343]

Ob dies indes die Bedenken der Funktionalisten gänzlich auszuräumen vermag, ist fraglich. Denn zum einen hat eine dem Funktionalismus zuneigende Streitpartei nämlich dann nicht die Möglichkeit einer „Verhinderung" des Seegerichtshofs, wenn die andere Streitpartei sich mit ihr eben nicht einigen will (und sie somit mangels Einigung gewissermaßen vor den Seegerichtshof zwingt). Die von Guinea im Verfahren nach Art. 290 Abs. 5 SRÜ und noch stärker von Japan im SBT-Fall vorgebrachte Argumentation zeigt eine grundsätzliche staatliche Neigung, die obligatorischen Verfahren des zweiten Abschnitts in ihrer Anwendung zu beschränken, wobei es im Fall Saiga nicht, wie im SBT-Fall, zu einer automatischen Gerichtsbarkeit des Seegerichtshofs kam, sondern die Parteien seine Gerichtsbarkeit im Verfahren nach Art. 290 Abs. 5 und im Hauptsacheverfahren durch einvernehmliche Erklärung gemäß Art. 290 Abs. 5 S. 1 1. HS erfolgt ist. Zum anderen versucht der Internationale Seegerichtshof in seiner Praxis durchaus, einstweilige Rechtsschutzverfahren auch in der Hauptsache an sich zu ziehen, wie der Fall Saiga, aber auch der Thunfischfall beweisen. Im Fall Saiga war zwar ein Verfahren nach Art. 292 SRÜ Ausgangspunkt, was aber an der Situation nichts ändert, daß es hier dem Gerichtshof gelungen ist, einen mit einem einstweiligen Rechtsschutzverfahren begonnenen Fall auch in der Hauptsache an sich zu ziehen. Dies beweist indes, daß die Vorentscheidung durch den Seegerichtshof im Verfahren des einstweiligen Rechtsschutzes durchaus auch eine Auswirkung auf die Frage haben kann, wer in der Hauptsache entscheidet. Allerdings ist das Saiga-Verfahren, neben dem letztlich nicht verhandelten Swordfish-Verfahren,[344] bislang auch der einzige Fall, dem es dem Seegerichtshof gelungen ist, ein einstweiliges Rechtsschutzverfahren auch in der Hauptsache an sich zu ziehen.

---

[342] Nordquist, UNCLOS Commentary, Bd. V, Rdnr. 290.5. (c).

[343] Nordquist, UNCLOS Commentary, Bd. V, Rdnr. 290.8..

[344] www.itlos.org/cgi-bin/cases/case_detail.pl?id=6&lang=en, "the case is suspended".

Im Fall um den Fang des südlichen Blauflossenthunfischs (SBT) war indes in der Tat ein Verfahren nach Art. 290 Abs. 5 SRÜ Ausgangspunkt. Hier ist es dem Gerichtshof trotz offensichtlicher Bemühungen jedoch nicht gelungen, das Verfahren auch in der Hauptsache an sich zu ziehen. Auch während der Verhandlung des SBT-Falls liefen vertrauliche Gespräche zwischen dem Seegerichtshof und den Streitparteien Japan, Australien und Neusseeland, die sich jedoch schließlich einigten, den Streit in der Hauptsache einem Schiedsgericht nach Anlage VII SRÜ zu unterbreiten.[345]

Bemerkenswert ist jedenfalls das Ergebnis des Art. 290 Abs. 5 SRÜ: Es handelt sich um eine der ganz wenigen Vorschriften im Völkerrecht, die automatisch die Zuständigkeit eines internationalen Gerichtshofs begründen. Abgesehen davon, daß dieser Umstand aus der Sicht effektiver Streitbeilegung außerordentlich zu begrüßen ist, gibt er dem Internationalen Seegerichtshof auch ein möglicherweise überlebenssicherndes Betätigungsfeld.

Die letzten beiden Voraussetzungen von Art. 290 Abs. 5 SRÜ sind Dringlichkeit und schließlich eine Prima-Facie-Zuständigkeit des zu bildenden Schiedsgerichts. Letzteres erwies sich als notwendig, da ansonsten der Seegerichtshof bei Dringlichkeit hätte vorläufige Maßnahmen anordnen können, obwohl das in der Hauptsache angerufene Gericht gar nicht zuständig ist.[346]

ccc) Vorläufige Maßnahmen bei Zuständigkeit anderer internationaler Gerichte – freie Wahl des Streitbeilegungsmittels

Wie oben gesehen,[347] können die Parteien einer Streitigkeit über Auslegung oder Anwendung des Seerechtsübereinkommens auch unter Teil XV Abschnitt 2 SRÜ von den in Art. 287 SRÜ genannten Mitteln der Streitbeilegung abweichen. Es fragt sich in diesem Zusammenhang, wie sich eine solche abweichende Wahl im Verfahren der Anordnung vorläufiger Maßnahmen auswirkt. Die Parteien können, wie oben gesehen, im Vorfeld eines Verfahrens nach Teil XV Abschnitt 2 SRÜ gemäß dem Grundsatz der flexiblen Streitbeilegung gemäß Abschnitt 1 auf Streitbeilegungsmittel eigener Wahl zurückgreifen.[348] Tun sie dies, so ist auch hier fraglich,

---

[345] Gespräch mit R. Platzöder am 19.08.1999 in Hamburg; der Autor war Prozeß- und Umfeldbeobachter während des Verfahrens SBT, wie auch während aller anderen vor dem Seegerichtshof bislang verhandelten Fälle.

[346] Nordquist, UNCLOS Commentary, Bd. V, Rdnr. 290.5 (c) und die ausführliche Problematik im SBT-Fall unten.

[347] S. o. u. C. III. 2. a) bb) bbb) (3).

[348] Art. 286 SRÜ.

wie sich dies konkret auf ein laufendes Verfahren nach Art. 290 Abs. 5 SRÜ oder auch auf Art. 292 SRÜ auswirkt. Im Folgenden soll zunächst der Fall einer alternativen Wahl unter Teil XV Abschnitt 2 SRÜ und dann der noch problematischere Fall der Wahl eines Mittels nach Teil XV Abschnitt 1 SRÜ untersucht werden.

(1) Abweichende Wahl in Verfahren einstweiligen Rechtsschutzes

Machen die Streitparteien von ihrem oben beschriebenen Recht Gebrauch und wählen ein von Art. 287 SRÜ abweichendes Streitbeilegungsmittel, so stellt sich die Frage, ob sich dies mit dem Regime einstweiligen Rechtsschutzes des Seerechtsübereinkommens verträgt, denn Art. 290 SRÜ, ist ein Mittel obligatorischer Streitbeilegung.[349] Denkbar ist zum einen, Art. 290 SRÜ so auszulegen, daß Gericht oder Gerichtshof in diesem Sinne auch ein dritter Gerichtshof, wie der EuGH oder ein sonstiger Gerichtshof, sein kann. Mithin würden dann die Worte Gericht oder Gerichtshof in Art. 290 Abs. 1, 5 SRÜ nicht unbedingt ein Gericht oder einen Gerichtshof im Sinne von Art. 287 SRÜ bedeuten. Der Wortlaut des Art. 290 steht dem zunächst einmal nicht entgegen. Denn die Vorschrift spricht ausdrücklich nicht von einem Gericht oder Gerichtshof im Sinne von Art. 287 SRÜ. Die Stellung des Art. 290 SRÜ im Streitbeilegungsabschnitt 2 von Teil XV SRÜ unmittelbar hinter Art. 287 SRÜ spricht systematisch allerdings eher für eine enge Verknüpfung dieser Vorschriften. Schließlich liegt der Zweck der Vorschrift darin, einem in der Hauptsache angerufenen Gerichtshof die Möglichkeit zu geben, auch schon vorläufige Maßnahmen zu treffen. Demnach wäre zur Anordnung vorläufiger Maßnahmen nach Art. 290 SRÜ oder auch für die Entscheidung über die sofortige Freilassung eines festgehaltenen Schiffes nur ein Gericht oder Gerichtshof im Sinne von Art. 287 SRÜ zuständig. Dies wiederum ist jedoch praktisch nicht sinnvoll, wenn die Parteien unter dem Seerechtsübereinkommen eben auch die Möglichkeit der Anrufung eines Drittgerichtshofs haben. Soll effektiver Rechtsschutz und vor allem kurzfristiger Schutz von Rechten oder Meeresumwelt gewährleistet werden, so muß die Gewährung dieses Schutzes durch das angerufene Gericht möglich sein. Art. 290 SRÜ schließt somit jedenfalls nicht aus, daß auch ein drittes Gericht oder ein dritter Gerichtshof vorläufige Maßnahmen nach Art. 290 SRÜ trifft.

Ein weiteres Argument ist auch hier Art. 311 Abs. 3 SRÜ, der gerade auch anderweitige Vereinbarungen der Parteien zuläßt, solange die oben bereits beschriebenen Grenzen von Ziel, Zweck, wesentlichen Grundsätzen des Seerechtsübereinkommens sowie Rechten und Pflichten der anderen Vertragsstaaten nicht verletzt werden. Teilweise wird vertreten, der so gewählte Gerichtshof müsse in einem solchen Fall nur Mindestvoraussetzungen des Art. 290 SRÜ einhalten. Dazu gehörten der Antrag einer Streitpartei, die Anhörung aller Streitparteien und das Vorhanden-

---

[349] S. o. u. bbb).

sein des Anordnungsgrundes, also entweder die Gefährdung der Rechte der Parteien oder die Gefahr einer schweren Schädigung der Meeresumwelt.[350] Dem Zweck des Seerechtsübereinkommens widerspräche es aber, wenn die Streitparteien sich aus einer im Prinzip geltenden Vorschrift einzelne Tatbestandsmerkmale herauspicken könnten. Art. 290 SRÜ soll es einem von den Parteien bemühten Gericht oder Gerichtshof ermöglichen, auch schon vor Ablauf eines in der Regel langwierigen Hauptsacheverfahrens Rechte zu sichern, die bei längerem Zuwarten möglicherweise verlorengehen würden. Er soll so das Entstehen vollendeter Tatsachen verhindern. Dennoch darf nicht übersehen werden, daß die Anordnung vorläufiger Maßnahmen vom ordentlichen Verfahrensgang abweicht und nicht selten eine summarische Prüfung im einstweiligen Rechtsschutzverfahren wenig von der später in der Hauptsache getroffenen Entscheidung abweicht. Dies sollen zwar sämtliche Vorschriften über die Anordnung einstweiliger Maßnahmen ausschließen; eine gewisse Gefahr läßt sich aber nicht leugnen. Deshalb ist die Anordnung vorläufiger Maßnahmen regelmäßig an strenge Voraussetzungen geknüpft, die dann aber auch komplett einzuhalten sind. Ein Abweichen hiervon durch eine Prüfung nur von „Mindestvoraussetzungen" des Art. 290 SRÜ widerspräche dem Zweck der Vorschrift.

Im Ergebnis läßt sich daher sagen, daß die Parteien unter Teil XV Abschnitt 2 SRÜ zwar ein anderes Gericht oder einen anderen Gerichtshof mit der Entscheidung ihres Streits (und der Anordnung vorläufiger Maßnahmen) befassen können. Dabei gelten jedoch grundsätzlich die gesamten Streitbeilegungs- und Verfahrensvorschriften des Seerechtsübereinkommens fort. Im Einzelfall können die Parteien zwar bilateral auch hier Ausnahmen vereinbaren und somit zum Beispiel Art. 287 SRÜ suspendieren, nicht aber sich aus bestehenden Streitbeilegungsvorschriften einzelne Tatbestandsmerkmale herauspicken.

(2) Zulässigkeit der abweichenden Wahl nach Teil XV Abschnitt 1 SRÜ im einstweiligen Rechtsschutzverfahren

In diesem Zusammenhang stellt sich zum einen die Frage der grundsätzlichen Zulässigkeit einer solchen Wahlerklärung in Verfahren einstweiligen Rechtsschutzes. Zum anderen fragt sich, ob dann auch die noch weiter gehende Vorschrift des Art. 281 Abs. 1 letzter HS SRÜ gilt, der im Extremfall auch die Nichtbeilegung der Streitigkeit zuläßt.

---

[350] Nordquist, UNCLOS Commentary, Bd. V, Rdnr. 290.7..

(a) Allgemeine Möglichkeit

Dies wirft die grundsätzliche Frage nach Stellung und Verhältnis der Regelungen für Verfahren einstweiligen Rechtsschutzes nach Teil XV Abschnitt 2 SRÜ zu den freiwilligen Verfahren nach Abschnitt 1 auf.

Für die grundsätzliche Möglichkeit freier Wahl auch im einstweiligen Rechtsschutz spricht systematisch die Stellung der einschlägigen Vorschriften[351] im Abschnitt 2 von Teil XV SRÜ. Da gemäß Art. 286 SRÜ vor Anwendung der gerichtlichen und schiedsgerichtlichen Streitbeilegungsmittel des Abschnitts 2 den Parteien die Möglichkeit alternativer Streitbeilegung nach Abschnitt 1 gegeben ist, müßte dies systematischerweise auch in den Fällen der Art. 290 und 292 SRÜ gelten.

Gegen eine solche Auslegung spricht jedoch das telos einstweiligen Rechtsschutzes unter dem Seerechtsübereinkommen der Vereinten Nationen. Entspricht es dem Sinn und Zweck des einstweiligen Rechtsschutzverfahrens, daß vorab anderweitige, zeitraubende Verfahren stattfinden? Qualitativ sind die Verfahren nach Art. 290 und 292 SRÜ ganz anders einzustufen als die normalen Verfahren nach dem 2. Abschnitt. Ratio legis der Vorschriften über den einstweiligen Rechtsschutz war und ist vor allem ein schnelles Handeln zur Verhinderung vollendeter Tatsachen in einem rechtlich nicht geklärten Zustand. Die prioritäre Einräumung einer Reihe alternativer Streitbeilegungsmittel des „soft law" könnte den Schaden noch vergrößern, so daß schon praktische Gründe hier gegen eine Anwendbarkeit von Abschnitt 1 sprechen.

Als Folge dieser praktischen Gründe sprechen auch historische Gründe gegen eine Anwendbarkeit des ersten Abschnitts in Verfahren einstweiligen Rechtsschutzes. Mit Art. 290 und 292 SRÜ schufen die Vertragsstaaten der dritten VN-Seerechtskonferenz ein Ausnahmeregime zum allgemeinen Streitbeilegungsregime im Seerechtsübereinkommen. Von diesem unterscheidet es sich vor allem durch seinen obligatorischen Charakter. Die Sonderverfahren nach Art. 290 und 292 SRÜ sind die entscheidenden Vorschriften dieses obligatorischen Teils des Streitbeilegungsregimes im Seerechtsübereinkommen der Vereinten Nationen. Die Parteien haben hier nur eine sehr eingeschränkte Wahlmöglichkeit, die allerdings nicht aus Art. 287 SRÜ, sondern aus Art. 290 bzw. 292 SRÜ selbst resultiert. Sowohl in Art. 290, als auch in Art. 292 SRÜ haben die Parteien die Möglichkeit, zunächst ein selbstgewähltes Streit- oder Schiedsgericht für die Anordnung einstweiliger Maßnahmen anzurufen. Erst wenn dies nicht geschieht, greift die obligatorische Gerichtsbarkeit des Internationalen Seegerichtshofs ein. Diese auch in Art. 290 oder 292 SRÜ bestehende, allerdings sehr beschränkte Wahlmöglichkeit der Streitpar-

---

[351] Art. 290 und 292 SRÜ.

teien spricht im übrigen ebenfalls für eine Spezialität dieser Vorschriften gegenüber den allgemeinen Verfahren nach Abschnitt 1 und 2. Sie ist konkret auf das Bedürfnis des einstweiligen Rechtsschutzes nach Schnelligkeit zugeschnitten.

Zu untersuchen ist schließlich, ob die Klausel in Art. 290 Abs. 5 SRÜ, welche die Prima-Facie-Zuständigkeit in der Hauptsache eines (insofern noch nicht gebildeten) Schiedsgerichts nach Anlage VII oder VIII SRÜ vorsieht („[...] to which a dispute has been submitted under this section [...]") ein Argument für die Möglichkeit der Vereinbarung alternativer Streitbeilegungsmittel nach Abschnitt 1 auch in Verfahren einstweiligen Rechtsschutzes sein kann. Es ließe sich argumentieren, daß der Hinweis in Art. 290 Abs. 5 SRÜ auf die Gerichtsbarkeit eines noch zu bildenden Schiedsgerichts letztlich eine implizite Prüfung des Abschnitts 1 bedeuten würde, denn alternativ zur Bildung eines entsprechenden Schiedsgerichts in der Hauptsache haben die Parteien selbstredend gemäß Art. 286 SRÜ die Möglichkeit abweichender Vereinbarungen. Die Tatsache, daß es in Art. 290 Abs. 5 SRÜ nur auf die Prima-Facie-Zuständigkeit des zu bildenden Schiedsgerichts ankommt, hindert dies nicht. Diese Prüfung kann zwar summarisch erfolgen, muß sich aber doch die wesentlichen Voraussetzungen der schiedsgerichtlichen Zuständigkeit auseinandersetzen.

Dennoch greift dieser Gedanke nicht. Zum einen findet sich die Regelung einer Prima-Facie-Zuständigkeit nur in Art. 290 Abs. 5 SRÜ, für die Anwendung vorläufiger Maßnahmen und nicht auch in Art. 292 SRÜ, für die sofortige Freigabe von Schiffen. In beiden Fällen spielt jedoch der oben angesprochene Zeitfaktor eine entscheidende Rolle, so daß die Vorschriften insofern kaum unterschiedlich behandelt werden können. Zum anderen machen die oben ebenfalls schon breit erörterten Regelungen in den Art. 290 Abs. 5 und 292 SRÜ, die alternative Streitbeilegungsvereinbarungen auch in einstweiligen Rechtsschutzangelegenheiten zulassen, dann aber unter den für diese Verfahren zweckmäßigen Voraussetzungen keinen Sinn, wenn bereits nach Teil XV Abschnitt 1 SRÜ abweichende Vereinbarungen getroffen werden können.

Letztlich spricht gegen ein Abschnitt-1-Gericht in diesen Fällen auch der insoweit klare Tatbestand von Art. 290 Abs. 5 SRÜ, der eine bereits erfolgte Einigung über ein entsprechendes Schiedsgericht voraussetzt. In der Praxis kann dieser Punkt jedoch gerade den Hauptstreitpunkt darstellen und somit wertvolle Zeit im einstweiligen Rechtsschutz kosten. Insofern ist davon auszugehen, daß zwar für die Prüfung der Zuständigkeit des in der Hauptsache zuständigen Schiedsgerichts auch die Frage einer Alternativvereinbarung nach Teil XV Abschnitt 1 SRÜ zu beantworten ist, in Verfahren nach Art. 292 SRÜ es hierauf aber schon tatbestandsmäßig nicht ankommt und in der Prima-Facie-Prüfung nach Art. 290 Abs. 5 SRÜ der Prüfungspunkt insofern teleologisch zu reduzieren ist, daß es auf die Prüfung einer Alternativvereinbarung nach Teil XV Abschnitt 1 SRÜ nicht ankommt. Vielmehr muß ersatzweise das Vorliegen einer Alternativvereinbarung über einen einvernehmlich bestimmten Gerichtshof oder ein so bestimmtes Gericht im Sinne von Art. 290 Abs. 5 bzw. 292 SRÜ geprüft werden. Die Tatsache, daß es im Rahmen der Prima-Facie-Prüfung nach Art. 290 Abs. 5 SRÜ auf die Prüfung einer Alternativvereinbarung nach Teil XV Abschnitt 1 SRÜ nicht ankommt, heißt nicht, daß das betreffende Schiedsgericht nach Anlage VII oder VIII SRÜ im Hauptsacheverfahren diesen Punkt ebenfalls umgehen kann. Hier ist eine entsprechende Prüfung selbstverständlich zwingend.

Im Ergebnis ergibt sich daher die Zuständigkeit des Internationalen Seegerichtshofs bzw. eines einvernehmlich unter Art. 290 oder 292 SRÜ bestimmten Gerichts oder Gerichtshofs nicht nach der Systematik des Art. 286 SRÜ, Abschnitt 1, Abschnitt 2, sondern direkt aus Art. 290 bzw. 292 SRÜ. Die Verfahren einstweiligen Rechtsschutzes sind insofern eigenständige Verfahren, die eine eigenständige Gerichtsbarkeit des Seegerichtshofs (oder speziell gewählter Gerichte) begründen. Verfahren nach Teil XV Abschnitt 1 SRÜ torpedieren somit die ratio des einstweiligen Rechtsschutzes und sind im Rahmen von Art. 290 und 292 SRÜ nicht anwendbar.

(b) Anwendbarkeit von Art. 281 Abs. 1 letzter HS SRÜ in Verfahren einstweiligen Rechtsschutzes

Aus obiger Argumentation ergibt sich bereits die Unmöglichkeit eines Eingreifens des in Teil XV Abschnitt 1 SRÜ stehenden Art. 281 Abs. 1 letzter HS SRÜ in Verfahren einstweiligen Rechtsschutzes. Für Ausnahmen sind hier keine Gründe ersichtlich. Im Gegenteil sprechen eine Reihe von zusätzlichen selbständigen Gründen hier gegen eine Anwendung von Opt-Out-Klausel des Art. 281 Abs. 1 letzter HS SRÜ.

Zwar könnte man zunächst argumentieren, daß eine Nichtbeilegung der Streitigkeit in Verfahren einstweiligen Rechtsschutzes ebenso wie in Hauptsacheverfahren möglich sein muß, da bei Nichtbeilegung eine Aggravierung der Lage und die Schaffung vollendeter Tatsachen ohnehin nicht eintreten kann, oder deren Eintritt von den Streitparteien bewußt akzeptiert wird. Andererseits ist ein Verfahren einstweiligen Rechtsschutzes ein vorläufiges Verfahren mit vorläufigen Rechtswirkungen. Es ist nicht ausgeschlossen, daß es unter diesen Bedingungen noch zu einem Hauptsacheverfahren kommen wird. So gesehen ist auch in diesem Stadium eine präventive Rechtssicherung sehr wohl sinnvoll. Zudem unterminierte die Nichtbeilegung des Streits den gesamten Schutz der Art. 290 und 292 SRÜ, die in einem solchen Fall unanwendbar blieben.

(c) Fazit

Im Ergebnis ist daher der erste Abschnitt von Teil XV SRÜ weder ganz, noch in Teilen in den Verfahren einstweiligen Rechtsschutzes anwendbar. Diese Verfahren sind als legi speciali stets prioritär.

bb) Die sofortige Freigabe von Schiffen nach Art. 292 SRÜ

Art. 292 SRÜ stellt eine Spezialvorschrift einstweiligen Rechtsschutzes unter dem Seerechtsübereinkommen dar. Die informelle Arbeitsgruppe[352] zur Streitbeilegung schlug im Rahmen der Beratungen der dritten VN-Seerechtskonferenz 1975 die Verankerung eines speziellen Verfahrens zur Freigabe festgehaltener Schiffe vor, das schließlich in Art. 292 SRÜ auch geschaffen wurde.[353]

Die Vorschrift geht von folgender Situation aus: ein Vertragsstaat des Seerechtsübereinkommens (Küstenstaat) hält ein unter der Flagge eines anderen Vertragsstaats (Flaggenstaat) fahrendes Schiff zurück. Grund des Zurückhaltens ist nach dem Wortlaut des Art. 292 SRÜ entweder, wie im ersten vom Seegerichtshof entschiedenen Fall des Tankers M/V Saiga, eine behauptete Verletzung küstenstaatlicher Rechtsvorschriften zum Schutz der souveränen Rechte des Küstenstaats in der ausschließlichen Wirtschaftszone[354] oder eine Verletzung entsprechender Rechtsvorschriften des Küstenstaats zum Schutz der Meeresumwelt.[355] Die Gefahr einer solchen Rechtsverletzung durch die Ausdehnung küstenstaatlicher Hoheitsrechte im Seerechtsübereinkommen über das Küstenmeer hinaus hat in unseren Tagen zugenommen.[356] Die Art des Zurückhaltens kann auf ganz unterschiedliche Weise erfolgen, sei es, daß das Schiff am Ort des Aufgreifens festgesetzt, sei es daß es, wie im Fall Saiga geschehen, in einen Hafen geleitet wird.[357]

---

[352] Engl. „Informal Working Group".

[353] Art 15 DSG/2nd Session/No. 1/Rev. 5 in Platzöder, Documents, Bd. XII, S. 108 (113); Art. 15 der „Proposed articles 1-18 on dispute settlement based on informal plenary discussion", A/CONF.62/Background Paper 1, ebd., S. 194 (220).

[354] Art. 73 Abs. 2 SRÜ.

[355] Art. 220 Abs. 6 und 7, 226 Abs. 1 SRÜ; Nordquist, UNCLOS Commentary, Bd. V, Rdnr. 292.1.; Jaenicke, Prompt Release of Vessels – the M/V "Saiga" Case, Max Planck Yearbook, Bd. 2 1998, S. 387 (389).

[356] von Wedel, RIW 1984, S. 634 (637).

[357] ISGH M/V "Saiga" (No. 1), Urteil v. 04.12.1997, Rdnr. 30 in ITLOS, Reports, 1997, S. 12 (23).

Die informelle Arbeitsgruppe sah als Hauptgrund für die Schaffung der Vorschrift aus Art. 292 SRÜ die Schadensvermeidung auf beiden Seiten an.[358] Zum einen führt ein längeres Festhalten eines Fracht- oder Personenschiffs oft zu empfindlichen Handelsausfällen und Umsatzeinbußen vor allem beim Charterer des Schiffes. Möglicherweise werden auch Besatzung oder Passagiere des Schiffes festgehalten, was neben dem damit verbundenen möglichen Freiheits- und Personenschaden weitere finanzielle Belastungen für Reeder, Charterer oder Flaggenstaat mit sich bringen kann. Im Fall Saiga war gerade das lange Festhalten des Tankers ein Streitpunkt.

Auf der anderen Seite mußten aber auch die Interessen des Küstenstaats berücksichtigt werden, der die seine Hoheitsrechte schützenden Gesetze verletzt sieht. Entsprechend bestimmt Art. 292 SRÜ, daß die Freilassung des festgehaltenen Schiffs durch den Küstenstaat erst nach Hinterlegung einer angemessenen Kaution erfolgen muß. Damit soll auch sichergestellt werden, daß die Freilassung nicht zu einer Vorwegnahme der Sache,[359] sondern zu einer Schadensminimierung führt. Eine Vorwegnahme der Hauptsache wäre rechtsmißbräuchlich, was vorab von dem angerufenen Gericht oder Gerichtshof im Sinne von Art. 287 SRÜ festgestellt werden kann.[360] Wann allerdings die in Art. 292 SRÜ genannte Kaution angemessen ist, ist unklar. Der Internationale Seegerichtshof hatte im Fall Saiga I den durch Guniea konfiszierten Tankinhalt der Saiga zuzüglich eines Geldbetrags von $ 400.000 als Kaution festgelegt.[361] Unklar ist, wie der Seegerichtshof zu dieser Höhe der zu hinterlegenden Kaution kommt. An objektiven Kriterien scheint er sie jedenfalls nicht festzumachen. Insbesondere ergeben sich auch aus Art. 113 Abs. 2 ISGH-VerfO keine solchen Kriterien. Art. 113 Abs. 2 ISGH-VerfO sagt nur, daß der Seegerichtshof die zu hinterlegende Kaution nach Höhe, Natur und Form festlegt. Wie er zu der Höhe, Natur und Form kommt, sagt die Vorschrift nicht.[362] Der Internationale Seegerichtshof hat in den bisher abgelaufenen Verfahren als Kriterien für die Angemessenheit einer Kaution nach Art. 292 Abs. 4 SRÜ den Wert des festgehaltenen Schiffs, den Wert seiner Ladung und die den Opfern des Festhaltens entstehenden Kosten angesetzt.[363]

---

[358] Zum Interessensausgleich zwischen Flaggen- und Küstenstaat s. Nordquist, UNCLOS Commentary, Bd. V, Rdnr. 292.2..

[359] Art. 292 Abs. 3 SRÜ.

[360] Art. 294 SRÜ.

[361] ISGH M/V "Saiga" (No. 1), Urteil v. 04.12.1997, Rdnrn. 84 f. in ITLOS, Reports, 1997, S. 13 (36).

[362] ISGH M/V "Saiga" (No. 1), Urteil v. 04.12.1997, Rdnrn. 80 ff. (insb. Rdnr. 82) in ITLOS, Reports, 1997, S. 13 (35).

[363] ISGH "Grand Prince", Urteil v. 20.04.2000, Rdnr. 44 (ff.)
www.itlos.org/case_documents/2001/document_en_88.pdf; ISGH M/V "Saiga" (No. 1, 2), Urteile v.

Zu hinterlegen ist die Kaution bei dem festhaltenden Staat.[364] Im Saiga-I-Verfahren vom November/Dezember 1997 war allerdings strittig, wer für die Entgegennahme der Kaution vertretungsberechtigt sein soll. Der Kläger behauptete mit Berufung auf Art. 42 ISGH-Statut, 53 ISGH-VerfO, der Prozeßvertreter von Saint Vincent sei hier der richtige Adressat,[365] was Guinea bestritt.[366] Die Freigabe der Saiga zögerte sich wegen dieses Vorwands über 80 Tage lang hin. Der Internationale Seegerichtshof stellte in seinem Urteil vom 01.07.1999 fest, daß eine derart verzögerte Freigabe des Schiffes nicht mehr als „prompt" bezeichnet werden könne (und entschied damit implizit, daß die Hinterlegung der Kaution, wie geschehen, formell korrekt war), gab hieran jedoch nicht allein Guinea die Schuld und konnte daher keine Nichtbeachtung seines Urteils vom 04.12.1997 in Guineas Verhalten erkennen.[367]

Nach dem Aufbringen des Schiffes sind im wesentlichen zwei Szenarien denkbar: Entweder, Flaggen- und Küstenstaat einigen sich binnen zehn Tagen über die Freilassung des Schiffes und gegebenenfalls seiner Besatzung. Dann greift Art. 292 SRÜ gar nicht ein. Diese Einigung kann auf verschiedene Weise erfolgen. Sei es, daß ein küstenstaatliches Gericht fristgemäß über die Hinterlegung der Kaution entscheidet und nach entsprechender Anordnung durch dieses Gericht der Küstenstaat das Schiff freigibt,[368] sei es, daß sich die betroffenen Staaten mit diplomatischen Mitteln einigen. Einigen sich die Streitparteien nicht über die Freilassung des festgehaltenen Schiffes,[369] sei es, weil das innerstaatliche Gericht nicht rechtzeitig entscheidet, sei es, weil es gegen die Freilassung entscheidet und innerhalb der Zehntagesfrist keine Rechtsmittelentscheidung vor dem innerstaatlichen Gericht existiert oder herbeigeführt wird, so greift Art. 292 SRÜ ein.[370] Die Parteien können sich dann noch binnen der Zehntagesfrist auf die Anrufung eines Gerichts oder eines Gerichtshofs im Sinne von Art. 287 SRÜ einigen, der über die Freilassung des

---

04.12.1997 u. 01.07.1999, Rdnrn. 77, 82, 86 in ITLOS, Reports, 1997, S. 13 (35, 37); und alle Folgeentscheidungen, zuletzt ISGH "Volga", Urteil v. 23.12.2002, Rdnrn. 90-93, www.itlos.org/case_documents/2002/document_en_215.pdf.

[364] Art. 113 Abs. 3 ISGH-VerfO.

[365] ISGH M/V "Saiga" (No. 2), Replik v. 13.02.1998, Rdnrn. 38 ff. (insb. 40 ff.), Rdnr. 4 in ITLOS, Pleadings, 1998, S. 55 (56, 68 f.).

[366] ISGH M/V "Saiga" (No. 2), Duplik v. 20.02.1998, Rdnrn. 114 ff. (insb. 116) in ITLOS, Pleadings, 1998, S. 147 ff..

[367] ISGH M/V "Saiga" (No. 2) Urteil v. 01.07.1999, Rdnrn. 163 – 166 in ITLOS, Reports, 1999, S. 6 (64).

[368] Nordquist, UNCLOS Commentary, Bd. V., Rdnr. 292.7..

[369] Nordquist, UNCLOS Commentary, Bd. V, Rdnr. 292.7..

[370] Nordquist, UNCLOS Commentary, Bd. V, Rdnr. 292.7..

Schiffes zu entscheiden hat.[371] Scheitert auch dies, dann ergeben sich vier Möglichkeiten:[372]

• Die Parteien verlängern einvernehmlich die Zehntagesfrist,

• sie einigen sich über ein anderes Verfahren zur Lösung des Streits,

• der Flaggenstaat ruft ein Gericht oder einen Gerichtshof im Sinne von Art. 287 SRÜ an, dessen Gerichtsbarkeit vom Küstenstaat anerkannt worden war,

• der Flaggenstaat unterbreitet die Sache dem Internationalen Seegerichtshof.

Die Parteien sind im Verfahren nach Art. 292 SRÜ daher zunächst frei in der Wahl ihres Streitbeilegungsverfahrens. Die Vorschrift zeichnet sich somit durch große Flexibilität bezüglich des Streitbeilegungsverfahrens aus, die es den Parteien auch erlaubt, den Internationalen Seegerichtshof zu umgehen.[373] Letztlich haben die Vertragsstaaten der dritten VN-Seerechtskonferenz mit dem in Art. 292 SRÜ geregelten Vorverfahren daher die allgemeine Flexibilität des Streitbeilegungsregimes im Seerechtsübereinkommen auch in das Verfahren über die sofortige Freigabe zurückgehaltener Schiffe übernommen. Erst mit Scheitern dieses Verfahrens ergibt sich insofern ein Obligatorium, als der Flaggenstaat dann einseitig bestimmte Streitbeilegungsmittel bemühen kann.

Unter welchen Bedingungen hier eine Unterbreitung des Streits an den Internationalen Seegerichtshof möglich ist, ist unklar. Klar ist zunächst, daß sich eine Zuständigkeit des Internationalen Seegerichtshofs im Verfahren nach Art. 292 SRÜ nicht automatisch ergibt, sondern es seiner gesonderten Anrufung bedarf. Dabei sind die verschiedenen Möglichkeiten der friedlichen Streitbeilegung unter Art. 292 SRÜ voneinander abzugrenzen.

aaa) Der Fall Saiga

Der unter der Flagge von Saint Vincent und den Grenadinen fahrende[374] Gasöltanker M/V Saiga wurde am 28. Oktober 1997 durch Boote der guinetekischen Küs-

---

[371] Nordquist, UNCLOS Commentary, Bd. V, Rdnr. 292.7..

[372] Nordquist, UNCLOS Commentary, Bd. V, Rdnr. 292.7..

[373] Nordquist, UNCLOS Commentary, Bd. V, Rdnr. 292.7..

[374] Die Staatsangehörigkeit des Tankers war in dem Verfahren Saiga (No. 2) umstritten. Jedenfalls war das Schiff jedoch provisorisch in Saint Vincent und den Grenadinen registriert: ISGH M/V "Saiga" (No. 2) Urteil v. 01.07.1999, Rdnr. 31 in ITLOS, Reports, 1999, S. 6 (27).

tenwache mit Waffengewalt aufgebracht, nachdem er in der ausschließlichen Wirtschaftszone oder in der Anschlußzone Guineas,[375] gemäß seiner Bestimmung Fischerboote mit Treibstoff und Wasser versorgt (bebunkert) hatte.[376] Die Bebunkerung von Schiffen, ist ein Wirtschaftszweig der Erdölindustrie von erheblicher Bedeutung.[377] Regelmäßig besteht ein wirtschaftlicher Interessenskonflikt zwischen den bebunkerten Booten und dem bebunkernden Schiff auf der einen Seite (die bebunkerten Schiffe wollen die meist kostspielige Betankung in einem Hafen vermeiden, die bebunkernden Schiffe erstreben mit diesem Gewerbe einen Gewinn) und den Küstenstaaten auf der anderen (sie wollen regelmäßig an der Bebunkerung in ihren Häfen verdienen). Eine Reihe von Staaten hat daher die Bebunkerung von Schiffen teils streng reglementiert. Dies gilt insbesondere für westafrikanische Staaten.[378]

Beim Aufbringen der Saiga wurden zwei Personen auf dem Tanker verletzt und hoher Sachschaden verursacht.[379] Anschließend wurde er festgesetzt und von den Booten der Küstenwache in den Hafen von Conakry eskortiert,[380] wo seine Ladung gelöscht und beschlagnahmt wurde.[381] Der Kapitän der Saiga wurde festgenommen und in einem über zwei Instanzen laufenden Strafverfahren in Guinea schließlich zu einer sechsmonatigen Freiheitsstrafe und einer Geldstrafe in Höhe von 15 Mio. Guinea-Francs verurteilt.[382] Die Besatzung verließ in der Folgezeit nach und nach Conakry.

Mit Schreiben vom 11. November 1997 an den guinetekischen Außenminister setzten Saint Vincent und die Grenadinen ein Schiedsverfahren nach Anlage VII SRÜ gegen Guinea wegen des vorgeblich rechtswidrigen Festhaltens der Saiga in Gang.[383] Am 13. November 1997 stellte Saint Vincent außerdem beim Internationa-

---

[375] Ob Guinea eine Anschlußzone im Sinne von Art. 33 SRÜ ausgewiesen hat, ist in dem Verfahren Saiga (No. 2) streitig, ISGH M/V "Saiga" (No. 2), Replik v. 13.02.1998, Rdnr. 4 in ITLOS, Pleadings, 1998, S. 55 (56).

[376] ISGH M/V "Saiga" (No. 2), Klageschrift v. 05.01.1998, Rdnr. 29, sowie Anlage 16, S. 232 ff. und Anlage 21, S. 295 ff. in ITLOS, Pleadings, 1998, S. 5 (23); M/V "Saiga" (No. 2), Klageerwiderung, Rdnrn. 16 f..

[377] ISGH M/V "Saiga" (No. 2), Replik v. 13.02.1998, Rdnr. 5 in ITLOS, Pleadings, 1998, S. 55 (56).

[378] Jaenicke, MPY, Bd. 2 1998, S. 387 f..

[379] ISGH M/V "Saiga" (No. 2), Klageschrift v. 05.01.1998, Rdnr. 38 und Anlage 21, S. 295 ff. in ITLOS, Pleadings, 1998, S. 5 ff..

[380] ISGH M/V "Saiga" (No. 2), Klageschrift v. 05.01.1998, Rdnr. 41.

[381] ISGH M/V "Saiga" (No. 2) v. 01.07.1999, Rdnr. 36 in ITLOS, Reports, 1999, S. 7 (29).

[382] ISGH M/V "Saiga" (No. 2) v. 01.07.1999, Rdnrn. 33, 36 in ITLOS, Reports, 1999, S. 7 (28, 29).

[383] Art. 1 Anlage VII SRÜ; ISGH M/V "Saiga" (No. 1), Urteil v. 04.12.1997, Rdnr. 41 in ITLOS, Reports, 1997, S. 13 (21).

len Seegerichtshof den Antrag auf sofortige Freigabe der Saiga nach Art. 292 SRÜ, 24 Abs. 2 ISGH-Statut, 52 Abs. 2, 111 Abs. 4 ISGH-VerfO.[384]

Durch Urteil vom 04. Dezember 1997 erklärte sich der Internationale Seegerichtshof, in seiner ersten Entscheidung überhaupt, für zuständig im Sinne des Art. 292 SRÜ und ordnete gegen Hinterlegung einer angemessenen Sicherheit durch den Antragsteller in Höhe von US$ 400.000 antragsgemäß die sofortige Freigabe des Tankers an.[385] Trotz Hinterlegung dieser Kaution[386] wurde das Schiff jedoch von den guinetekischen Behörden, vorgeblich als Kaution für die gegen den Kapitän verhängte Geldstrafe,[387] noch bis 28. Februar 1998 im Hafen von Conakry festgehalten.[388] Mangels Einigung zwischen den beiden Streitparteien Saint Vincent und den Grenadinen sowie Guinea über die Freigabe des Tankers und mangels Wahlerklärung beider Parteien nach Art. 287 Abs. 1 SRÜ[389] setzte Saint Vincent mit Notifizierung vom 22.12.1997 gemäß Art. 287 Abs. 1 lit. c), Abs. 3 SRÜ, Art. 1 Anlage VII SRÜ ein Verfahren vor dem Schiedsgericht nach Anlage VII in Gang.[390]

Am 13. Januar 1998 beantragte Saint Vincent und die Grenadinen beim Internationalen Seegerichtshof außerdem die Anordnung vorläufiger Maßnahmen nach Art. 290 Abs. 5 SRÜ, u. a. auf Freigabe des noch immer festgehaltenen Schiffes und auf Suspendierung der innerstaatlichen Gerichtsurteile gegen seinen Kapitän.[391] Diesen Antrag beschied der Gerichtshof durch Anordnung vom 20. Februar 1998 als ordnungsgemäß unterbreitet im Sinne von Art. 290 Abs. 5 SRÜ[392] und listete diesen Fall als „M/V Saiga No. 2 Case".[393]

---

[384] ISGH M/V "Saiga" (No. 1), Urteil v. 04.12.1997, Rdnrn. 1 ff. in ITLOS, Reports, 1997, S. 13 (17).

[385] ISGH M/V "Saiga" (No. 1), Urteil v. 04.12.1997, Rdnrn. 86 ff. in ITLOS, Reports, 1997, S. 13 (36 ff.).

[386] ISGH M/V "Saiga" (No. 2), Replik v. 13.02.1998, Rdnr. 4, in ITLOS, Pleadings, 1998, S. 55 (56).

[387] ISGH M/V "Saiga" (No. 2), Replik v. 13.02.1998, Rdnr. 45 in ITLOS, Pleadings, 1998, S. 55 (70).

[388] ISGH M/V "Saiga" (No. 2) Urteil v. 01.07.1999, Rdnr. 39 in ITLOS, Reports, 1999, S. 7 (30).

[389] ISGH M/V "Saiga" (No. 2), Replik v. 13.02.1998, Rdnr. 52 in ITLOS, Pleadings, 1998, S. 55 (72).

[390] ISGH M/V "Saiga" (No. 2) Urteil v. 01.07.1999, Rdnrn. 1, 41 in ITLOS, Reports, 1999, S. 7 (30).

[391] ISGH M/V "Saiga" (No. 2), Anordnung v. 11.03.1998, Rdnr. 21 in ITLOS, Reports, 1998, S. 21 (32 f.) .

[392] ISGH M/V "Saiga" (No. 2), Anordnung v. 11.03.1998, Rdnrn. 25 f. in ITLOS, Reports, 1998, S. 21 (37).

[393] Der Internationale Seegerichtshof unterschied im Fall Saiga zwischen zwei verschiedenen Verfahren: das Verfahren um die sofortige Freigabe des Schiffes wird in der Falliste des Gerichtshofs mit "Saiga No. 1 Case" geführt, das Verfahren nach Art. 290 Abs. 5 SRÜ und das Hauptsacheverfahren, mithin also die Verfahren nach Abgabe der übereinstimmenden Wahlerklärung der Streit-

Durch Briefwechsel vom selben Tag vereinbarten die Streitparteien die Befassung des Internationalen Seegerichtshofs im Verfahren nach Art. 290 Abs. 5 und in der Hauptsache.[394]

Durch Anordnung vom 11. März 1998 untersagte der Internationale Seegerichtshof Guinea die Vollstreckung jeglicher gerichtlicher oder behördlicher Entscheidungen in Zusammenhang mit der Arrestation der Saiga und wies die Streitparteien an, alle Handlungen zu unterlassen, die den Konflikt verschärfen könnten.[395]

bbb) Die einvernehmliche Wahl alternativer Mittel friedlicher Streitbeilegung im Verfahren nach Art. 292 SRÜ

Zunächst können die Streitparteien, wie gesehen, von den in Art. 292 SRÜ vorgesehenen Streitregelungsmechanismen auch völlig abweichen und ähnlich wie in Teil XV Abschnitt 1 SRÜ alternative Streitbeilegungsmittel vereinbaren. Dies heißt aber nicht, daß die Regelungen des Abschnitts 1 hier vollumfänglich herangezogen werden können.[396] Die Parteien sind nur schlichtweg frei in ihrer Mittelwahl, ohne daß Abschnitt 1 als solcher zur Anwendung kommt. Es fragt sich indes doch, wie weit die Wahlfreiheit der Parteien im Verfahren um die sofortige Freigabe von Schiffen geht. Immerhin ist das Verfahren nach Art. 292 SRÜ nach dem Willen der Vertragsstaaten auf der dritten VN-Seerechtskonferenz eines der wenigen echten Obligatorien im neuen VN-Seerechtsübereinkommen.

Zwei verschiedene Szenarien sind denkbar: entweder die Parteien der Streitigkeit einigen sich bereits binnen der eingangs schon erwähnten Zehntagesfrist auf ein Gericht oder einen Gerichtshof, der über die Frage der Freigabe des Schiffes entscheiden soll, oder aber mangels einer solchen Einigung kommt Art. 292 SRÜ zum Zuge, die Parteien treffen aber zu einem späteren Zeitpunkt eine abweichende Vereinbarung.

Durch erstere Option sind die Parteien also gezwungen, im Anfangsstadium des Konflikts nach relativ unkonventionellen tragbaren Lösungen zu suchen. Sie profi-

---

parteien vom 20. Februar 1998 werden als "Saiga No. 2 Case" gelistet. Warum der Seegerichtshof den Saiga-Fall so listet, ist nicht bekannt. Im Grunde handelt es sich bei dem gesamten Fall M/V Saiga um einen einzigen Fall, der sich in drei verschiedene Verfahren gliedert (Verfahren nach Art. 292, 290 Abs. 5 und 287/Hauptsache SRÜ).

[394] ISGH M/V "Saiga" (No. 2) v. 01.07.1999, Rdnr. 4 in ITLOS, Reports, 1999, S. 7 (14).

[395] ISGH M/V "Saiga" (No. 2), Anordnung v. 11.03.1998, Rdnr. 52 in ITLOS, Reports, 1998, S. 21 (39).

[396] Völkerrechtliche Analogien verbieten sich ohnehin grundsätzlich.

tieren auch hier vom Grundsatz der großen Wahlfreiheit unter dem Seerechtsübereinkommen, was für den Internationalen Seegerichtshof insofern negative Auswirkungen haben kann, als die Parteien ihn hier meiden können. Statt des Seegerichtshofs können sie insbesondere den IGH anrufen. Die Wahl eines Schiedsgerichts nach Anlage VII oder VIII SRÜ erscheint hier hingegen problematisch, da dies zu Verzögerungen in der Entscheidungsfindung führen kann, die im einstweiligen Rechtsschutz jedoch möglichst rasch erfolgen sollte. Eine Art. 290 Abs. 5 SRÜ entsprechende Regelung existiert in Art. 292 SRÜ nicht. Daß den Streitparteien nach Ablauf der Zehntagesfrist dann abermals eine abweichende Regelung zugestanden wird, ist allerdings etwas viel der Flexibilität. Haben sie es schon nicht geschafft, sich im Vorfeld über die Freigabe oder auch nur das anschließend anzuwendende Verfahren zu einigen, so muß zumindest an diesem Punkt zwingend ein festgelegter Spielplan ablaufen. Andernfalls wird der obligatorische Aspekt im Art. 292 SRÜ zur ultima ratio, was die Effektivität der Streitbeilegungsverfahren nach Art. 292 SRÜ mindert. Weniger Flexibilität und mehr Effektivität wären hier angebracht.

ccc) Art. 287 SRÜ im Verfahren nach Art. 292 SRÜ

Treffen die Parteien keine abweichenden Regelungen, so erfolgt eine Unterbreitung des Streits an den Internationalen Seegerichtshof ausweislich Art. 292 Abs. 2 SRÜ durch den Flaggenstaat. Für die Person des Antragstellers ist fraglich, ob nur der Flaggenstaat antragsbefugt ist oder dieser das auch dem Reeder des Schiffes überlassen kann. Dafür könnte sprechen, daß das Seerechtsübereinkommen in Teil XI gerade auch die Rechtssubjektivität nichtstaatlicher Personen und Einrichtungen vorsieht, ergo also kein rein auf staatliche Handlungssubjekte ausgerichtetes multilaterales Abkommen mehr ist. Gerade die spezielle Regelung der Rechtssubjektivität Privater unter der Konvention in Teil XI ist es aber auch, die gegen eine Ausweitung dieser spezifischen, das besondere Meeresbodenregime betreffende Regelung in andere Bereiche der Konvention spricht.[397]

Im Fall um das Aufbringen des offiziell unter der Flagge von Bélize fahrenden Fischerboots „Grand Prince"[398] verneinte der Seegerichtshof im übrigen die Qualität des Antragstellers Bélize als Flaggenstaat des Schiffes, das kurz vor einer De-Registrierung stand. Der Seegerichtshof erklärte sich daher im Grand-Prince-Verfahren mangels Gerichtsbarkeit für unzuständig.[399]

---

[397] von Wedel, RIW 1982, S. 634 (637).
[398] ISGH Urteil/Grand Prince v. 20.04.2001,
www.itlos.org/case_documents/2001/document_en_88.pdf.
[399] ISGH Urteil/Grand Prince v. 20.04.2001, Rdnrn. 89 und 93,
www.itlos.org/case_documents/2001/document_en_88.pdf.

Dabei ist zunächst denkbar, daß der Flaggenstaat den Internationalen Seegerichtshof als Gericht oder Gerichtshof im Sinne von Art. 287 SRÜ anruft, mithin also das Verfahren nach Art. 286 SRÜ wie ein allgemeines Verfahren nach dem zweiten Abschnitt zu werten wäre. Im allgemeinen Verfahren nach Teil XV Abschnitt 2 SRÜ wäre der Seegerichtshof bereits nach Art. 286 SRÜ zuständig. Ob dies im Verfahren nach Art. 292 SRÜ ebenso gilt, mithin sich die Zuständigkeit des Seegerichtshofs in diesen Fällen also nicht aus Art. 292 SRÜ, sondern bereits aus der Öffnungsvorschrift Art. 286 iVm. Art. 287, 288 SRÜ ergibt, ist fraglich. Dafür spricht systematisch, daß Art. 286 als Eingangsvorschrift grundsätzlich für den gesamten Abschnitt 2 und damit auch für die Fälle nach Art. 292 SRÜ gilt. Andererseits handelt es sich bei Art. 292 SRÜ, wie gesehen, um eine Spezialvorschrift für die Freigabe zurückgehaltener Schiffe, auf welche die allgemeinen Vorschriften der Art. 286, 287 und 288 SRÜ nicht in jedem Fall passen. Insbesondere handelt es sich bei dem Verfahren nach Art. 292 SRÜ nicht um ein normales Hauptsacheverfahren, von dem Art. 286 ff. SRÜ ausgehen, sondern seiner Natur nach um ein Verfahren einstweiligen Rechtsschutzes. Für ein solches Verfahren aber ergibt sich aus Art. 292 SRÜ eine eigenständige obligatorische Gerichtsbarkeit des Internationalen Seegerichtshofs. Der sekundäre Charakter des Verfahrens nach Abschnitt 2 (Art. 286 SRÜ) gilt hier nicht. Die Voraussetzungen der Art. 286 ff. sind im Verfahren nach Art. 292 SRÜ nur zu beachten, soweit Art. 292 selbst auf sie verweist, wie etwa auf das Erfordernis einer Wahlerklärung nach Art. 287 SRÜ durch den Küstenstaat bei der hier behandelten Unterbreitung des Streits durch den Flaggenstaat an ein Gericht oder einen Gerichtshof im Sinne von Art. 287 SRÜ. Auch die Tatsache, daß unter Art. 292 SRÜ nur der Flaggenstaat den Streit unterbreiten kann und nicht wie gewöhnlich eine beliebige Streitpartei, spricht für eine spezielle Zuständigkeit nach Art. 292 für die Gerichte aus Art. 287 SRÜ. Es handelt sich bei Art. 286 und 292 SRÜ daher um verschiedene Anträge, mithin um verschiedene Verfahren; ein Antrag nach Art. 292 SRÜ kann daher nicht schon als Antrag nach Art. 286 SRÜ gewertet werden.

All dies spricht dafür, daß sich die Zuständigkeit des Seegerichtshofs auch in Verfahren der sofortigen Freigabe zurückgehaltener Schiffe unabhängig von den Anforderungen der Art. 286 ff. SRÜ unmittelbar aus Art. 292 SRÜ ergibt.[400]

Denkbar ist zum anderen, daß der Flaggenstaat den IGH als Gerichtshof im Sinne von Art. 287 SRÜ zur Beilegung einer Streitigkeit mit dem Küstenstaat anruft und so dessen Gerichtsbarkeit eröffnet. Die Zuständigkeit des IGH bemißt sich dann nach dessen Statut; für die Gerichtsbarkeit des Seegerichtshofs besteht hier kein Raum mehr. Gleiches gälte im Prinzip, wenn der Flaggenstaat dementsprechend

---

[400] Für die Verfahren nach Art. 290 Abs. 5 SRÜ s. bereits o. u. C. III. 2. c) aa).

ein Schiedsgericht nach Anlage VII oder VIII SRÜ anruft. Diese Anrufung ist aber ähnlich wie die oben schon angesprochene Wahl eines solchen Schiedsgerichts als alternatives Verfahren unter Art. 292 Abs. 1 SRÜ problematisch.

Voraussetzung für die Anrufung eines Gerichts oder Gerichtshofs im Sinne von Art. 287 SRÜ im Verfahren nach Art. 292 SRÜ ist jedoch, wie bereits erwähnt, stets die Zustimmung des Küstenstaats nach Art. 287 SRÜ. Ein wirklich obligatorisches Verfahren stellt also die Unterbreitung durch den Flaggenstaat auch hier nicht dar.

ddd) Die Unterbreitung des Streits durch den Flaggenstaat an den Internationalen Seegerichtshof

Wie gesehen, kann der Flaggenstaat die Sache dem Seegerichtshof bereits als Gerichtshof im Sinne von Art. 287 SRÜ unterbreiten.[401] Fehlt es in einem solchen Fall jedoch an einer Wahlerklärung des Küstenstaats, so kommt unter Art. 292 SRÜ eine einseitige Unterbreitung des Streits durch den Flaggenstaat an den Internationalen Seegerichtshof auch ohne diese Wahlerklärung in Betracht. Diese Möglichkeit ist daher in der Tat ein obligatorisches Verfahren, das dem Seegerichtshof nicht zuletzt auch Arbeit beschafft.

Im Fall der M/V Saiga hatte weder die Klägerpartei Saint Vincent und die Grenadinen, noch das beklagte Guinea bis zum Aufkommen des Streits eine Wahlerklärung nach Art. 287 SRÜ abgegeben.[402] Die Gerichtsbarkeit des Internationalen Seegerichtshofs wurde daher mit Antrag vom 13. November 1997 durch einseitige Unterbreitung des Streits durch Saint Vincent und die Grenadinen begründet.[403]

eee) Zuständigkeit und Zulässigkeit

Zur Zulässigkeit zählt insbesondere: Die Mitgliedschaft der Streitparteien im Seerechtsübereinkommen, das Fehlen einer abweichenden Zuständigkeitsvereinbarung binnen der Zehntagesfrist, die notwendigen Anträge und Notifikationen sowie Vollmachten.[404]

Bei der Frage der Zulässigkeit der Klage ist dann zu prüfen, ob sich der dort vorgetragene Sachverhalt unter den Anwendungsbereich des Art. 292 SRÜ subsumieren

---

[401] S. vorangegangener Gliederungspunkt.

[402] LSB No. 44 (2001), S. 1 ff;

www.un.org/Depts/los/settlement_of_disputes/choice_procedure.htm.

[403] ISGH M/V "Saiga" (No. 1), Urteil v. 04.12.1997, Rdnr. 1 in ITLOS, Reports, 1997, S. 13 (17).

[404] ISGH M/V "Saiga" (No. 1), Urteil v. 04.12.1997, Rdnrn. 38 ff. in ITLOS, Reports, 1997, S. 13 (25).

läßt.[405] Letztlich wird man den Begriff der Zuständigkeit des Seegerichtshofs aber weiter fassen müssen, als oben geschehen. Denn wenn eine Klage nicht dem Anwendungsbereich des Art. 292 SRÜ unterfällt, ist der Seegerichtshof auch nicht zuständig. Mithin ergibt sich eine Zuständigkeit des Internationalen Seegerichtshofs nur dann, wenn die Klage auch zulässig ist, denn Art. 292 SRÜ enthält, wie schon erwähnt, eine spezielle obligatorische (Ausnahme-) Zuständigkeit eines entschprechend vereinbarten Gerichts bzw. des Internationalen Seegerichtshofs.

fff) Überschneidungen mit anderen Verfahren

(1) Das Verfahren nach Art. 292 und andere Verfahren im Sinne von Art. 287 SRÜ

Eine Überschneidung mit den streitigen Verfahren ist aufgrund des speziellen Charakters des Freigabeverfahrens nach Art. 292 SRÜ faktisch und rechtlich ausgeschlossen. Ein Verfahren nach Art. 287 SRÜ behandelt die Hauptsache, mithin also regelmäßig die Frage der Rechtmäßigkeit staatlichen Handelns nach dem Seevölkerrecht und gegebenenfalls eines Schadensersatzes und damit eine ganz andere Frage als Art. 292 SRÜ, bei dem es um die sofortige Freigabe festgehaltener Schiffe geht. Ein Verfahren nach Art. 292 SRÜ kann daher durchaus auch parallel zu einem Verfahren nach Art. 287 SRÜ stattfinden, wie im Falle Saiga ja auch geschehen. Problematischer ist das unten zu behandelnde Verhältnis von Schiedsverfahren und streitigem Verfahren innerhalb von Art. 287 SRÜ.

Allerdings wäre faktisch eine partielle Überschneidung der Verfahren denkbar, wenn im Verfahren nach Art. 292 SRÜ teilweise Aspekte der Hauptsache entschieden würden. Das hieße, daß im obligatorischen Verfahren nach Art. 292 SRÜ, das keine Zustimmung des Beklagten bedingt, Hauptsachefragen entschieden werden könnten, für die es eigentlich unter Art. 287 SRÜ zumindest einer Wahlerklärung bedarf. Insofern könnte hierin eine gewisse Umgehung des Art. 287 SRÜ und des dort enthaltenen Zustimmungserfordernisses zu sehen sein. Art. 292 Abs. 3 S. 1 1. HS SRÜ sagt zwar klar, daß das Verfahren nach Art. 292 SRÜ Hauptsachefragen nicht behandelt („[...] wobei nur die Frage der Freigabe behandelt wird [...]"). Das hindert den Internationalen Seegerichtshof nach eigenem Bekunden aber nicht, auch im Freigabeverfahren nach Art. 292 SRÜ Hauptsachefragen zu entscheiden, sofern und soweit sie hierfür von Belang sind („[...] cette considération ne l'empêche pas d'examiner les éléments de fond qu'il juge nécessaires pour parvenir à une décision sur la question de mainlevée [...]").[406] Mithin ist also durchaus denkbar, daß bestimmte Fragen im Rahmen des Obligatoriums nach Art. 292 SRÜ

---

[405] ISGH M/V "Saiga" (No. 1), Urteil v. 04.12.1997, Rdnr. 46 in ITLOS, Reports, 1997, S. 13 (26).
[406] ISGH M/V "Saiga" (No. 1), Urteil v. 04.12.1997, Rdnr. 50 in ITLOS, Reports, 1997, S. 13 (27).

entschieden werden. Zwar wird man für diese Verfahren nicht unbedingt eine Bindungswirkung annehmen können,[407] insbesondere dann nicht, wenn sie nicht vor dem Internationalen Seegerichtshof ablaufen. Die Erfahrungen mit einstweiligen Rechtsschutzverfahren zeigen aber, daß hier keine bloße Plausibilitätsprüfung durchgeführt wird,[408] sondern einzelne Rechtsfragen mit Auswirkung auf die Zukunft geklärt werden. In diesem Sinne ist im übrigen die Erklärung des Seegerichtshofs zu verstehen, im Rahmen von Art. 292 SRÜ auch Fragen der Hauptsache zu entscheiden.

Das besondere Schiedsverfahren nach Anlage VIII SRÜ spielt eine Sonderrolle und führt damit ebenfalls nicht zu Kollisionen mit Art. 292 SRÜ.

(2) Das Verfahren nach Art. 292 SRÜ und innerstaatliche Verfahren

Insofern bestimmt Art. 292 Abs. 3 S. 1 2. HS SRÜ eindeutig, daß innerstaatliche Verfahren von jenen unter dem Seerechtsübereinkommen nicht tangiert werden. Guinea konnte daher parallel zu den unter Art. 292, 290 Abs. 5 und 287 SRÜ laufenden Verfahren ein eigenständiges innerstaatliches Strafverfahren gegen den Kapitän der Saiga anstrengen. Inwiefern hierbei verhältnismäßig vorgegangen wurde, bleibt im Hinblick auf das Verbot von Freiheitsstrafen in Art. 73 Abs. 3 SRÜ und der Tatsache, daß das Urteil gegen den Kapitän der Saiga in zweiter Instanz verbösert wurde, jedoch fraglich.[409]

---

[407] ISGH M/V "Saiga" (No. 1), Urteil v. 04.12.1997, Rdnr. 51 in ITLOS, Reports, 1997, S. 13 (27 f.).

[408] ISGH M/V "Saiga" (No. 1), Urteil v. 04.12.1997, Rdnr. 51 in ITLOS, Reports, 1997, S. 13 (27 f.).

[409] Zur völkerrechtlichen Verhältnismäßigkeit strafrechtlicher staatlicher Maßnahmen gegen fremde Staatsangehörige, Verdross/Simma, Universelles Völkerrecht, 3. Aufl., § 1297, m. w. N.; ISGH M/V "Saiga" (No. 1), Urteil v. 04.12.1997, Rdnr. 56, 72 in ITLOS, Reports, 1997, S. 13 (29, 34).

IV. Internationale Organisationen als Streitbeteiligte in Verfahren vor dem Internationalen Seegerichtshof

Vermehrt übertragen die Staaten heute Kompetenzen auf zwischen- und überstaatliche Organisationen und Organe, was auch die Kompetenz zum Abschluß völkerrechtlicher Verträge einschließt. Dadurch treten diese internationalen Organisationen auf völkerrechtlicher Ebene vermehrt selbst als Vertragsparteien auf.

Denkbar, aber nicht ganz unproblematisch ist indes die Beteiligung einer internationalen Organisation an einer seevölkerrechtlichen Streitigkeit. Anders als die Charta der Vereinten Nationen sieht das Seerechtsübereinkommen auch eine Mitgliedschaft von internationalen Organisationen vor.[410] Sie können daher unter den in Anlage IX SRÜ niedergelegten Voraussetzungen Mitglied im Seerechtsübereinkommen sein und an seinen Verfahren, insbesondere seinen Streitbeilegungsverfahren, teilnehmen. Mithin können sie Parteien einer unter Teil XV SRÜ ausgetragenen Streitigkeit sein.

1. Begriff der Internationalen Organisation

Die sich aus Art. 305 Abs. 1 lit. f) iVm. Art. 1 Anlage IX SRÜ ergebende Legaldefinition bezeichnet als „internationale Organisationen" von Staaten gegründete zwischenstaatliche Einrichtungen, denen ihre Mitgliedstaaten die einschlägigen Kompetenzen, einschließlich der entsprechenden Vertragsschlußkompetenz, übertragen haben.[411] Diese Kompetenz wird dann von der zwischenstaatlichen Einrichtung exklusiv innerhalb des Seerechtsübereinkommens und seiner Organe wahrgenommen.[412] Allerdings muß dieser sehr einschränkenden Definition entgegnet werden, daß sie überstaatliche Organisationen dem Wortlaut nach ausschließt. Zumal da die Vertragsstaaten der dritten VN-Seerechtskonferenz bei der Schaffung des Seerechtsübereinkommens und speziell seiner Anlage IX aber insbesondere die Europäische Gemeinschaft im Auge hatten, die im übrigen heute die bislang einzige internationale Organisation ist, welche die Anforderungen der Anlage IX SRÜ erfüllt und Mitglied im Seerechtsübereinkommen ist.[413] Es kann daher nicht sein, daß diese Organisation aus dem Definitionsbereich des Art. 1 Anlage IX, 305 Abs. 1 lit. f) SRÜ herausfällt. Vielmehr sind diese Bestimmungen so zu lesen, daß internationale Organisation eine zwischen- **oder überstaatliche** Einrichtung ist. Auf

---

[410] Art. 305 Abs. 1 lit. f), Anlage IX SRÜ.

[411] Art. 1 und 2 Anlage IX SRÜ; Treves, The Rules of the International Tribunal for the Law of the Sea, IJIL 1998, S. 381 (406); Bernarts' Guide to the 1982 United Nations Convention on the Law of the Sea, 1988, S. 94.

[412] Art. 4 Anlage IX SRÜ.

[413] LSB No. 44 (2001), S. 1 (3, 12).

diese Begrifflichkeit ist gerade angesichts der weitgehenden Kompetenzübertragung auf die EU, welche die Anlage IX zur Voraussetzung für eine Teilnahme am Seerechtsübereinkommen macht, besonderer Wert zu legen. In der Regel werden sogar nur überstaatliche Organisationen die Bedingungen der Art. 1 ff. Anlage IX SRÜ erfüllen, ohne die Vorschrift de jure auf sie beschränken zu wollen.

2. Der Begriff des Vertragsstaats und der internationalen Organisation im Seerechtsübereinkommen

Art. 1 Abs. 1 Nr. 1 SRÜ spricht von „Vertragsstaaten". Dies umfaßt explizit nicht internationale Organisationen. Nach anderer Ansicht umfaßt der Begriff „States Parties" bereits zwischenstaatliche Einrichtungen im Sinne von Art. 1 Abs. 2, 305 Abs. 1 lit. f) SRÜ,[414] ohne dies aber überzeugend zu belegen.[415] Art. 1 Abs. 1 Nr. 2 SRÜ ermöglicht indes eine Anwendung des Begriffs „Vertragsstaaten" auch auf andere Rechtsträger. Dies schließt internationale Organisationen explizit mit ein.

Der Wortlaut von Art. 1 Abs. 1 SRÜ legt somit die Vermutung nahe, daß ungeachtet nomineller Differenzierung nach Nr. 1 und Nr. 2 auch internationale Organisationen unter den Begriff des Vertragsstaats zu subsumieren sind.[416] Doch auch wenn Art. 1 Abs. 1 Nr. 2 SRÜ Mitgliedsorganisationen weitgehend den Vertragsstaaten gleichstellt, bleiben Unterschiede.

Systematisch unterscheidet Art. 1 Abs. 1 in seinen beiden Ziffern nunmal internationale Organisationen und Vertragsstaaten. Daraus geht hervor, daß die Vertragsstaaten der dritten VN-Seerechtskonferenz offenbar keine hundertprozentige Gleichstellung dieser beiden Arten von Völkerrechtssubjekten wollten. Hierfür spricht im übrigen auch die historische Entwicklung der internationalen Organisationen zu Rechtssubjekten des Völkerrechts. Erst in der zweiten Hälfte des 20. Jahrhunderts wurden zwischen- und überstaatliche Einrichtungen überhaupt als völkerrechtsfähig anerkannt. Die Charta der Vereinten Nationen ist beredtes Beispiel für die Rechtlosigkeit internationaler Einrichtungen. Wenngleich aber die Entwicklung in diesem Punkt fortgeschritten ist, erfolgte bislang keine völlige Angleichung an die

---

[414] Nordquist, UNCLOS Commentary, Bd. V, Rdnr. A.VII.20..

[415] Unsystematischerweise verweist Nordquist, aaO, in der Folge aber auf Rdnr. 305.11. also auf eine Stelle, aus der der Vertragsstaatencharakter internationaler Organisationen gerade nicht hervorgeht. Wie der Vertragstext, sagt auch Nordquist in Rdnr. 305.11. nur, daß internationale Organisationen unter den Voraussetzungen der Anlage IX SRÜ Vertragsstaaten gleichgestellt werden können.

[416] Ederer, Die Europäische Wirtschaftsgemeinschaft und die Seerechtskonvention der Vereinten Nationen von 1982, 1988, S. 220 f..

Staaten. Insofern kann auch in der Rechtsanwendung noch keine synonyme Verwendung der Begriffe erfolgen.

Gegen eine völlige Gleichstellung internationaler Organisationen im Seerechtsübereinkommen spricht auch der Wortlaut des Art. 1 Abs. 1 Nr. 2 SRÜ. Der Begriff „Vertragsstaaten" bezieht sich demnach nur „insoweit" auf internationale Organisationen, als diese die für sie geltenden Bedingungen[417] für eine Mitgliedschaft im Seerechtsübereinkommen erfüllen. Auch dann gilt das Seerechtsübereinkommen aber nur „sinngemäß" für internationale Organisationen. Erfüllen internationale Organisationen diese Bedingungen nicht, so gilt das Seerechtsübereinkommen für sie nicht. Im Gegensatz zu den Staaten kann daher nicht von einer automatischen und allgemeinen Geltung des Seerechtsübereinkommens für internationale Organisationen gesprochen werden.

In einer Vielzahl von Vorschriften des Seerechtsübereinkommens finden sich Bestimmungen zur konkreten Anwendbarkeit der Konvention auf zwischen- bzw. überstaatliche Einrichtungen im einzelnen Streitfall. Daß das Seerechtsübereinkommen nur dann auch für internationale Organisationen gilt, wenn das Abkommen dies explizit sagt, wird man dennoch nicht annehmen können. Es kann nicht ausgeschlossen werden, daß das Seerechtsübereinkommen insoweit einmal nicht ganz vollständig ist und es insofern zu einer Anwendung einer Bestimmung auch auf internationale Organisationen kommen muß, auch wenn das Seerechtsübereinkommen dies nicht explizit sagt. Entscheidend ist nicht, daß der Wortlaut einer Bestimmung ausdrücklich das Wort „internationale Organisation" oder „Art. 305 SRÜ" nennt, sondern daß diese die entsprechenden Bedingungen nach Anlage XI SRÜ erfüllen. Insoweit gilt das Seerechtsübereinkommen und all seine Anlagen und Sekundärtexte dann aber auch für sie.

Im Ergebnis läßt sich daher sagen, daß internationale Organisationen nicht Vertragsstaaten im Sinne des Seerechtsübereinkommens sind, sondern unter besonderen, dort festgelegten Voraussetzungen wie Vertragsstaaten behandelt werden.

3. Voraussetzungen für die Teilnahme internationaler Organisationen am Seerechtsübereinkommen

Es läßt sich darüber streiten, ob die Übertragung der einschlägigen Kompetenzen durch ihre Mitgliedstaaten auf die zwischen- oder überstaatliche Einrichtung eine Voraussetzung für die Teilnahme der Organisation im Seerechtsübereinkommen

---

[417] Anlage IX SRÜ.

darstellt oder bereits Definitionsbestandteil[418] ist. Die Frage ist aber akademischer Natur.

Voraussetzungen sind jedenfalls:

- Die Mehrheit der Mitglieder der betreffenden Organisation ist Unterzeichner des Seerechtsübereinkommens.[419]

- Die Organisation gibt bei Unterzeichnung eine Erklärung ab, aus der die ihr von den Mitgliedstaaten übertragenen Zuständigkeiten im einzelnen hervorgehen.[420]

- Die Organisation übernimmt mittels einer weiteren Urkunde die Rechte und Pflichten ihrer Mitgliedstaaten, die auch im Seerechtsübereinkommen Mitglieder sind und ihr die entsprechenden Kompetenzen übertragen haben.[421]

a) Einziger praktischer Fall derzeit: die EG

Einzige (in diesem Fall) überstaatliche Einrichtung, die derzeit diese Voraussetzungen als Vollmitglied im Seerechtsübereinkommen erfüllt, ist die Europäische Gemeinschaft. Die EG hat das Seerechtsübereinkommen im Jahre 1984 unterzeichnet und ist seit 01.04.1998 Vollmitglied.[422] Nicht Mitglied im Seerechtsübereinkommen ist bislang mangels Völkerrechtssubjektivität die Europäische Union. Für die Mitgliedschaft im Seerechtsübereinkommen und ergo auch für die Parteifähigkeit im Verfahren vor dem Seegerichtshof spielen daher nur die vergemeinschafteten EG-Politiken eine Rolle.[423] Kraft ihrer Kompetenz im Bereich der Landwirtschafts- und Fischereipolitik[424] hat die EG eine entsprechende Außenkompetenz zur Mitgliedschaft im Seerechtsübereinkommen. Im Fall „Conservation and Sustainable Exploitation of Swordfish Stocks" Chile gegen EG war die EG erstmals Streitpartei eines Falls vor dem Internationalen Seegerichtshof.[425]

---

[418] Bernarts' Guide to the 1982 United Nations Convention on the Law of the Sea, 1988, S. 94.

[419] Art. 2 S. 1, Art. 3 Abs. 1 Anlage IX, Art. 306 f. SRÜ.

[420] Art. 2 S. 2, 5 Abs. 1, 2 Anlage IX SRÜ.

[421] Art. 4 Abs. 1, 3 Abs. 2 Anlage IX SRÜ.

[422] LSB No. 44 (2001), S. 1 (3, 12); Treves, IJIL, 1998, S. 381 (406).

[423] Zur Völkerrechtssubjektivität der EG, s. Art. 281 EGV.

[424] Art. 32 bis 38 EGV.

[425] www.itlos.org/cgi-bin/cases/case detail.pl?id=6&lang=en.

b) Analyse der Voraussetzungen für die Teilnahme internationaler Organisationen nach Anlage IX SRÜ

aa) Übernahme der Rechte und Pflichten durch die internationale Organisation

Daß die betreffende internationale Organisation Rechte und Pflichten ihrer Mitgliedstaaten für diejenigen Bereiche übernimmt, für die sie zuständig ist, ist nur konsequent. Nur die internationale Organisation kann innerhalb des Seerechtsübereinkommens handeln, wenn ihre Mitgliedstaaten ihr die einschlägigen Kompetenzen übertragen haben. Sie muß daher auch Trägerin der einschlägigen Rechte und Pflichten aus dem Seerechtsübereinkommen sein. Dies gilt mithin auch für das Regime der Streitbeilegung aus Teil XV SRÜ. Eine Teilnahme internationaler Einrichtungen an dem speziellen Meeresbodenregime ist ohnenhin ohne weiteres möglich. Soweit die Kompetenzübertragung an die internationale Organisation aber nicht vollständig ist, das heißt, die Zuständigkeit bezüglich einzelner Teilbereiche aus dem Seerechtsübereinkommen bei den Mitgliedstaaten verbleibt, bleiben auch die Staaten zuständig. Die Europäische Gemeinschaft betreffend, ist hier insbesondere an solch souveränitätsintensive Bereiche wie die Abgrenzung von Hoheitsgebieten oder die gesamte Kriegsschiffproblematik zu denken. Hier besitzt auch die EG noch keine Zuständigkeit; vielmehr gehören diese Bereiche derzeit zum Kompetenzbereich ihrer Mitgliedstaaten. Ergo kann die EG hier auch keinen Streit stellvertretend für ihre Mitgliedstaaten vor einem der Streitbeilegungsorgane des Art. 287 oder des Teils XV Abschnitt 1 SRÜ führen. Ähnlich verhält es sich, wenn die EG zwar Kompetenzen von ihren Mitgliedstaaten übertragen bekommen hat, letztere aber weiterhin Handlungskompetenzen behalten. Zu denken ist hier im Bezug auf die EG etwa an die Möglichkeit des nationalen Alleingangs bzw. die Schutzklausel nach Art. 95 EGV. Diese Problematik wurde im Seerechtsübereinkommen durch die Doppelmitgliedschaft von Staaten und internationaler Organisation gelöst. Jene Mitgliedstaaten der EG, die bereits eigenständige Mitglieder im Seerechtsübereinkommen sind, bleiben neben der Organisation selbst weiterhin Mitglieder.[426] Im Seerechtsübereinkommen hat man sich folglich für eine ähnliche Regelung entschlossen wie etwa in der Welthandelsorganisation.

bb) Doppelmitgliedschaft von Staaten und internationaler Organisation

Einerseits scheint die Lösung bei uneinheitlicher Kompetenzverteilung zwischen der Organisation und ihren Mitgliedstaaten gar nicht anders möglich als durch das Modell der Doppelmitgliedschaft. Hieraus ergibt sich aber das Folgeproblem einer Gefahr der Rechtsmehrung, denn die internationale Organisation könnte für sich

---

[426] LSB No. 44 (2001), S. 1 ff., 10 ff..

eigenständige Rechte aus dem Seerechtsübereinkommen reklamieren, was sich etwa in der Frage der unten noch zu erörternden Repräsentationsproblematik internationaler Organisationen im Seerechtsübereinkommen kristallisiert.

Andererseits ist mit der Doppelmitgliedschaft der Übersichtlichkeit nicht eben gedient. Eine Fülle zusätzlicher komplizierter Regelungen wird notwendig. Aus diesem Grund wäre eine alleinige Mitgliedschaft der EG im Seerechtsübereinkommen der Vereinten Nationen der aktuellen Doppellösung vorzuziehen gewesen. Wie die Organisation ihre Kompetenzen im Inneren verteilt,[427] sollte ihr überlassen bleiben. Das Seerechtsübereinkommen sollte die Organisation als Ganzes betrachten und Kompetenzstreitigkeiten zwischen der Organisation und ihren Mitgliedern außer Betracht lassen. Ähnliches gilt für die Forderung des Art. 2 Abs. 1 Anlage IX SRÜ, wonach die internationale Organisation nur Mitglied im Seerechtsübereinkommen werden kann, wenn die Mehrheit ihrer Mitgliedstaaten dies ist, und für die Regelung, die Mitgliedstaaten der internationalen Organisation, die Mitglied im Seerechtsübereinkommen ist, einen eigenständigen Rechtserwerb aus des Seerechtsübereinkommens verbietet, sofern die Staaten nicht selbst Mitglieder in der Konvention sind.[428] Diese Regelung mißachtet den eigenständigen Charakter internationaler Organisationen in unserer Zeit. Die Problematik der Nichtmitgliedschaft einzelner Mitgliedstaaten im Seerechtsübereinkommen ergäbe sich dann nicht mehr, wenn die Mitgliedstaaten einer internationalen Einrichtung, die selbst Mitglied im Seerechtsübereinkommen ist, ihrerseits nicht mehr Mitglieder in diesem Übereinkommen wären und Rechte und Pflichten diesbezüglich ausschließlich von der internationalen Organisation wahrgenommen würden.

Folglich ist sowohl die Definition der internationalen Organisation in Art. 1 Anlage IX SRÜ, als auch die Bedingung, daß die Mehrheit ihrer Mitgliedstaaten selbständig Mitglieder im Seerechtsübereinkommen sein müssen, eine zu weitgehende Einmischung in interne Vorgänge der internationalen Organisation.

cc) Keine Rechtsmehrung: Die Repräsentationsproblematik internationaler Organisationen

Art. 2 Abs. 2 2. HS ISGH-Statut verlangt für die Zusammensetzung des Internationalen Seegerichtshofs die Gewährleistung einer gerechten geographischen Verteilung. Grundsätzlich soll jede Streitpartei, um keine Benachteiligung oder Bevorzugung zu erfahren, die Möglichkeit haben, einen Richter ihrer Staatsangehörigkeit auf der Richterbank zu haben.[429] Entsprechend sieht Art. 17 Abs. 2, 3 IGH-Statut

---

[427] Die Neuordnung der EG-Kompetenzen steht ohnehin an.
[428] Art. 4 Abs. 5 Anlage IX SRÜ.
[429] Art. 17 Abs. 1 ISGH-Statut.

das Recht der Streitparteien vor, Ad-Hoc-Richter zu bestellen, wenn sie selbst, im Gegensatz zu ihrem Prozeßgegner, keinen Richter auf der Bank sitzen haben. Dieses Recht haben grundsätzlich auch internationale Organisationen, allerdings nicht in dem Umfang wie staatliche Streitparteien. Gemäß Art. 22 ISGH-VerfO kann eine internationale Organisation, die Partei einer Streitigkeit unter dem Seerechtsübereinkommen ist, einen Richter ad hoc bestellen, sofern ihre Gegnerpartei einen landsmännischen Richter stellt, der Richterbank aber kein Richter angehört, der die Staatsangehörigkeit eines Mitgliedstaats der internationalen Organisation besitzt.

Die Mitgliedschaft einer internationalen Organisation im Seerechtsübereinkommen, die, wie gesehen, regelmäßig mit einer Doppelmitgliedschaft ihrer Mitgliedstaaten einhergeht, bewirkt jedoch keinesfalls eine Begründung neuer Rechte und damit auch keine Vergrößerung ihrer Vertretung.[430] Dies wirkt sich insbesondere bei der Bestellung von Ad-Hoc-Richtern zu Ungunsten der internationalen Organisation aus.[431] Im Gegensatz zu den Staaten (Art. 17 Abs. 3 ISGH-Statut) dürfen internationale Organisationen daher keine Ad-Hoc-Richter bestellen, wenn auf beiden Seiten des Streits ausschließlich internationale Organisationen stehen. Dieser Fall ist zwar höchst theorethisch, zumal derzeit mit der EG nur als überstaatliche Einrichtung Mitglied im Seerechtsübereinkommen ist, aber es läßt sich nicht ausschließen, daß sich dies ändert. Andererseits hat man aber die Problematik der Überrepräsentanz erkannt und in Art. 22 Abs. 4 ISGH-VerfO das Recht des Präsidenten des Seegerichtshofs verankert, Richter dazu aufzufordern, sich an dem Verfahren nicht zu beteiligen, wenn mehrere Richter mit der Staatsangehörigkeit eines Mitgliedstaats der streitbeteiligten internationalen Organisation auf der Richterbank sitzen. Der Seegerichtshof bildete im Swordfish-Fall daher eine Kammer, in die dann nur ein EG-Richter delegiert wurde.[432]

Das Seerechtsübereinkommen der Vereinten Nationen hat einen bedeutenden Schritt nach vorn getan, was die Gleichberechtigung internationaler Organisationen neben den Staaten betrifft. Dennoch hat auch es nicht zu einer völligen Gleichberechtigung geführt. Aus der Nichtanwendbarkeit von Art. 17 Abs. 3 ISGH-Statut auf internationale Organisationen läßt sich folgern, daß internationale Organisationen auch im Seerechtsübereinkommen nicht denselben Stellenwert genießen wie die Staaten. Dieser Schluß läßt sich auch aus der Formulierung von Art. 22 ISGH-VerfO ziehen: Es kommt nicht auf die Zugehörigkeit des Richters zur Internationalen Organisation, sondern zu einem Staat, der Mitglied dieser internationalen Organisation ist, an. Das Völkerrecht kann sich also, trotz der grundsätzlichen Anerken-

---

[430] Art. 4 Abs. 4 Anlage IX SRÜ.

[431] Bernarts' Guide to the 1982 United Nations Convention on the Law of the Sea, 1988, S. 94.

[432] ISGH Swordfish, Anordnung v. 20.12.2000, ILM, 2001, S. 475 ff..

nung der Völkerrechtssubjektivität zwischen- und überstaatlicher Einrichtungen, nicht zu deren voller Gleichberechtigung durchringen.

Die Europäische Gemeinschaft ist somit etwa nicht wirklich gleichberechtigtes Mitglied im Seerechtsübereinkommen, sondern wird gegenüber den Staaten diskriminiert.[433] Bestimmungen des Gründungsvertrags der internationalen Organisation gehen keinesfalls Bestimmungen des Seerechtsübereinkommens vor.[434]

4. Die Wahlmöglichkeit des Art. 287 Abs. 1 lit. b) SRÜ für internationale Organisationen

Gemäß Art. 7 Abs. 2 Anlage IX SRÜ findet Teil XV SRÜ sinngemäß auch auf Streitigkeiten Anwendung, an denen zumindest auch internationale Organisationen, welche Vertragsstaaten im Seerechtsübereinkommen sind, beteiligt sind. Die betreffende internationale Organisation hat gemäß Art. 7 Abs. 1 Anlage IX SRÜ ebenfalls grundsätzlich die Wahlmöglichkeiten des Art. 287 Abs. 1 SRÜ. Sofern bei dem Streit die internationale Organisation und einer oder mehrere ihrer Mitgliedstaaten in Streitgenossenschaft stehen oder eine gemeinsame Streitpartei bilden, so wird angenommen, daß die internationale Organisation demselben Verfahren wie die Mitgliedstaaten zugestimmt hat.

Fraglich ist indes die Anrufung des Internationalen Gerichtshofs nach Art. 287 Abs. 1 lit. b) SRÜ durch internationale Organisationen. Sie ist nach der Charta der Vereinten Nationen und dem Statut des IGH an sich Staaten vorbehalten.[435]

Für eine solche Möglichkeit könnte sprechen, daß mit dem Streitbeilegungsregime des Seerechtsübereinkommens ein eigenständiges, von anderen Streitbeilegungssystemen unabhängiges Regime geschaffen wurde, das sich insbesondere auch durch seine Fortentwicklung hin zu stärker obligatorischer Streitregelung im Völkerrecht von früheren völkerrechtlichen Streitregelungsregimen unterscheidet. Zudem erkennt es im Gegensatz zu anderen Regelungen, wie etwa der VN-Charta und dem zugehörigen IGH-Statut, nichtstaatliche Rechtsträger in relativ breitem Maße als rechts- und parteifähig an.

Gegen eine Wahl des Internationalen Gerichtshofs durch internationale Organisationen gemäß Art 287 Abs. 1 lit. b) SRÜ spricht schon dessen Wortlaut. Demnach ist es „Einem Staat" möglich, zwischen den vier aufgeführten Mitteln quasiobligatori-

---

[433] Ederer, Die Europäische Wirtschaftsgemeinschaft und die Seerechtskonvention der Vereinten Nationen von 1982, 1988, S. 7/8.

[434] Art. 4 Abs. 6 Anlage IX SRÜ.

[435] Art. 93 Abs. 2 VNC iVm. 34 Abs. 1 IGH.

scher Streitbeilegung zu wählen. Allen anderen Rechtssubjekten bleibt diese Möglichkeit demnach vom Wortlaut verwehrt. Auch das telos von Art. 287 SRÜ im besonderen und des Seerechtsübereinkommens im allgemeinen spricht gegen eine freie Wahl der Streitbeilegungsmittel für internationale Organisationen. Wie schon erwähnt, wollten die Vertragsstaaten internationale Organisationen sich selbst offenbar nicht vollständig gleichstellen. Auch spricht systematisch einmal gegen eine allgemeine Anwendbarkeit von Art. 287 SRÜ auf internationale Organisationen, daß hierdurch Streitregelungsregime anderer Abkommen, insbesondere des IGH-Statuts, unterlaufen würden, ließe man etwa eine Wahlerklärung internationaler Einrichtungen nach Art. 287 Abs. 1 lit. b) SRÜ zu. Die Vertragsstaaten der dritten VN-Seerechtskonferenz wollten und konnten aber die Blindheit des IGH-Statuts nichtstaatlichen Rechtssubjekten gegenüber nicht ändern. Ein weiteres systematisches Argument gegen die freie Wahl nach Art. 287 SRÜ für zwischenstaatliche Einrichtungen ist die Regelung des Art. 7 Abs. 3 2. HS Anlage IX SRÜ: Wählt ein Mitgliedstaat einer internationalen Organisation den Internationalen Gerichtshof als Streitbeilegungsmittel[436] in einem Streit, an dem auch seine Organisation als Partei oder Streitgenossin beteiligt ist, so vermutet Art. 7 Abs. 3 2. HS Anlage IX SRÜ, daß die Streitparteien das Schiedsverfahren nach Anlage VII gewählt haben.[437]

Dies zeigt, daß bei der Erstellung des Seerechtsübereinkommens durchaus auf bereits bestehende Regelungen der Charta und des IGH-Statuts Rücksicht genommen wurde. Das Seerechtsübereinkommen sollte mithin nicht zusammenhangslos neben und auch nicht in Konkurrenz zu Charta und IGH-Statut stehen.

Eine Wahlerklärung nach Art. 287 Abs. 1 lit. b) SRÜ kann eine internationale Organisation daher im Ergebnis nicht abgeben. Sie ist mithin auch hier nicht den Vertragsstaaten gleichgestellt.

5. Konkurrierende Streitbeilegungsregime im Gründungsabkommen der internationalen Organisation

Die Beteiligung internationaler Organisationen an einem Verfahren nach Teil XV SRÜ stößt indes auf Probleme, sofern diese internationale Organisation selbst ein Streitbeilegungsverfahren vorsieht. Beispielhaft sei hier eine Fischereiorganisation im Sinne von Art. 118 SRÜ genannt. Art. 118 SRÜ verpflichtet die Staaten zur Zusammenarbeit bei der Erhaltung und Bewirtschaftung der lebenden Ressourcen der Hohen See. Zu diesem Zweck ergreifen sie die notwendigen Maßnahmen und errichten gegebenenfalls auch subregionale oder regionale Fischereiorganisationen.

---

[436] Art. 287 Abs. 1 lit. b) SRÜ.
[437] Ederer, Die Europäische Wirtschaftsgemeinschaft und die Seerechtskonvention der Vereinten Nationen von 1982, 1988, S. 220, m.w.N..

Hier sind sowohl Streitigkeiten zwischen verschiedenen Mitgliedstaaten, als auch zwischen Mitgliedstaaten und der Organisation selbst denkbar.[438] Fraglich ist insofern, ob der Streitbeilegungsmechanismus der jeweiligen Organisation oder Teil XV SRÜ zur Anwendung kommt. Denkbar ist etwa, solche Streitigkeiten dem Streitbeilegungsregime des Seerechtsübereinkommens völlig zu entziehen.[439] Der Frage wird exemplarisch anhand der SBT-Konvention nachgegangen werden. Sie ist zwar kein Gründungsvertrag einer internationalen Organisation; das für die SBT-Konvention Gesagte gilt aber für Streitbeilegungsregime und Schiedsgerichtsklauseln in Gründungsverträgen internationaler Organisationen ebenso.

---

[438] Dupuy/Vignes, Handbook, S. 1339.
[439] Dupuy/Vignes, Handbook, S. 1339.

V. Beteiligung von Privatpersonen an seevölkerrechtlichen Verfahren

Einen grundsätzlichen Zugang Privater zu den Verfahren nach dem Seerechtsübereinkommen oder auch nur zum Internationalen Seegerichtshof kennt das Seerechtsübereinkommen nicht. Ein auf der Dritten VN-Seerechtskonferenz von Konferenzpräsident Amarasinghe vorgelegter Entwurf sah den Zugang nichtstaatlicher Rechtsträger in relativ breiter Form vor, wurde jedoch nicht geltendes Recht. Nach dem Vorschlag des Präsidenten sollten sowohl Vertragsstaaten, als auch internationale Organisationen, nichtstaatliche Gebiete wie auch juristische und natürliche Personen des Privatrechts Zugang zu den Streitbeilegungsregeln des Seerechtsübereinkommen haben, sofern sie die dortigen Verfahren akzeptierten.[440] Im Ergebnis hat man sich aber nur auf eine sehr eingeschränkte Beteiligung Privater an den Streitbeilegungsmechanismen des Seerechtsübereinkommens verständigt und im Grundsatz die Position der Staaten als primäre Völkerrechtsakteure, bei verstärkter Anerkennung internationaler Organisationen, bestätigt. Nur wo es ausdrücklich vorgesehen ist, haben auch private Rechtsträger Zugang zu Verfahren des Seerechtsübereinkommens.[441] Relevant ist diese Regelung vor allem im Rahmen von Meeresbodenstreitigkeiten.

Das allgemeine Streitregelungsregime in Teil XV des Seerechtsübereinkommens ist gemäß Art. 291 Abs. 1 SRÜ auf alle Vertragsstaaten anwendbar. Darunter fallen nach der Legaldefinition des Art. 1 Abs. 2 Nr. 2 iVm. Art. 305 SRÜ auch internationale Organisationen, bestimmte assoziierte Staaten und dort genannte de-facto-Regime. Zur Gruppe nichtstaatlicher potentieller Streitparteien lassen sich neben den juristischen und natürlichen Personen des Privatrechts auch staatliche, quasistaatliche Rechtsträger oder internationale Organisationen zählen, die nicht Vertragsparteien im Seerechtsübereinkommen sind.

Keinen Zugang haben Private jedenfalls, wie oben schon für Internationale Organisationen festgestellt, zum Verfahren nach Art. 287 Abs. 1 lit. b) SRÜ, da vor dem Internationalen Gerichtshof im Haag nur Staaten parteifähig sind.[442] Diskutiert wurde während der dritten VN-Seerechtskonferenz aber, Private am Verfahren des Art. 292 SRÜ zu beteiligen, weil so schneller gehandelt und das oben schon genannte Kostenrisiko bei der Zurückhaltung eines Schiffes minimiert werden kann. Der Konferenzpräsident hatte hierzu den Vorschlag gemacht, daß ein Privater oder zumindest ein Offizieller, also als Diplomat oder Konsularbeamter des Flaggenstaats selbst gewissermaßen im kleinen Dienstweg die Sache vor den Seegerichtshof

---

[440] Art. 13 ISNT Part IV, A/CONF.62/WP.9 (President) in Platzöder, Documents, Bd. I, S. 53 (55 f.).

[441] Art. 291 Abs. 2 SRÜ.

[442] Art. 34 Abs. 1 IGH.

bringen konnte.[443] Der Vorschlag wurde am Ende mit dem Argument verworfen, daß die Beschickung eines Repräsentanten durch den am Streit beteiligten Staat seine Sache und damit eine Angelegenheit seines innerstaatlichen Rechts sei.[444] Außerdem handelt es sich hier ja streng genommen gar nicht um Handlungen Privater vor dem Internationalen Seegerichtshof, sondern um die Frage von Stellvertretung für staatliche Handlungen.

Entsprechend Art. 291 Abs. 1 SRÜ öffnet Art. 20 Abs. 1 ISGH-Statut[445] zunächst den Seegerichtshof für die Vertragsstaaten. Darüber hinaus sehen Art. 288 Abs. 2 SRÜ, Art. 20 Abs. 2 Alt. 2 ISGH-Statut jedoch auch eine Gerichtsbarkeit des Seegerichtshofs aufgrund eines jeden sonstigen internationalen Abkommens vor, das ihm diese Gerichtsbarkeit überträgt. Streng genommen kann ein solches internationales Abkommen auch die Parteifähigkeit Privater vorsehen und auf diesem Wege die Gerichtsbarkeit des Internationalen Seegerichtshofs für Private eröffnen.[446] Andererseits fragt sich, ob auf diese Weise nicht die recht eng umgrenzte Gerichtsbarkeit des Seegerichtshofs untergraben würde, die nach dem Willen der Teilnehmerstaaten der dritten VN-Seerechtskonferenz nur in Ausnahmefällen für Private offenstehen sollte. Auch fragt sich in diesem Zusammenhang, ob ein Drittabkommen überhaupt Anordnungen über die Parteifähigkeit vor dem Seegerichtshof treffen kann.

Dem Wortlaut von Art. 20 Abs. 2 Alt. 2 ISGH-Statut nach ist dies möglich. Der Seegerichtshof steht demnach gerade Rechtsträgern, die keine Vertragsstaaten sind, für jede Streitigkeit offen, die ihm im Einklang mit einer sonstigen Übereinkunft unterbreitet wird. Systematisch spricht Art. 20 Abs. 2 Alt. 2 ISGH-Statut zunächst ebenfalls dafür, daß Private auf diese Weise Zugang zum Verfahren vor dem Seegerichtshof erhalten. Denn der Passus „Rechtsträgern, die nicht Vertragsstaaten sind" bezieht sich nicht nur auf den folgenden Halbsatz, der auf das Meeresbodenregime verweist, sondern grammatikalisch auch auf den übernächsten Halbsatz, der die Anwendbarkeit des Seerechtsübereinkommens aufgrund anderer internationaler Abkommen regelt. Auf der anderen Seite kann Art. 20 Abs. 2 ISGH-Statut unmöglich die vollständige Öffnung auch des allgemeinen Streitbeilegungsregimes aus Teil XV SRÜ beabsichtigen. Dies würde eine Anwendung rein völkerrechtlich konzipierter Verfahren auf nichtstaatliche Rechtssubjekte bedeuten. Die Konferenzteilnehmer strebten im übrigen gerade keine großzügige Ausweitung des allgemeinen Streitbeilegungsregimes auf Privatpersonen an. Ratio legis von Art. 20 ISGH-Statut

---

[443] Art. 13 Abs. 4, 7d ISNT Part IV, A/CONF.62/WP.9 (President) in Platzöder, Documents, Bd. I, S. 53 (55 f.).

[444] Nordquist, UNCLOS Commentary, Bd. V, Rdnr. 292.9..

[445] ISGH-Statut.

[446] Rao, IJIL 1998, S. 371 (372).

ist vielmehr die begrenzte Anwendbarkeit von Streitbeilegungsregeln des See-rechtsübereinkommens auf Private in Fällen, in denen dies die spezifische Verfah-rensbeschaffenheit verlangt. Daher ist das Streitbeilegungsregime der Konvention nicht als solches auf Streitigkeiten mit privaten Parteien anwendbar, sondern nur soweit dies im Seerechtsübereinkommen vorgesehen ist und soweit es die Struktur der jeweiligen Verfahren zuläßt. Dies ist bei Meeresbodenstreitigkeiten der Fall, hierauf der Struktur des Art. 20 Abs. 2 ISGH-Statut nach aber nicht beschränkt, da sonst dessen erste Alternative überflüssig wäre. Über Art. 285 SRÜ etwa ist durch-aus auch eine Anwendbarkeit allgemeiner Verfahren des Teils XV SRÜ auf Private denkbar. Dafür spricht auch, daß Art. 291 Abs. 2 SRÜ entgegen seinem insofern etwas mißverständlichen Wortlaut gerade eine Anwendbarkeit der Verfahren nach Teil XI SRÜ auf Private in Meeresbodensachen anordnet. Auch eine solche An-wendbarkeit erfolgte aber im Rahmen von Meeresbodenstreitigkeiten. Insgesamt öffnet hier also nur das spezielle Meeresbodenregime seine Verfahren auch für pri-vate Streitparteien, um den speziellen Subordinationssituationen gerecht zu wer-den, die in diesen Spezialverfahren auftreten. Ein anderweitiges völkerrechtliches Abkommen vermag den Anwendungsbereich von Teil XV SRÜ insofern nicht aus-zuweiten. Sowohl Art. 291 SRÜ, als auch Art. 20 ISGH-Statut beziehen sich aus-schließlich auf das Meeresbodenregime.

Auch eine Anwendbarkeit der einfachen und besonderen schiedsgerichtlichen Ver-fahren nach Anlage VII und VIII SRÜ auf Privatpersonen muß angesichts der Hal-tung der Vertragsstaaten auf der dritten VN-Seerechtskonferenz verneint werden. Zwar sind diese Verfahren ausweislich Art. 13 Anlage VII und 4 Anlage VIII SRÜ auch auf Rechtsträger anwendbar, die keine Vertragsstaaten sind. Dieser Formulie-rung unterfallen indes nicht nur juristische und natürliche Personen des Privat-rechts, sondern auch etwa staatliche Streitparteien, welche nicht Mitglied im See-rechtsübereinkommen sind. Die zitierten Anwendungsvorschriften der beiden Schiedsanlagen sind daher so zu lesen, daß diesen Verfahren nur hoheitliche Streitparteien unterfallen.

Einzig in Meeresbodenstreitigkeiten, haben, auch ausweislich Art. 20 Abs. 2 Alt. 1 SRÜ, daher Privatpersonen Zugang zu den Verfahren des Seerechtsübereinkom-mens. Ansonsten schließt Art. 279 SRÜ eine Rechtssubjektivität Privater unter dem Seerechtsübereinkommen aus.[447] Für Verfahren vor der Meeresbodenkammer be-stimmt Art. 37 ISGH-Statut auch nochmals ausdrücklich die Anwendbarkeit der Verfahren auf nichtstaatliche Rechtsträger. Hier enthält jedoch Art. 190 SRÜ eine Souveränitätsschutzbestimmung für Fälle privater Verfahrensbeteiligter. Demnach ist der „Heimat-" oder der „sponsor state", also der Staat, deren Staatsangehöriger

---

[447] Dupuy/Vignes, Handbook, S. 1339.

die klagende Privatperson ist,[448] zum einen zur Intervention in den konkreten Rechtsstreit berechtigt. Der von einer Privatpartei verklagte Staat ist zum anderen berechtigt, das Auftreten des „Heimat-" oder „sponsor state" gegebenenfalls vertreten durch eine letzterem angehörende juristische Person zu verlangen.

---

[448] Art. 153 Abs. 2 lit. b) SRÜ; von Wedel, RIW 1982, S. 634 (639).

VI. Verfahren für Meeresbodenstreitigkeiten

1. Das Tiefseebergbauregime des Seerechtsübereinkommens

Das Seerechtsübereinkommen der Vereinten Nationen schuf neben Regelungen zu den verschiedenen Meeresbereichen Küstenmeer, Anschlußzone, Ausschließliche Wirtschaftszone und Hohe See auch recht detaillierte Regelungen betreffend den Tiefseeboden. Ausweislich des in Teil XV des Seerechtsübereinkommens geregelten Tiefseebergbauregimes ist dieser auch „Gebiet" genannte Teil der Weltmeere „gemeinsames Erbe der Menschheit".[449] Die Nutzungsmöglichkeiten des Tiefseebodens sind daher begrenzt und in Teil XI (Tiefseebergbauregime) des Seerechtsübereinkommens speziell geregelt. Nutzungsberechtigt und damit potentielle sogenannte Bergbauakteure sind demnach sowohl Vertragsstaaten im Seerechtsübereinkommen inklusive internationaler Organisationen, als auch das zu Erforschung und Ausbeutung des Meeresbodens eigens in Teil XI SRÜ vorgesehene sogenannte Unternehmen. Natürliche und juristische Personen innerstaatlicher Rechtsordnungen können Bergbauakteure sein, sofern sie von dem Staat, dessen Staatsangehörigkeit sie besitzen („Heimatstaat") oder von dem sie tatsächlich kontrolliert werden, befürwortet werden („sponsor state").[450] Damit öffnet Art. 153 SRÜ einen multilateralen völkerrechtlichen Vertrag auch für Rechtssubjekte innerstaatlichen Rechts. Die Einhaltung der den Tiefseeboden betreffenden Regelungen des Seerechtsübereinkommens gewährleistet die Internationale Meeresbodenbehörde als zuständige internationale Organisation. Zu diesem Zweck kann sie auch entsprechende Maßnahmen ergreifen, wo das Seerechtsübereinkommen dies vorsieht.

Nach den Voraussetzungen des Tiefseebergbauregimes sind auf dem Meeresboden insbesondere die wissenschaftliche Meeresforschung[451] und die Erschließung der Ressourcen des Tiefseebodens, zulässig. All diese Tätigkeiten müssen jedoch Meeresumweltschutz,[452] menschliches Leben,[453] und die in Art. 150 SRÜ niedergelegten Leitsätze für Tätigkeiten im Gebiet, zu denen auch der Grundsatz nachhaltiger Ressourcenbewirtschaftung zählt, beachten. Die Internationale Meeresbodenbehörde ergreift zur Gewährleistung dieser Vorgaben entsprechende Maßnahmen und beschließt geeignete Regeln, Vorschriften und Verfahren, wo das Seerechtsübereinkommen dies anordnet. Regeln, Vorschriften und Verfahren beschließt die Internationale Meeresbodenbehörde etwa für den Schutz der Meeresumwelt in Art. 145 SRÜ und für den Schutz menschlichen Lebens in Art. 146 SRÜ. Maßnahmen

---

[449] „Common Heritage of mankind".

[450] Art. 153 Abs. 2 lit. b) SRÜ.

[451] Art. 143 SRÜ.

[452] Art. 145, 147 SRÜ.

[453] Art. 146 SRÜ.

zur Stabilität der Märkte für Rohstoffe des Gebiets und deren Produkten ergreift die Behörde nach Art. 151 SRÜ.

2. Entstehung des Streitbeilegungsregimes betreffend den Tiefseebergbau

Wie oben bereits angesprochen, nahmen die Arbeiten für das Seerechtsübereinkommen ihren Anfang nach der Initiative des maltesischen Botschafters Pardo mit Vorarbeiten für ein Meeresbodenregime.[454] Der von 1969 bis 1973 tagende Meeresbodenausschuß und seine Unterausschüsse schlugen abschließend die Einrichtung eines speziellen Meeresbodengerichtshofs mit neun Richtern, einer Meeresbodenbehörde als Verwaltungsbehörde sowie die Ausarbeitung erster Organisations- und Verfahrensvorschriften vor.[455] Die erste Kommission der dritten Seerechtskonferenz berief eine Gruppe von Rechtsspezialisten ein, die das Streitbeilegungssystem in Meeresbodenstreitigkeiten, namentlich die Art. 186 – 191 SRÜ und Art. 35 – 40 ISGH-Statut, ausarbeitete.[456]

Schließlich führten, wie gesehen, die Vorarbeit des Meeresbodenausschusses, die Arbeit der späteren offiziellen Streitbeilegungsgruppe und die von Konferenzpräsident Amarasinghe vorgelegten Textentwürfe in der Abschlußphase der Beratungen über das Streitbeilegungsregime 1977 zu einem Informal Composite Negotiating Text (ICNT), der einen Internationalen Seegerichtshof mit einer speziellen Kammer für Meeresbodenstreitigkeiten und die schon in den Vorbereitungsarbeiten angedachten Meeresbodenbehörde vorsah.[457]

Während die Arbeiten am Seerechtsübereinkommen als solchem bereits mit der Unterzeichnung am 10. Dezember 1982 in Montego Bay abgeschlossen worden waren, wurden die Verhandlungen über ein Meeresbodenregime fortgesetzt. Das Ergebnis, Teil XI SRÜ trat erst mit seiner Integration in die Konvention am 28. Juli 1996 in Kraft. Allerdings kann diesbezüglich der Anwendungsbereich variieren, da Teil XI durch ein spezielles Implementierungsabkommen in das Seerechtsübereinkommen integriert wurde. Für Nichtmitglieder dieses Implementierungsabkommens gilt Teil XI SRÜ nicht.

---

[454] Maltesischer Konventionsentwurf, SBC-Report A/8421, GA Off. Records, Supplement No. 21 1971, S. 105 (174 ff.).

[455] Entwurf des Statuts eines Meeresbodengerichts, Platzöder, Documents, Bd. XII, S. 54-65; DSG/1, 4. (a) in Platzöder, Documents, Bd. XII, S. 3.

[456] GA resolution 2340 (XXII), Djonovich, Series I, General Assembly.

[457] Art. 187, 287 Abs. 1 lit. a), Anlage V ICNT, A/CONF.62/WP.10 in Platzöder, Documents, Bd. I, S. 301 (336, 349, 361 ff.).

3. Verfahren vor der Kammer für Meeresbodenstreitigkeiten

a) Die Zuständigkeit der Kammer für Meeresbodenstreitigkeiten

Die Zuständigkeit der Kammer für Meeresbodenstreitigkeiten ergibt sich aus Teil XI, XV und ISGH-Statut.[458] Ausweislich Art. 187, 188, 287 Abs. 2, 288 Abs. 3 Alt. 1 SRÜ ist die Kammer für Meeresbodenstreitigkeiten exklusiv für jede Streitigkeit zuständig, die ihr in Übereinstimmung mit Teil XI Abschnitt 5 SRÜ unterbreitet worden ist. Art. 288 Abs. 3 ist damit eine Ausnahmevorschrift zu Art. 287.[459] Zwar ist die Meeresbodenkammer Bestandteil des auch in Art. 287 SRÜ aufgeführten Internationalen Seegerichtshofs, jedoch bedarf es aufgrund des speziellen Charakters des Meeresbodenregimes und der im Vergleich zum allgemeinen Verfahren nach Teil XV SRÜ unterschiedlichen Streitparteien einer speziellen Zuständigkeitsregelung in Art. 288 Abs. 3 SRÜ.[460] Das sind sämtliche Streitigkeiten zur Erforschung und Ausbeutung des Meeresbodens und des Meeresuntergrunds.[461] Wenngleich die Meeresbodenkammer damit im Grunde für alle Streitigkeiten aus dem Meeresbodenregime zuständig ist, hat das Seerechtsübereinkommen dennoch das amerikanische Modell der Einzelaufzählung der Kompetenzen gewählt.[462]

aa) Grundsatzkompetenz, Art. 187 SRÜ

Konkret ist die Kammer für Meeresbodenstreitigkeiten nach oben Gesagtem gemäß Art. 187 SRÜ zunächst für Streitigkeiten zwischen den Vertragsstaaten über Auslegung oder Anwendung des Teils XI des Seerechtsübereinkommens, und der sich darauf beziehenden Anlagen zuständig.[463] Dies entspricht einer Gerichtszuständigkeit nach Art. 288 Abs. 1 iVm. 318 SRÜ.[464]

Für Streitigkeiten zwischen Vertragsstaaten und der Meeresbodenbehörde (Behörde) ist die Meeresbodenkammer des Internationalen Seegerichtshofs zum einen zuständig, wenn behauptet wird, daß Handlungen oder Unterlassungen der Behörde einen Verstoß gegen das Tiefseebergbauregime samt der darauf bezogenen

---

[458] Art. 186 SRÜ.

[459] Lehoux, CYIL, 1980, S. 31 (57).

[460] Lehoux, CYIL, 1980, S. 31 (58).

[461] Art. 1 Abs. 1 Nr. 1 SRÜ; Jaenicke in Wolfrum/Philipp, United Nations: Law, Policies and Practice, 1995, S. 799.

[462] von Wedel, RIW 1982, S. 634 (637).

[463] Wasum, Der internationale Seegerichtshof im System der obligatorischen Streitbeilegungsverfahren der Seerechtskonvention, 1984, S. 244.

[464] Nordquist, UNCLOS Commentary, Bd. V, Rdnr. 288.1..

Anlagen und des darauf bezogenen Sekundärrechts darstellen.[465] Zum anderen ist die Meeresbodenkammer auch für die von den Tiefseebergbauakteuren gegen die Behörde erhobene Ultra-Vires-Rüge zuständig.[466] Zumal sich die in diesem Rahmen überschreitbaren Behördenkompetenzen in Innen- und Außenkompetenzen unterscheiden lassen,[467] sind im Zusammenhang mit der Erforschung und Ausbeutung des Meeresbodens grundsätzlich zwei Arten von Streitigkeiten vor der Meeresbodenkammer des Seegerichtshofs denkbar. Zum einen eben Streitigkeiten innerhalb der oder zwischen den durch das Seerechtsübereinkommen geschaffenen, für die Meeresbodenaktionen zuständigen Einrichtungen und Organe (Streit über interne Organisationskompetenzen[468]) und zum anderen Streitigkeiten zwischen den verschiedenen Bergbauakteuren, Staaten, internationalen Einrichtungen, Unternehmen oder auch Einzelpersonen. Im Zusammenhang mit der Überschreitung behördlicher Kompetenzen spielen indes die Außenkompetenzen die entscheidende Rolle, so daß die Inter- oder Intraorganstreitigkeiten der Behörde und des Unternehmens hier nicht weiter vertieft werden sollen. Zudem sind Inter- und Intraorganstreitigkeiten nur eingeschränkt justiziabel, da das Seerechtsübereinkommen kein Organstreitverfahren kennt, oder sie folgen speziellen Verfahrensvorschriften (Personalstreitigkeiten). Auch für Streitigkeiten mit kooperierenden internationalen Organisationen enthält das Seerechtsübereinkommen nur eingeschränkte Beilegungsinstrumente.[469]

Ein behaupteter Verstoß gegen interne Organisationskompetenzen kann aber auch zu einem Außen-Rechtsstreit vor der Meeresbodenkammer führen, wenn Streitbeteiligte nicht nur Organe des Teil XI SRÜ, sondern auch die dort genannten Bergbauakteure sind. Denkbar ist dann zum einen eine Streitigkeit wegen eines Verstoßes gegen das Tiefseebergbauregime und entsprechendes Sekundärrecht,[470] als auch wegen Ultra-Vires-Handeln der Behörde, das sich auch auf das Außenverhältnis auswirkt.

Für eine dritte, relativ komplexe Art von Streitigkeiten ist die Meeresbodenkammer ebenfalls zuständig. Gemäß Art. 153 Abs. 2 SRÜ werden Erforschung und Ausbeutung des Meeresbodens von den in Art. 153 Abs. 2 lit. a), b) SRÜ genannten Rechtssubjekten wahrgenommen, die nur in bezug auf den Meeresbodenstreit

---

[465] Art. 187 lit. b) i) SRÜ.

[466] Art. 187 lit. b) ii) SRÜ.

[467] Zu den Kompetenzen der Behörde Marquardt, Das Streitbeilegungssystem im Rahmen des Tiefseebodenregimes nach der neuen Seerechtskonvention, 1987, S. 16 – 20.

[468] Marquardt, Das Streitbeilegungssystem im Rahmen des Tiefseebodenregimes, 1987, S. 20.

[469] Marquardt, Das Streitbeilegungssystem im Rahmen des Tiefseebodenregimes, 1987, S. 20 – 25 und 25 ff..

[470] Marquardt, ebd., S. 122.

Rechtssubjektivität haben.[471] Dies kann erstens das in Art. 170 SRÜ vorgesehene sogenannte Unternehmen sein. Es handelt sich hierbei um ein Organ der Behörde, das im Rahmen der Völkerrechtssubjektivität der Behörde auch Rechts- und Geschäftsfähigkeit besitzt[472] und dessen Aufgabe darin besteht, Tätigkeiten im Gebiet durchzuführen und Beförderung, Verarbeitung und Absatz dort gewonnener Mineralien zu betreiben.[473] Zweitens können dies die Vertragsstaaten des Seerechtsübereinkommens oder deren Staatsangehörige sein, die zu diesem Zweck einen Vertrag (sog. Arbeitsplan) mit der Behörde schließen.[474] Streiten sich diese Parteien oder die in lit. d) und e) vorgesehenen Personen mit der Behörde oder dem Unternehmen über Auslegung oder Anwendung eines solchen Arbeitsplans, so ist für die Entscheidung über den Streit grundsätzlich die Meeresbodenkammer des Seegerichtshofs zuständig.[475] Die nichtstaatlichen Streitparteien sind jedoch nur klagebefugt, wenn sie geltend machen können, durch Handeln oder Unterlassen der Behörde unmittelbar in ihren Rechten verletzt worden zu sein.[476] Hier handelt es sich allerdings nicht um völkerrechtliche, sondern ihrer Rechtsnatur nach um seehandels-, das heißt zivilrechtliche, respektive verwaltungsrechtliche Verfahren.

Weiter ist die Meeresbodenkammer unter bestimmten Voraussetzungen auch zuständig für Streitigkeiten zwischen einem künftigen Vertragsnehmer und der Behörde,[477] für die in Art. 22 Anlage III SRÜ bezeichneten Haftungsfälle[478] und für alle anderen Fälle, in denen dies durch das Seerechtsübereinkommen explizit vorgesehen ist.[479]

Art. 189 SRÜ beschränkt indes die Entscheidungskompetenz der Meeresbodenkammer auf die Vereinbarkeit einzelner Handlungen der Behörde im konkreten Rechtsstreit. Ihre Entscheidungen haben damit weder Allgemeingültigkeit, noch hat die Meeresbodenkammer ein Normverwerfungsrecht. Die von der Behörde aufgestellten Regeln, Vorschriften und Verfahren sind daher nicht Entscheidungsgegenstand in Verfahren vor der Meeresbodenkammer, es sei denn, die Kammer wird im Gutachtenverfahren nach Art. 191 SRÜ angerufen. Entscheidungsgegenstand ist aber die Anwendung dieser Regeln, Vorschriften und Verfahren im konkreten Fall. In der, bislang nicht eingetretenen, Praxis der Rechtsprechung der Meeresboden-

---

[471] Marquardt, ebd., S. 14.

[472] Art. 170 Abs. 1, 2 iVm. Art. 2 Anlage IV SRÜ.

[473] Art. 153 Abs. 2 lit. a), 170 Abs. 1 SRÜ iVm. Art. 1 Abs. 1 Anlage IV SRÜ.

[474] Art. 153 Abs. 3 SRÜ iVm. 3 ff (insbesondere 3 Abs. 5) Anlage III SRÜ.

[475] Art. 187 lit. c) (lit. d), e)) SRÜ.

[476] Marquardt, Das Streitbeilegungssystem im Rahmen des Tiefseebodenregimes, 1987, S. 14 f..

[477] Art. 187 lit. d), 153 Abs. 2 SRÜ, Art. 4 Abs. 6, 13 Abs. 2 Anlage III SRÜ.

[478] Art. 187 lit. c), 153 Abs. 2 lit. b) SRÜ, Art. 22 Anlage III SRÜ.

[479] Art. 187 lit. f) SRÜ.

kammer kann die Kompromißvorschrift Art. 189 SRÜ zu Abgrenzungsproblemen führen, da nicht klar ist, wie weit der Auslegungsspielraum der Kammer im konkreten Rechtsstreit geht. Anwendung von Behördenregeln und deren Völkerrechtskonformität lassen sich rechtlich und tatsächlich schwer trennen.[480]

Ähnlich verwaltungsgerichtlicher Regelungen im deutschen Recht darf die Kammer für Meeresbodenstreitigkeiten des Internationalen Seegerichtshofs auch nicht das Ermessen der Behörde durch ihr eigenes ersetzen.[481] Letztendlich sind durch die Regelung des Art. 189 SRÜ sämtliche potentiell strittigen Vorschriften des Meeresbergbauregimes von der Auslegung durch die Kammer für Meeresbodenstreitigkeiten ausgenommen.[482] Es bleibt abzuwarten, ob die Kammer in der Praxis zumindest grobe Ermessensfehler rügen[483] und Regeln, Vorschriften oder Verfahren der Behörde jedenfalls dann auf ihre Vereinbarkeit mit dem Seerechtsübereinkommen hin überprüfen wird, wenn dies zur Beilegung der Streitigkeit unabdingbar ist.

Vorbehalte gegen jene die Meeresbodenkammer betreffenden Regelungen sind nicht möglich.[484]

bb) Abweichende Zuständigkeiten in Meeresbodenstreitigkeiten

Die Meeresbodenkammer des Internationalen Seegerichtshofs ist nicht generell und ausschließlich für Streitigkeiten im Zusammenhang mit der Erforschung und Ausbeutung des Tiefseebodens und des Tiefseeuntergrunds zuständig. Diverse Ausnahmen, Begrenzungen und Sonderfälle sind zu erwähnen.

aaa) Sonder- und Ad-Hoc-Kammer

Streitigkeiten zwischen Vertragsstaaten über Auslegung und Anwendung von Teil XI SRÜ und seiner Anlagen[485] können die Parteien gemäß Art. 188 Abs. 1 SRÜ auch einvernehmlich einer nach Art. 15 Abs. 2, 17 ISGH-Statut gebildeten Sonderkammer des Internationalen Seegerichtshofs oder eine Partei allein einer nach Art. 36 ISGH-Statut gebildeten Ad-Hoc-Kammer der Meeresbodenkammer unterbreiten. In beiden Fällen haben die Parteien Einfluß auf die Zusammensetzung der ent-

---

[480] Wasum, Der internationale Seegerichtshof im System der obligatorischen Streitbeilegungsverfahren der Seerechtskonvention, 1984, S. 245 f..

[481] Art. 189 SRÜ.

[482] J. P. A. Bernhardt, Compulsory Dispute Settlement, VJIL, Bd. 19, 1979-1980, S. 69 (74).

[483] Wasum, Der internationale Seegerichtshof im System der obligatorischen Streitbeilegungsverfahren der Seerechtskonvention, 1984, S. 246; von Wedel, RIW 1984, S. 634 (637).

[484] Jaenicke in Wolfrum/Philipp, United Nations: Law, Policies and Practice, 1995, S. 799.

[485] Streitigkeiten im Sinne von Art. 187 lit. a) SRÜ.

sprechenden Kammer,[486] so daß hier ein schiedsgerichtliches Element Eingang in ein streitiges Verfahren gefunden hat.[487] Ein Abweichen von der grundsätzlichen Zuständigkeit des Seegerichtshofs ist in diesen Verfahren nicht möglich.[488] Hingegen können die seehandelsrechtlichen, oben angesprochenen Verfahren im Sinne von. Art. 187 lit. c) SRÜ statt der Kammer für Meeresbodenstreitigkeiten auf Antrag einer Streitpartei auch einem Handelsschiedsverfahren unterworfen werden. Von der Gerichtsbarkeit des Internationalen Seegerichtshofs kann hier also letztlich abgewichen werden.[489]

bbb) Gutachtenverfahren

Ein weiteres Spezialverfahren vor der Meeresbodenkammer ist das Gutachtenverfahren nach Art. 191 SRÜ. Es erfolgt jedoch nur auf Antrag von Versammlung oder Rat und ist damit ein auf die Meeresbodenorgane unter dem Seerechtsübereinkommen beschränktes internes Verfahren. Im Gegensatz zum Seegerichtshof im allgemeinen kann die Kammer für Meeresbodenstreitigkeiten auch zur Gutachtenerstattung angerufen werden.[490]

b) Bedeutung des Meeresbodenregimes

Das Meeresbodenregime und die dort vorgesehenen Einrichtungen haben politisch und wirtschaftlich erheblich geringere Bedeutung als die allgemeinen und insbesondere die vorläufigen Rechtsschutzverfahren vor dem Seegerichtshof.[491] Bislang ist die Meeresbodenkammer des Seegerichtshofs nicht tätig geworden. Zurückzuführen ist das im wesentlichen darauf, daß die Ausbeutung des Meeresbodens bis dato zu teuer ist und die dort vorhandenen Rohstoffe (vor allem Mangan) anderweitig noch in größeren Mengen vorhanden sind. Das Meeresbergbauregime ist vor diesem Hintergrund im Ergebnis ineffektiv,[492] und wird auch in Zukunft keine grundlegende Bedeutung im Völkerrecht einnehmen.

---

[486] Art. 15 Abs. 2 S. 2, 17 und 36 Abs. 1 S. 2, Abs. 2, 3 ISGH-Statut.

[487] Marquardt, Das Streitbeilegungssystem im Rahmen des Tiefseebodenregimes nach der neuen Seerechtskonvention, 1987, S. 123; von Wedel, RIW 1984, S. 634 (639).

[488] Wasum, Der internationale Seegerichtshof im System der obligatorischen Streitbeilegungsverfahren der Seerechtskonvention, 1984, S. 273.

[489] Wasum, Der internationale Seegerichtshof im System der obligatorischen Streitbeilegungsverfahren der Seerechtskonvention, 1984., S. 275 ff..

[490] Wasum, Der internationale Seegerichtshof im System der obligatorischen Streitbeilegungsverfahren der Seerechtskonvention, 1984, 1984, S. 263 ff..

[491] Jaenicke in Wolfrum/Philipp, United Nations: Law, Policies and Practice, 1995, Bd. 2, S. 800.

[492] J. P. A. Bernhardt, VJIL, Bd. 19, 1979-1980, S. 69 (100).

c) Die Verfahren vor der Meeresbodenkammer und andere seerechtliche Verfahren

aa) Tiefseebodenstreitigkeiten und Streitigkeiten nach Teil XV SRÜ

Denkbar ist zunächst grundsätzlich eine Konkurrenz der Regelungen des Tiefseebergbauregimes mit dem allgemeinen Streitbeilegungsregime aus Teil XV SRÜ. Insofern ist zu klären, ob im Falle eines Tiefseebodenstreits ausschließlich die Meeresbodenkammer des Seegerichtshofs zuständig ist, die Zuständigkeitsregelungen nach Teil XV SRÜ also durch Teil XI Abschnitt 5 SRÜ verdrängt werden, oder ob beide Teile kumulativ anwendbar sind.[493] An dieser Frage entscheidet sich mithin, ob in Meeresbodenstreitigkeiten die Abgabe einer Wahlerklärung nach Art. 287 SRÜ möglich und dann das gewählte Gericht, oder aber der Seegerichtshof mit seiner speziellen Meeresbodenkammer zuständig ist. Allerdings kann in diesem Zusammenhang nicht davon gesprochen werden, daß Art. 187, 188 SRÜ das flexible System friedlicher Streitbeilegung oder die damit verbundene Wahlfreiheit übergangen hat.[494] Vielmehr schafft Teil XI SRÜ eben ein eigenständiges obligatorisches Verfahren für eine bestimmte Art von Streitigkeiten. Zumal auch in Teil XV SRÜ mit den Verfahren nach Art. 290 und 292 SRÜ obligatorische Verfahren unabhängig von einer nach Art. 287 SRÜ erfolgten Wahlerklärung vorgesehen sind, kann kaum von einem Übersehen des Teils XV SRÜ gesprochen werden.

Hier kann also sowohl eine Konkurrenzsituation zwischen dem Internationalen Seegerichtshof (in Form der Kammer für Meeresbodenstreitigkeiten) und dem Internationalen Gerichtshof, als auch den seerechtlichen Schiedsgerichten entstehen.[495] Denkbar ist natürlich auch eine Art interne Konkurrenz am Seegerichtshof zwischen allgemeinem Verfahren und Verfahren vor der Kammer für Meeresbodenstreitigkeiten. Von Bedeutung ist die Frage einer möglichen Konkurrenz zwischen IGH und Seegerichtshof in meeresbodenrechtlichen Streitigkeiten insofern, als es sich bei dem Verfahren vor der Kammer für Meeresbodenstreitigkeiten um ein obligatorisches Verfahren unter des Seerechtsübereinkommens handelt, die in Art. 287 SRÜ genannten Verfahren hingegen eine Wahloption der Streitparteien enthalten.

Der Dualismus zwischen dem allgemeinen Streitbeilegungsregime nach Teil XV SRÜ und dem besonderen Regime für Meeresbodenstreitigkeiten aus Teil XI SRÜ erklärt sich aus der unterschiedlichen Entstehungsgeschichte der beiden Regime. Das Meeresbodenregime wurde während der dritten VN-Seerechtskonferenz weit-

---

[493] Marquardt, Das Streitbeilegungssystem im Rahmen des Tiefseebodenregimes, 1987, S. 122.

[494] Marquardt, ebd., S. 128.

[495] Lehoux, CYIL, 1980, S. 31 (47 f.).

gehend parallel zum Rest des Seerechtsübereinkommens und damit dem allgemeinen Streitbeilegungsregime verhandelt und auch erst später als letzteres zum Abschluß gebracht. Aufgrund der unterschiedlichen Souveränitätsintensität der beiden Regime war deren Konkurrenzsituation auf der dritten VN-Seerechtskonferenz auch ein höchst strittiger Punkt.[496] Letztlich konnte man sich in dieser Frage nicht eindeutig einigen.[497] Mancher vermutet dahinter aber auch Absicht.[498]

Es lassen sich hier im wesentlichen drei Lösungsansätze diskutieren: eine kumulative Anwendung der beiden Streitregelungsregime, eine Exklusivität des meeresbodenrechtlichen Streitbeilegungsregimes in Meeresbodensachen und eine nur partielle Anwendbarkeit von Teil XV neben Teil XI Abschnitt 5 SRÜ.

aaa) Kumulative Anwendung der Teile XI und XV SRÜ

Art. 186 SRÜ verweist für die Zuständigkeit der Kammer für Meeresbodenstreitigkeiten in Teil XV und in das zugehörige ISGH-Statut. Man könnte Art. 186 SRÜ daher so lesen, daß er das gesamte allgemeine Streitbeilegungsregime des Seerechtsübereinkommens auch in Meeresbodenstreitigkeiten für anwendbar erklärt. Entsprechend käme die Regelung nach Teil XI Abschnitt 5 SRÜ nur zur Anwendung, wenn die Parteien weder von den in Teil XV Abschnitt 1 SRÜ genannten Mitteln der Streitbeilegung Gebrauch gemacht, insbesondere kein abweichendes Streitbeilegungmittel nach Art. 282 SRÜ vereinbart, noch eine Wahlerklärung nach Art. 287 SRÜ abgegeben haben.[499] Einstweiligen Rechtsschutz in Meeresbodenstreitigkeiten gewährt ausweislich Art. 290 Abs. 1, 5 SRÜ aber die Meeresbodenkammer des Seegerichtshofs nach dem in Art. 290 SRÜ festgelegten Regime, so daß jedenfalls in diesen Fällen eine kombinierte Anwendung von Teil XI und Teil XV SRÜ erfolgt.[500]

Diese Auffassung stützt daher in besonderem Maße das System flexibler Streitbeilegung mit seiner Wahlfreiheit hinsichtlich des Mittels der Streitbeilegung. Gleichzeitig bringt sie völkerrechtspoltisch die Zurückhaltung der souveränen Staatenwelt gegenüber obligatorischer völkerrechtlicher Streitbeilegung zum Ausdruck.

---

[496] Marquardt, Das Streitbeilegungssystem im Rahmen des Tiefseebodenregimes nach der neuen Seerechtskonvention, 1987, S. 125 ff..

[497] Marquardt, ebd., S. 128.

[498] Lehoux, CYIL, 1980, S. 31 (47).

[499] Brown, zit. bei Marquardt, Das Streitbeilegungssystem im Rahmen des Tiefseebodenregimes nach der neuen Seerechtskonvention, 1987, S. 129.

[500] Brown, zit. bei Marquardt, Das Streitbeilegungssystem im Rahmen des Tiefseebodenregimes nach der neuen Seerechtskonvention, 1987, S. 129.

Für die kumulative Anwendung der beiden Regime sprechen deshalb gewiß die grundsätzlichen Vorbehalte der Teilnehmerstaaten der dritten VN-Seerechtskonferenz gegenüber einer weit ausgeprägten obligatorischen völkerrechtlichen Gerichtsbarkeit. Bei teleologischer Auslegung läßt sich vermuten, daß die Vertragsstaaten des Seerechtsübereinkommens eine solch breite obligatorische Gerichtszuständigkeit für Meeresbodenstreitigkeiten möglicherweise nicht wollten.

Gegen diese kumulative Anwendung spricht auf der anderen Seite wiederum die Ausgestaltung des Meeresbodenregimes als obligatorisches Verfahren. Absicht der dritten VN-Seerechtskonferenz war die Schaffung eines einzigen Streitbeilegungsmechanismus für Meeresbodenstreitigkeiten, ohne die im allgemeinen Streitbeilegungsregime des Seerechtsübereinkommens bestehende Wahlfreiheit.[501] Hieraus läßt sich im Ergebins folgern, daß diese Wahlfreiheit in Streitigkeiten nach Teil XI SRÜ nicht zum Tragen kommen soll.

bbb) Die Exklusivität von Teil XI Abschnitt 5 SRÜ in Meeresbodenstreitigkeiten

Argument für eine vollständige Verdrängung von Teil XV durch Teil XI Abschnitt 5 SRÜ ist das eben schon gegen die kumulative Anwendung angeführte Argument. Mit Teil XI SRÜ wurde eine eigenständige Regelung normativen Charakters geschaffen, die funktional allein auf Meeresbodenstreitigkeiten zugeschnitten ist.[502] Gerade der obligatorische Charakter der speziellen Meeresbodenvorschriften stützt die These, daß das flexible und teils fakultative allgemeine Streitbeilegungsregime im Seerechtsübereinkommen hier gerade nicht zur Anwendung kommen soll. Dies wird auch gestützt durch die sehr beschränkte und insofern explizite Abweichmöglichkeit von der Zuständigkeit der Meeresbodenkammer mittels Anrufung einer Ad-Hoc- oder einer Sonderkammer mit schiedsgerichtlichem Anstrich[503] nach Art. 188 Abs. 1 lit. a) SRÜ. Die Vertragsstaaten wollten Ausnahmen von der obligatorischen Zuständigkeit der Meeresbodenkammer also nur in eng bezeichneten Fällen zulassen.

Für eine Spezialität des Tiefseebodenstreitbeilegungsregimes sprechen im übrigen die Art. 287 Abs. 2 und 288 Abs. 3 SRÜ. Beide stellen den Vorrang der Meeresbodenkammer für Tiefseebodenstreitigkeiten klar. Das Regime aus Teil XI Abschnitt 5 SRÜ wird daher von der Wahlerklärung nach Art. 287 SRÜ nicht berührt;[504] viel-

---

[501] Lehoux, CYIL, 1980, S. 31 (47).

[502] Marquardt, Das Streitbeilegungssystem im Rahmen des Tiefseebodenregimes nach der neuen Seerechtskonvention, 1987, S. 128.

[503] von Wedel, RIW 1982, S. 634 (639).

[504] Art. 287 Abs. 2 SRÜ.

mehr sind die in Teil XI Abschnitt 5 SRÜ vorgesehenen Streitbeilegungseinrichtungen für Meeresbodensachen zuständig.[505] Auch die in Art. 291 Abs. 2 SRÜ enthaltene Regelung zur Anwendbarkeit von Teil XV SRÜ auf Nichtvertragsstaaten spricht für eine Spezialität des meeresbodenrechtlichen Streitbeilegungsregimes, zumal Streitparteien, die keine Vertragsstaaten im Seerechtsübereinkommen sind, ausschließlich im Rahmen von Teil XI Abschnitt 5 SRÜ Rechtssubjektivität besitzen. Eine Anwendung des für die Beilegung von Streitigkeiten zwischen Hoheitsträgern konzipierten Teils XV SRÜ auf die möglicherweise nichtstaatlichen Streitparteien im Meeresbodenstreitbeilegungsregime begegnete nämlich erheblichen rechtsdogmatischen Bedenken.[506] Teil XI SRÜ öffnet das Seerechtsübereinkommen gerade auch nichtstaatlichen, mithin sogar natürlichen Personen des Privatrechts und verleiht dem Tiefseebergbauregime im Seerechtsübereinkommen so einen stark wirtschaftsrechtlichen Charakter, der strukturell jedoch nicht recht zu dem stark völkerrechtlich geprägten Teil XV SRÜ paßt. Für private Bergbauakteure gilt zum einen nicht das Argument, eine obligatorische Gerichtsbarkeit würde ihre Souveränität verletzen, da sie keine haben. Zum anderen täte sich die Rechtspraxis schwer, die für staatliche oder zumindest hoheitliche Streitparteien ausgelegten Verfahren des Teil XV SRÜ auch auf Privatpersonen anzuwenden. Auch die unterschiedlichen Arten von Rechtssubjekten in Teil XI und Teil XV SRÜ sind daher ein Argument für die Spezialität des meeresbodenrechtlichen Streitbeilegungsregimes.

ccc) Partielle Anwendbarkeit von Teil XV SRÜ in Meeresbodenstreitigkeiten

Im Ergebnis läßt sich jedoch weder die Auffassung einer vollständigen Verdrängung von Teil XV durch den spezielleren Teil XI Abschnitt 5 SRÜ, noch jene nach einer komplett kumulativen Anwendung der beiden Regime halten.

Art. 186 SRÜ verweist zwar, wie oben gesehen,[507] in der Tat auf Teil XV SRÜ. Allerdings will er damit nicht den gesamten Teil XV SRÜ für anwendbar erklären, sondern weist nur auf einzelne Bestimmungen in Teil XV SRÜ hin, die Aussagen zum Verfahren in Meeresbodenstreitigkeiten treffen. Im Grunde stellt Art. 186 SRÜ in systematischer Auslegung überhaupt keine Verweisungsnorm dar, sondern hat lediglich klarstellende Funktion.

Bei den in Teil XV SRÜ enthaltenen, Meeresbodenstreitigkeiten betreffenden Vorschriften, auf die Art. 186 SRÜ hinweist, handelt es sich konkret um die Art. 285, 287 Abs. 2, 288 Abs. 3 1. Alt, 290 Abs. 1, 5, S. 1, 4. Alt, 291 Abs. 2 SRÜ. Jedenfalls die Art. 287 Abs. 2 und 288 Abs. 3 SRÜ sind keine Zuständigkeitsvorschriften

---

[505] Art. 288 Abs. 3 SRÜ.

[506] Marquardt, Das Streitbeilegungssystem im Rahmen des Tiefseebodenregimes, S. 133/134.

[507] S. o. u. C. VI. 3. c) aa) aaa).

im eigentlichen Sinne, sondern regeln ausweislich Art. 186 SRÜ nur die Art der Zuständigkeitsausübung durch die Meeresbodenkammer. Betroffen ist folglich das „Wie", nicht das „Ob" einer Zuständigkeit der Meeresbodenkammer. In der Tat verweisen diese Artikel nur zurück in Teil XI Abschnitt 5 SRÜ. Damit sind sie eine Bestätigung der oben erwähnten These von der lex specialis. Auch für die Art. 285 und 290 SRÜ gilt zwar im Grunde der Hinweis aus Art. 186 SRÜ, daß sie lediglich die Art der Zuständigkeitsausübung durch die Meeresbodenkammer regeln. Zumal sie aber eine Aussage über die Anwendbarkeit des Teils XV SRÜ auch in Meeresbodenstreitigkeiten treffen, wirken sie im Ergebnis wie Zuständigkeitsregeln.

Demnach ist gemäß Art. 290 Abs. 1, 5 S. 1, Alt. 4 SRÜ das einstweilige Rechtsschutzregime aus Teil XV SRÜ auch auf Meeresbodenstreitigkeiten anwendbar, wobei nicht ein Gericht oder Gerichtshof im Sinne von Art. 287 SRÜ über den Streit entscheidet, sondern die Kammer für Meeresbodenstreitigkeiten. Diese letzte in Art. 290 Abs. 5, S. 1, 1. Alt SRÜ enthaltene Regelung spricht aber hinwiederum für die Spezialität des Meeresbodenregimes im Seerechtsübereinkommen.

(1) Art. 285 SRÜ: Keine Komplettverdrängung von Teil XV SRÜ in Meeresbodenstreitigkeiten

Seinem Wortlaut nach eröffnet Art. 285 SRÜ den gesamten Abschnitt 1 von Teil XV SRÜ für Meeresbodenstreitigkeiten. Er erklärt Teil XV Abschnitt 1 SRÜ also gerade auch auf diese speziellen Streitigkeiten für anwendbar. Das ist indes ein starkes Indiz gegen eine vollständige Verdrängung von Teil XV durch Teil XI Abschnitt 5 SRÜ. Ein kompletter Ausschluß der allgemeinen Regelungen aus Teil XV SRÜ auf Meeresbodenstreitigkeiten ist aber auch deshalb abzulehnen, weil Art. 285 SRÜ dann im Grunde leerliefe. Ausweislich Art. 285 S. 1 SRÜ findet Teil XV Abschnitt 1 SRÜ auf alle Meeresbodenstreitigkeiten Anwendung, die „in Übereinstimmung mit Teil XV SRÜ beizulegen sind".[508] Dabei fragt es sich, was eine Beilegung in Übereinstimmung mit Teil XV SRÜ ist. Die einzigen beiden Hinweise von Teil XI Abschnitt 5 SRÜ auf das allgemeine Streitbeilegungsregime der Konvention finden sich dort in Art. 186 und Art. 188 Abs. 1, wobei Art. 188 Abs. 1 SRÜ auch nicht direkt auf Teil XV SRÜ verweist, sondern auf die Teil XV ergänzende ISGH-Statut.[509] Aber auch die Art. 186 und 188 SRÜ bezeichnen keine Streitbeilegung nach konkreten Verfahren aus Teil XV. Fraglich ist insofern, ob „in Übereinstimmung mit" im Sinne von Art. 285 SRÜ bedeutet, daß Teil XV SRÜ ausschließlich auf jene Fälle Anwendung findet, für die Teil XI SRÜ explizit in Teil XV SRÜ verweist. Dies würde bedeuten, daß aufgrund des sehr allgemein gehaltenen Art. 186 SRÜ, die konkreten Verfahren nach Teil XV im Grunde nur noch für die Fälle des Art. 188 Abs. 1 lit.

---

[508] Englischer Wortlaut: „pursuant to".

[509] Lehoux, CYIL, 1980, S. 31 (46 ff.).

b) SRÜ, mithin also dann zur Anwendung kämen, wenn vertragsstaatliche Streitparteien eine Streitigkeit nach Art. 287 SRÜ einer Ad-Hoc-Kammer des Seegerichtshofs im Sinne von Art. 36 ISGH-Statut unterbreiten wollen. Eine solche Auslegung schließt jedoch bereits der Wortlaut von Art. 285 SRÜ aus, der in Satz 2 ausdrücklich auch nichtstaatliche Streitparteien einbezieht. Käme die Vorschrift aber nur bei Beteiligung vertragsstaatlicher Streitparteien zur Anwendung, so liefe Art. 285 S. 2 SRÜ leer.[510] „In Übereinstimmung" ist vielmehr nicht so zu verstehen, daß Teil XV Abschnitt 1 SRÜ nur dann anwendbar ist, wenn das spezielle Meeresbodenregime aus Teil XI Abschnitt 5 SRÜ dies explizit vorsieht.[511] Vielmehr ist mit „Übereinstimmung" entsprechend dem schlichten Wortlaut nur gemeint, daß die unter Teil XV Abschnitt 1 SRÜ in Meeresbodenstreitigkeiten vereinbarbaren Verfahren nicht gegen die hierfür in diesem Abschnitt vorgesehenen Voraussetzungen verstoßen dürfen. Teil XV Abschnitt 1 SRÜ gilt daher in Meeresbodenverfahren jedenfalls dann, wenn die unter diesem Teil geschlossene Abrede der Parteien über das anzuwendende Verfahren die Regeln dieses Verfahrens unter Teil XV Abschnitt 1 SRÜ beachtet.

Schließlich läßt sich auch hier mit Art. 311 Abs. 3 SRÜ argumentieren. Wie oben gesehen, können die Streitparteien gemäß Art. 311 Abs. 3 SRÜ Übereinkünfte schließen, die einzelne Bestimmungen des Seerechtsübereinkommens modifizieren oder suspendieren. Die Aussage, sämtliche Bestimmungen des Teils XV SRÜ seien zwingend,[512] muß daher relativiert werden. Die Streitparteien müssen bei Abschluß einer solchen Übereinkunft jedoch Ziel und Zweck des Übereinkommens, hier konkret des tiefseebodenrechtlichen Streitbeilegungsregimes wahren, dürfen die dort enthaltenen wesentlichen Grundsätze sowie Rechte und Pflichten der Vertragsparteien nicht beeinträchtigen. Ziel und Zweck des Streitbeilegungsregimes im Seerechtsübereinkommen, bzw. des speziellen meeresbodenrechtlichen Streitbeilegungsregimes ist, allgemein gesprochen, die friedliche Klärung von Anwendungs- und Auslegungsstreitigkeiten betreffend das Tiefseebodenregime und das Seerechtsübereinkommen allgemein, was in Art. 186, 279 SRÜ iVm. Art. 33 VNC zum Ausdruck kommt. Dies wird durch die selbständige Wahl eines Streitbeilegungsmittels nicht konterkariert, eher im Gegenteil.

Es stellt sich nun die Frage, ob dieses Ziel durch ein Umgehen der speziellen tiefseebodenrechtlichen Streitregelungsmechanismen vereitelt würde. Hierfür sprechen eine Reihe von Tatsachen. Denn anders als für das allgemeine Streitbeilegungsregime des Seerechtsübereinkommens steht bei Meeresbodenstreitigkeiten nicht im Vordergrund, daß die Streitigkeit überhaupt beigelegt wird, sondern daß

---

[510] Lehoux, CYIL, 1980, S. 31 (46 f.).

[511] So aber Marquardt, Das Streitbeilegungssystem im Rahmen des Tiefseebodenregimes, S. 135.

[512] Marquardt, Das Streitbeilegungssystem im Rahmen des Tiefseebodenregimes, S. 135.

sie aufgrund der spezifischen Verfahren und Akteure im Meeresbergbau auch mit den entsprechend maßgeschneiderten Methoden beigelegt werden soll. Ziel des tiefseebodenrechtlichen Streitbeilegungsregimes ist nicht, wie im allgemeinen Streitbeilegungsregime von Seerechtsübereinkommen und VNC, in erster Linie die Friedenserhaltung, sondern die Konfliktschlichtung in einem relativ komplexen rechtlichen und technischen Feld. Hier überwiegt der wirtschaftsrechtliche, nicht der völkerrechtliche Charakter. Dem entspricht im übrigen der obligatorische Charakter von Teil XI Abschnitt 5 SRÜ, der anders als das flexible Streitbeilegungssystem nach Teil XV SRÜ die Parteien in Meeresbodenstreitigkeiten grundsätzlich auf die hierfür vorgesehenen Verfahren beschränken soll. Die Flexibilität des allgemeinen Streitbeilegungsregimes des Seerechtsübereinkommens wäre zu groß, um sie auch auf die speziellen Verfahren nach Teil XI Abschnitt 5 SRÜ anzuwenden. Schließlich kann eine Streitigkeit nach allgemeinen Regeln im Extremfall auch gänzlich unbeigelegt bleiben,[513] was in Meeresbodenstreitigkeiten, die stets einer Lösung harren, fatal wäre.

Mit diesem Ergebnis ist aber noch nicht entschieden, ob abweichende Parteivereinbarungen im Sinne von Art. 311 Abs. 3 SRÜ auch tatsächlich die Anwendung des tiefseebodenrechtlichen Streitregelungsregimes vereiteln würden. Es ist nämlich durchaus denkbar, daß die Streitparteien nach Art. 311 Abs. 3 SRÜ lediglich ein Vorlaufverfahren vereinbaren, sprich sich zunächst mit den Mitteln des Teil XV Abschnitt 1 SRÜ zu einigen suchen, das obligatorische Verfahren aber nichtsdestotrotz zur Anwendung käme, wenn entweder die Parteien auf dem Weg politischer Streitschlichtung nicht zu einem Ergebnis kämen oder aber sich während des politischen Schlichtungsverfahrens für die Vorlage an die Meeresbodenkammer entschlössen. Dem mag entgegengehalten werden, daß das Verfahren nach Teil XI Abschnitt 5 SRÜ ein obligatorisches Spezialverfahren ist, das eine solche diplomatische Streiterledigung im Vorfeld ausschließt, zumal bei Beteiligung Privater. Dabei sei jedoch darauf verwiesen, daß die jederzeitige Einigung der Parteien eines Rechtsstreits ganz grundsätzlich möglich ist und bereits als allgemeiner Rechtsgrundsatz verfestigt angesehen werden kann. Dies gilt nicht nur im Völkerrecht, sondern gleichermaßen auch im innerstaatlichen Recht, in dem die privaten Streitparteien genauso auf Verhandlung, Untersuchung, Vergleich oder schiedsgerichtliches Verfahren zurückgreifen können, ohne damit dem obligatorischen Charakter der ordentlichen Gerichtsbarkeit einen Abbruch zu tun. Selbst wenn es in einem solchen Verfahren, was zu begrüßen wäre, zu einer Einigung der Parteien kommt und deshalb das ordentliche Gerichtsverfahren nicht mehr zur Anwendung gelangt, ändert dies nichts am Obligatorium ordentlicher Gerichtsbarkeit. Dies ist auch für völkerrechtliche Streitigkeiten, egal welcher Art, so zu beurteilen. Bemühen sich die Streitparteien gemäß Art. 311 Abs. 3 iVm. 279 ff. SRÜ vor der Unterbreitung des

---

[513] S. o. u. C. III. 2. a) aa) bbb) (2) (b).

Streits an die Meeresbodenkammer um anderweitige Streitbeilegung und gelingt sie ihnen, so besteht für das spezielle Meeresbodenverfahren keine Anwendungsnotwendigkeit mehr. Einigen sie sich auf diese Weise nicht, so ist die Kammer für Meeresbodenstreitigkeiten zur Entscheidung der Streitigkeit eo ipso zuständig. Gleiches gilt, wenn die Parteien sich während eines laufenden Verfahrens nach Teil XV Abschnitt 1 SRÜ entschließen, den Streit der Meeresbodenkammer zu unterbreiten.

Für diese Lösung spricht auch die ratio legis des speziellen tiefseebodenrechtlichen Streitbeilegungsregimes, wonach eben (wie der Name sagt) die Beilegung des konkreten Streits und nicht eine Verabsolutierung des Grundsatzes obligatorischer Streitbeilegung erreicht werden soll.

Im Ergebnis ist daher festzuhalten, daß aufgrund von Art. 285, 311 Abs. 3 SRÜ die allgemeinen Streitschlichtungsregelungen des Seerechtsübereinkommens nicht komplett durch Teil XV Abschnitt 5 SRÜ verdrängt werden und daher auch in Meeresbodenstreitigkeiten anwendbar bleiben. Ob dies umgekehrt auch bedeutet, daß in Meeresbodenstreitigkeiten beide Streitregelungsregime nebeneinander anwendbar sind, mithin also Teil XV SRÜ mit der Folge einer möglichen Verdrängung der speziellen meeresbodenrechtlichen Regelungen in Teil XI Abschnitt 5 SRÜ integriert wird, ist eine andere Frage, die im folgenden geklärt werden soll.

(2) Art. 285 SRÜ: Keine Komplettintegration von Teil XV SRÜ in das meeresbodenrechtliche Streitbeilegungsregime

Wenn, wie gesehen, Teil XV SRÜ durch Teil XI Abschnitt 5 SRÜ auch nicht komplett verdrängt wird, so bedeutet dies umgekehrt noch nicht, daß Art. 285 SRÜ den Teil XV SRÜ vollumfänglich in Teil XI Abschnitt 5 SRÜ integriert.[514] Gegen eine vollumfängliche Kumulation der beiden Teile spricht schon der insofern klare Wortlaut des Art. 285, wonach allenfalls der erste Abschnitt von Teil XV auch auf Meeresbodenstreitigkeiten anwendbar bleibt, wie auch der Wortlaut von Art. 287 Abs. 2 SRÜ, wonach die Parteien durch Wahlerklärung nach Art. 287 Abs. 1 SRÜ die obligatorische Zuständigkeit der Meeresbodenkammer in den in Teil XI Abschnitt 5 vorgesehenen Fällen nicht umgehen können.[515] Insbesondere scheidet damit eine Wahl des IGH oder seerechtlicher Schiedsgerichte nach Art. 287 SRÜ zu Lasten der Meeresbodenkammer aus.[516]

---

[514] Marquardt, Das Streitbeilegungssystem im Rahmen des Tiefseebodenregimes, S. 129/130, 132.

[515] Nordquist, UNCLOS Commentary, Bd. V, Rdnr. 287.7..

[516] Marquardt, Das Streitbeilegungssystem im Rahmen des Tiefseebodenregimes, S. 129/130.

Gegen die Kumulation der Teile XV und XI des Seerechtsübereinkommens spricht im übrigen die schon erwähnte Tatsache, daß die Vertragsstaaten der dritten VN-Seerechtskonferenz mit Teil XV Abschnitt 5 SRÜ ein spezielles Streitbeilegungsregime für Meeresbodensachen schaffen wollten. Letztlich machte ein solches aber keinen Sinn, wenn parallel daneben auch die allgemeinen Streitregelungsvorschriften des Übereinkommens vollumfänglich anwendbar blieben. Denn dann könnten die Streitparteien bereits nach Teil XV Abschnitt 1 oder 2 SRÜ, insbesondere gemäß Art. 287 oder 282 SRÜ, durch Vereinbarung einer speziellen Kammer des Seegerichtshofs oder auch durch Vereinbarung des IGH als Streitbeilegungsgericht für Meeresbodenstreitigkeiten[517] versuchen, ihren Streit beizulegen und somit das obligatorische Verfahren vor der Kammer für Meeresbodenstreitigkeiten zu umgehen. Art. 188 Abs. 1 SRÜ, der die Unterbreitung an eine Sonder- oder Ad-Hoc-Kammer regelt, liefe dann leer,[518] die Art. 186 ff. SRÜ hätten nur noch Bedeutung von Parteiens Gnaden. Letztlich höhlte eine solche Interpretation von Art. 285 SRÜ daher das gesamte Meeresbodenstreitigkeitsregime aus, das seiner Struktur nach ein obligatorisches Verfahren und daher ebensowenig dispositiv ist wie die Verfahren nach Art. 287 SRÜ.[519] Die Effektivität des speziellen Streitbeilegungssystems für Meeresbodensachen ist indes nur bei weitgehender Anwendung der Spezialregelungen aus Art. 186 ff. SRÜ gewährleistet. In jedem Fall ist daher eine Integration des kompletten Teils XV SRÜ in das Meeresbodenregime aus Teil XI Abschnitt 5 SRÜ abzulehnen.

Es fragt sich aber im übrigen, ob sich auch nur der Abschnitt 1 von Teil XV des Seerechtsübereinkommens vollständig in das Meeresbodenregime eingliedern läßt, denn von den oben bereits genannten Argumenten sprechen auch viele hiergegen. Insbesondere läßt sich dagegen erneut der Spezialitätscharakter des Meeresbodenstreitbeilegungsregimes vorbringen, der auch möglicherweise durch die Vereinbarung anderweitiger Streitbeilegungsmittel nach Art. 282 SRÜ oder 280 f. SRÜ verletzt ist.[520] Im übrigen kann auch hier wieder der Einwand erhoben werden, die völkerrechtlichen Streitbeilegungsmittel des Teils XV (Abschnitt 1) SRÜ ließen sich nicht auf nichtstaatliche Streitparteien anwenden.

Für die Klärung der letztgenannten Frage ist zu untersuchen, ob und inwieweit nichtstaatlichen Parteien die Verfahren nach Teil XV Abschnitt 1 SRÜ offenstehen. Nach dem Wortlaut von Art. 285 S. 2 SRÜ gilt Teil XV 1. Abschnitt SRÜ gerade auch für Nichtvertragsstaaten, wenngleich nur sinngemäß. Umfaßt sind von Art.

---

[517] Marquardt, Das Streitbeilegungssystem im Rahmen des Tiefseebodenregimes, S. 133.

[518] Marquardt, Das Streitbeilegungssystem im Rahmen des Tiefseebodenregimes, S. 133.

[519] Marquardt, Das Streitbeilegungssystem im Rahmen des Tiefseebodenregimes, S. 135.

[520] Marquardt, Das Streitbeilegungssystem im Rahmen des Tiefseebodenregimes, S. 135, von Wedel, RIW 1982, S. 634 (636).

285 SRÜ sowohl staatliche, als auch nichtstaatliche Streitparteien. Für staatliche Streitparteien stellt eine sinngemäße Anwendung von Teil XV Abschnitt 1 SRÜ keine weitergehende Schwierigkeit dar. Fraglich ist aber, was für nichtstaatliche Parteien, vor allem für Privatpersonen gilt. Eine auch nur entsprechende Anwendung der in Art. 279 SRÜ verankerten allgemeinen völkerrechtlichen Verpflichtung zur friedlichen Streitbeilegung als Ausfluß eines für Staaten geltenden fundamentalen Grundsatzes der VN-Nachkriegsordnung auf Privatparteien ist schwer denkbar, da dieser Vorschrift, wie der gesamten VNC, auf die sie verweist, eine Anwendung auf Private völlig wesensfremd ist. Andererseits sind Meinungsaustausch, Untersuchung und Schlichtung letztlich auch nichtstaatlichen Streitparteien möglich, wenn sich auch die Art. 283, 284 SRÜ und 33 VNC nicht wortlautgetreu auf Private anwenden lassen. Dies wiederum wird von Art. 285 SRÜ jedoch gerade nicht verlangt. Letztlich läßt sich auch eine Vereinbarung schiedsgerichtlicher und streitiger gerichtlicher Streitbeilegung nach Art. 282 SRÜ mit Art. 285 SRÜ in Einklang bringen, jedenfalls sofern die Parteien nach Art. 282 SRÜ nicht rein völkerrechtliche Gerichte vereinbaren, vor denen sie keinen Parteistatus haben. Im Grunde liefen Satz 1, wie auch insbesondere Satz 2 von Art. 285 SRÜ teilweise leer, wollte man nichtstaatliche Streitparteien vom Anwendungsbereich des Teils XV Abschnitt 1 SRÜ völlig ausnehmen. Denn die Vorschrift spricht nunmal eine sinngemäße[521] Anwendung der Verfahren aus Teil XV Abschnitt 1 SRÜ auf nichtstaatliche Streitparteien aus. Daher ist gemäß Art. 285 S. 2 SRÜ eine sinngemäße Anwendbarkeit von Art. 280 bis 284 SRÜ, inklusive Art. 279 iVm. 33 VNC, auch auf Privatpersonen zu bejahen, sofern die Parteien nicht rein völkerrechtliche Streitregelungsorgane wählen, vor denen sie mangels Rechts- und Parteifähigkeit nicht auftreten können.

(a) Streitbeilegung meeresbodenrechtlicher Konflikte mit Mitteln nach Art. 280, 281 SRÜ

Nun fragt sich, inwieweit sich durch Vereinbarung anderweitiger Streitbeilegungsmittel nach Teil XV Abschnitt 1, mithin also die Integration nur von Teil XV Abschnitt 1 SRÜ ins Meeresbodenregime die obligatorische Zuständigkeit der Meeresbodenkammer umgehen ließe. Zunächst soll die Problematik einer Vereinbarung nach Art. 280 f. SRÜ erörtert werden.

Wie oben gesehen[522] sind die Parteien seerechtlicher Streitigkeiten Herren des Verfahrens und können gemäß Art. 280, 281 SRÜ daher zur Regelung ihres Streits auch vom Streitbeilegungsregime des Seerechtsübereinkommens abweichende friedliche Mittel eigener Wahl vereinbaren, was nicht nur die Anwendung von Teil

---

[521] Art. 285 S. 2 SRÜ.
[522] S. o. u. C. III. 2. a) aa) bbb) (2).

XV[523], sondern hier konkret auch die des speziellen Meeresbodenregimes blockiert, und damit den Handlungsspielraum der Meeresbodenkammer, mithin also des Seegerichtshofs einschränkt. Eine Nichtbeilegung der Streitigkeit gemäß Art. 281 Abs. 1 letzter HS SRÜ kann jedoch in Meeresbodenstreitigkeiten nicht greifen. Allenfalls ließe sich eine Anwendung von Teil XV Abschnitt 1 SRÜ begründen, wenn das spezielle Regime für Meeresbodenstreitigkeiten jedenfalls nach gescheiterter Beilegung nach Teil XV Abschnitt 1 SRÜ zur Anwendung käme. Ein Totalausschluß ist aber mit der ratio legis des Meeresbodenstreitregelungsregimes nicht vereinbar.[524] Doch auch die übrigen Verfahren aus Teil XV Abschnitt 1 SRÜ müssen genau auf ihre Vereinbarkeit mit den Vorschriften über die Beilegung von Meeresbodenstreitigkeiten hin überprüft werden.

Wünschen die Parteien eine Meeresbodenstreitigkeit mit Mitteln im Sinne von Art. 280 SRÜ beizulegen, so ist zu unterscheiden, welches konkrete Mittel der Streitbeilegung sie wählen. Da sie in diesem Zusammenhang auch auf Schiedsspruch oder streitige gerichtliche Entscheidung zurückgreifen können, wären gemäß Art. 285 iVm. 280 SRÜ letztlich auch etwa IGH oder allgemeine völkerrechtliche Schiedsgerichte für die Entscheidung des Streits zuständig. Zwar läßt sich auch in einem solchen Fall die Bedingung aufstellen, die Alternativvereinbarung von Schieds- oder gar streitigen Gerichten dürfe nur als Vorschaltverfahren betrieben werden, und bei einem Scheitern sei auf die speziellen Regelungen des Teils XI Abschnitt 5 SRÜ zurückzugreifen. Dies führte aber zu einer völlig subsidiären Anwendung der Spezialverfahren für Meeresbodenstreitigkeiten, was wiederum Sinn und Zweck des Meeresbodenregimes widerspräche. Letztlich könnten die Parteien sich, so nämlich das obligatorische Verfahren der Meeresbodenkammer des Seegerichtshofs, ganz anderen, für Meeresbodenstreitigkeiten nicht vorgesehenen Verfahren unterwerfen und das Meeresbodenregime auf diese Weise aushöhlen. Auch in der Diskussion während der Konferenz wurde eine Öffnung der allgemeinen völkerrechtlichen Schiedsgerichtsbarkeit für Meeresbodensachen daher abgelehnt.[525] Hieraus läßt sich im übrigen a fortiori die Ablehnung einer Öffnung der streitigen internationalen Gerichtsbarkeit folgern. Entsprechendes muß für die Vereinbarung anderer friedlicher Mittel eigener Wahl im Sinne von Art. 33 VNC gelten, soweit dabei gerichtliche oder schiedsgerichtliche Verfahren vereinbart werden. Gegen die Anwendung der oben schon beschriebenen Mittel, Gute Dienste, Verhandlung, Untersuchung, Vermittlung, Vergleich, Inanspruchnahme regionaler Einrichtungen oder Abmachungen gemäß Art. 280 SRÜ oder nach Art. 33 VNC bestehen hingegen keine Bedenken.

---

[523] S. ebd..

[524] Marquardt, Das Streitbeilegungssystem im Rahmen des Tiefseebodenregimes, S. 136 f..

[525] von Wedel, aaO, RIW 1982/9, S. (634) 639.

(b) Streitbeilegung meeresbodenrechtlicher Konflikte mit Mitteln nach Art. 282 SRÜ

Auch die Anwendung von Art. 282 SRÜ in Meeresbodenstreitigkeiten könnte jedoch, ähnlich wie oben schon jene aus Art. 280 SRÜ, daran scheitern, daß hiernach auch die Wahl obligatorischer Beilegungsmittel möglich ist, die das spezielle Streitbeilegungsregime in Teil XI Abschnitt 5 SRÜ umginge. Hierbei ist zu unterscheiden, ob es sich bei diesen alternativen Streitbeilegungsmitteln um bloß fakultative Streitbeilegungsmittel handelt, bei deren Scheitern auch wieder auf das Verfahren vor der Kammer für Meeresbodenstreitigkeiten zurückgegriffen werden kann, oder ob es sich dabei um obligatorische Verfahren handelt, die einen Rückgriff auf das meeresbodenrechtliche Streitbeilegungsregime ausschließen. Letzteres wäre nach dem hier vertretenen Ansatz nicht möglich, da die Parteien einer Meeresbodensteitigkeit weder ihren Streit unbeigelegt lassen, noch Teil XI Abschnitt 5 SRÜ komplett ausschließen können. Demnach ist auch eine Anwendung von Art. 282 SRÜ in Meersbodenstreitigkeiten zwar nicht ausgeschlossen, aber doch auf Mittel fakultativer Streitbeilegung beschränkt. Gegen die Anwendung eines Vergleichsverfahrens gemäß Art. 284 SRÜ in Meeresbodenstreitigkeiten bestehen indes keine Bedenken.

Im Ergebnis können die Parteien daher nach Teil XV Abschnitt 1 SRÜ allenfalls fakultative Verfahren für die Beilegung ihrer Meeresbodenstreitigkeiten wählen. Im Unterschied zu den allgemeinen seevölkerrechtlichen Streitigkeiten greifen diese fakultativen Verfahren hier deshalb nicht als Regelfall ein, sondern sind nur eine Möglichkeit der Parteien, ihren Streit im Vorfeld nichtjuristisch zu lösen. Meeresbodenrechtliche Streitigkeiten sind daher also der umgekehrte Fall zu den allgemeinen seevölkerrechtlichen Streitigkeiten, wo die vorherige Anwendung des Abschnitts 1 von Teil XV SRÜ die Regel war und nur ausnahmsweise auch ein sofortiger Rückgriff auf die Mittel obligatorischer Streitbeilegung nach Abschnitt 2 befürwortet wird.[526] Damit ist ein konkurrierendes Verfahren vor dem Internationalen Gerichtshof in Meeresbodensachen ausgeschlossen, denn ein solches könnten die Parteien nur entweder über Art. 287 oder über Art. 282 SRÜ vereinbaren, die hier beide zumindest insoweit nicht greifen.

(3) Ergebnis

Es bleibt also festzuhalten, daß zum einen Teil XV Abschnitt 1 SRÜ nicht integraler Bestandteil des Meeresbodenstreitregimes aus Teil XI Abschnitt 5 SRÜ ist, und zum anderen Teil XV Abschnitt 1 SRÜ als Vorlaufrechtsbehelf in Meeresbodenstreitigkeiten insoweit anwendbar ist, als die Streitparteien gemäß Art. 279 SRÜ

---

[526] S. o. u. C. III. 2. a) aa) bbb) (2) (c) (cc).

iVm. 33 VNC oder gemäß Art. 282 SRÜ nicht gerichtliche oder schiedsgerichtliche Streitbeilegungsverfahren wählen, welche die Anwendbarkeit des speziellen Meeresbodenstreitbeilegungsregimes aus Teil XV Abschnitt 5 SRÜ letztlich zum bloßen Substitut machten. Die Parteien sind aber natürlich auch hier berechtigt, den Streit mit diplomatischen und politischen Mitteln beizulegen.[527] Dies entspricht auch der Auffassung der Entwicklungsstaaten auf der dritten VN-Seerechtskonferenz.[528] Eine komplette Umgehung des tiefseebodenrechtlichen Streitregelungsregimes verstieße sowohl gegen Ziel und Zweck dieses Teils des Seerechtsübereinkommens, als auch gegen das Recht einer jeden Streitpartei, entstehende Streitigkeiten adäquat geschlichtet zu bekommen, und ihre Pflicht im Gegenzug dazu, sich einer solchen Streitschlichtung auch zu stellen. Art. 311 Abs. 3 SRÜ, deckt somit keine Vereinbarung der Streitparteien, die eine Anwendung von Teil XI Abschnitt 5 SRÜ unmöglich macht oder gar jegliche Streitbeilegung ausschließt.

Weder die Auffassung radikaler Spezialität, noch jene der kumulativen Anwendung kann daher überzeugen. Vielmehr ist davon auszugehen, daß die Parteien zunächst Mittel nichtjuristischer Streitbeilegung nach Teil XV Abschnitt 1 SRÜ nutzen können und im Falle eines Scheiterns der Streitbeilegung in diesem Sinne auf die obligatorische Streitbeilegung vor der Kammer für Meeresbodenstreitigkeiten des Internationalen Seegerichtshofs verwiesen sind. Mit der Nennung in Art. 285 S. 1 SRÜ nur von „diesem Abschnitt" (Abschnitt 1 von Teil XV) bleibt die Anwendung des allgemeinen Streitbeilegungsregimes im Seerechtsübereinkommen allerdings auf die Mittel fakultativer Streitbeilegung beschränkt. Für die in Teil XV Abschnitt 2 und 3 enthaltenen obligatorischen Streitbeilegungsmittel und deren Ausnahmen findet sich in Meeresbodenstreitigkeiten kein Platz. Entsprechend kommt es auch nicht darauf an, ob sich mittels Art. 285 SRÜ das Prinzip der Wahlfreiheit aus Art. 287 SRÜ umgehen ließe, was im übrigen schon dem Wortlaut nach zu verneinen ist. Art. 285 SRÜ beschränkt die Anwendbarkeit von Teil XV SRÜ in Meeresbodenstreitigkeiten auf Abschnitt 1: „Dieser Abschnitt [...]".[529] Eine Konkurrenz des meeresbodenrechtlichen Streitbeilegungsregimes mit dem IGH ist ausgeschlossen.

bb) Meeresbodenkammerstreitigkeiten und Schiedsgerichtsbarkeit

Auch mit den obligatorischen Schiedsverfahren ist, wie oben dargelegt, eine Konkurrenz ausgeschlossen. Bei einer Zuständigkeit der Meeresbodenkammer gemäß Art. 187 lit. c) i) SRÜ kommt aber gemäß Art. 188 Abs. 2 SRÜ auch eine handelsschiedsgerichtliche Streitbeilegung in Frage.

---

[527] S. o. u. C. III. 2. a) aa) bbb) (2).

[528] Marquardt, Das Streitbeilegungssystem im Rahmen des Tiefseebodenregimes, S. 135.

[529] aA Marquardt, Das Streitbeilegungssystem im Rahmen des Tiefseebodenregimes, S. 131/132.

Auf Antrag einer Streitpartei entscheidet daher ein Handelsschiedsgericht über den Streit, vorbehaltlich anderweitiger Vereinbarung nach den sogenannten UN-CITRAL-Regeln, also Schiedsgerichtsregeln, aufgestellt von der United Nations Commission on International Trade Law (UNCITRAL).[530] Dies gilt jedoch nur, soweit es sich um Auslegung oder Anwendung eines unter Art. 153 SRÜ geschlossenen Vertrages handelt, was das Zitat von Art. 153 in Art. 187 SRÜ zeigt.[531] Ist auch Auslegung oder Anwendung des Seerechtsübereinkommens, respektive seiner Anlagen im Streit, so verweist das Schiedsgericht diese Frage an die Meeresboden-kammer des Internationalen Seegerichtshofs.[532] Teilweise wird diese Verweisung auch als Berufungsverfahren bezeichnet.[533] Dem widerspricht jedoch, daß das Verfahren als solches, also der privatrechtliche Streit weiterhin bei dem angerufenen Handelsschiedsgericht anhängig ist und nur rein völkerrechtliche Fragen von einem völkerrechtlichen Gericht entschieden werden. Art. 188 Abs. 2 SRÜ regelt demgemäß eher die Verweisung eines Verfahrens an ein schlicht anderes, nämlich völkerrechtliches Gericht, denn eine Appellationsmöglichkeit. Aus diesem Grund handelt es sich auch nicht, wie mitunter vertreten,[534] um ein bloßes Vorlageverfahren, bei dem gleichzeitig die grundsätzliche Zuständigkeit der Kammer für Meeresbodenstreitigkeiten gewahrt bleibt.

Mit Art. 187 lit. c) SRÜ wurde damit ein im Prinzip völkerrechtliches Gericht für Verfahren Privater geöffnet und diesen eine begrenzte Rechtssubjektivität verliehen. Zurückzuführen ist diese Regelung in erster Linie darauf, daß im Meeresbodenregime des Seerechtsübereinkommens Private unmittelbar von der Entscheidung einer internationalen Einrichtung betroffen sein können und daher entsprechend der Situation im EG-Vertrag eine effektive Rechtsschutzmöglichkeit erhalten und den Internationalen Seegerichtshof direkt anrufen können müssen.[535] So werden Rechtssubjekte zu Parteien vor einem völkerrechtlichen Gericht, die ansonsten im internationalen Seehandelsrecht auf die private internationale Schiedsgerichtsbarkeit angewiesen sind. Die Öffnung eines an sich völkerrechtlichen Gerichtshofs für Private ist mit dem Seerechtsübereinkommen aber nicht hundertprozentig vollzogen worden. Art. 187 lit. c) SRÜ ist eine optionale Lösung. Lediglich für die Auslegung entsprechender Passagen der Konvention, mithin also für die Auslegung völkerrechtlicher Texte im Rahmen des Rechtsstreits, besteht eine ausschließliche

---

[530] Hesse-Kreindler in Wolfrum/Philipp, United Nations: Law, Policies and Practice, 1995, Bd. 1, S. 129 ff. (134).

[531] Art. 187 lit. c) d) e) SRÜ.

[532] Art. 188 Abs. 2 lit. a), b) SRÜ; Jaenicke in Wolfrum/Philipp, United Nations: Law, Policies and Practice, 1995, Bd. 2, S. 799.

[533] Nordquist, UNCLOS Commentary, Bd. V, Rdnr. 288.2..

[534] Wasum, Der internationale Seegerichtshof, 1984, S. 243.

[535] Jaenicke in Wolfrum/Philipp, United Nations: Law, Policies and Practice, 1995, Bd. 2, S. 800.

Zuständigkeit der Meeresbodenkammer des Internationalen Seegerichtshofs. Dennoch ist dieses Ergebnis ein weiteres Zeichen für die gestiegene Bedeutung des Individuums im Völkerrecht.

Die Bedeutung der Öffnung eines an sich völkerrechtlichen Gerichts für die Streitbeilegung zwischen Privaten für den Internationalen Seegerichtshof kann nur theoretisch umrissen werden, da es an entsprechenden Verfahren in der Praxis bislang fehlt. Jedenfalls kann festgestellt werden, daß für die Auslegung von Meeresbergbauverträgen ein Konkurrenzverhältnis der Meeresbodenkammer des Seegerichtshofs und der internationalen Handelsschiedsgerichtsbarkeit besteht. Insofern wird auch die Zuständigkeit der Meeresbodenkammer ausgeschlossen, denn das von den Parteien zur Auslegung des Meeresbergbauvertrags angerufene Gericht ist hierfür ausschließlich zuständig und steht, wie oben gesehen, mit der ursprünglich angerufenen Meeresbodenkammer lediglich im Verhältnis einer Verweisung.[536] Damit ist der Internationale Seegerichtshof für derlei Rechtsstreitigkeiten zwar nicht exklusiv zuständig. Dabei ist aber zu beachten, daß es sich bei dem Verfahren nach Art. 187 lit. c) SRÜ dem Rechtscharakter nach nicht um ein völkerrechtliches, sondern um ein handels-, mithin also zivilrechtliches Verfahren handelt. So gesehen ist nicht die Zuständigkeit eines völkerrechtlichen Gerichts eingeschränkt, sondern im Gegenteil auf zivilrechtliche Rechtsstreitigkeiten unter Privaten ausgeweitet worden. Theoretisch kann dies also als Stärkung der Tätigkeit völkerrechtlicher Gerichte angesehen werden, selbst wenn sie zu geeigneten zivilrechtlichen Verfahren der Streitbeilegung in Konkurrenz stehen. Dies um so mehr vor dem Hintergrund, daß souveräne Staaten oft den Gang zu einem bindend entscheidenden internationalen Gericht scheuen, der Seegerichtshof durch die denktheoretisch möglichen Verfahren mit privaten Streitparteien aber dennoch ein Arbeitsfeld hat.

d) Die Entscheidung über Zuständigkeitsstreitigkeiten

Einige Probleme sind mit der Frage verbunden, wer über die Zuständigkeit des entsprechenden Gerichts oder Gerichtshofs nach Art. 287 SRÜ entscheidet, mithin also, wer die Zuständigkeit zur Entscheidung über die Zuständigkeit hat. Teils wird vertreten, daß dies eine Kompetenz-Kompetenz darstellt.[537] Das ist abzulehnen, da eine Entscheidung über die Zuständigkeit nicht konstitutiven Charakter hat. Vielmehr wird die Zuständigkeit durch das Seerechtsübereinkommen abschließend festgelegt, mag auch manche Regelung hierzu nicht ganz eindeutig sein und dem über die Zuständigkeit entscheidenden Gericht daher faktisch eine zentrale Rolle in der Bestimmung seiner Zuständigkeit zukommen.

---

[536] aA Wasum, Der internationale Seegerichtshof, S. 243.

[537] Lehoux, CYIL, 1980, S. 31 (48).

Die Entscheidung über die Zuständigkeit des Gerichts nach Art. 287 SRÜ kann in zwei Fällen problematisch sein. Zum einen in Meeresbodenstreitigkeiten, in denen die Kammer für Meeresbodenstreitigkeiten des Seegerichtshofs den Streit in der Hauptsache entscheidet, und zum anderen in jenen Fällen, in denen die Parteien nach Art. 287 SRÜ eine differenzierte Wahl getroffen haben und den grundsätzlich gewählten Gerichtshof in bestimmten Fällen nicht als Streitbeilegungsmittel anerkennen.

Im Fall einer Meeresbodenstreitigkeit geht aus Art. 288 SRÜ nicht ganz eindeutig hervor, ob über Zuständigkeitsfragen ein Gericht oder Gerichtshof im Sinne von Art. 287 SRÜ zu entscheiden hat, wie es Art. 288 Abs. 4 SRÜ grundsätzlich festlegt, oder ob hier die spezielle Meeresbodenkammer des Seegerichtshofs über ihre eigene Zuständigkeit entscheidet. Das Problem ist auf den Wortlaut des Art. 288 Abs. 4 zurückzuführen, der explizit nur von Gericht oder Gerichtshof im Sinne von Art. 287 SRÜ spricht, nicht aber die Kammer für Meeresbodenstreitigkeiten erwähnt. Denkbar wäre es daher, über Zuständigkeitsfragen generell das nach Art. 287 SRÜ durch die Parteien einvernehmlich gewählte Gericht entscheiden zu lassen. Dagegen spricht aber ganz entscheidend der spezielle Charakter des meeresbodenrechtlichen Streitbeilegungsregimes unter des Seerechtsübereinkommens. Da, wie gesehen, die Entscheidungskompetenz in Zuständigkeitsstreitigkeiten faktisch oft einer Bestimmung der Zuständigkeit gleichkommt, Meeresbodenstreitigkeiten nach dem Willen der Vertragsstaaten des Seerechtsübereinkommens jedoch einem speziellen Beilegungsregime unterfallen sollen, muß es im Ergebnis in solchen Streitigkeiten zu einer Entscheidung durch die spezielle Meeresbodenkammer kommen. Würde ein anderes Gericht im Sinne von Art. 287 SRÜ über die Zuständigkeit der Meeresbodenkammer entscheiden, so bestände die Gefahr einer Entscheidung zu eigenen Gunsten und damit einer Umgehung des speziellen Meeresbodenregimes. Deshalb muß ein solches Gremium mit Spezialzuständigkeit wie die Kammer für Meeresbodenstreitigkeiten grundsätzlich die Möglichkeit haben, über seine Zuständigkeit auch selbst zu entscheiden.[538]

Kleinere Probleme sind auch in dem Fall denkbar, in dem die Streitparteien zwar nach Art. 287 SRÜ eine übereinstimmende Wahl eines dort genannten Gerichts oder Gerichtshofs getroffen haben, dieses Gericht jedoch für bestimmte Arten von Streitigkeiten zugunsten eines Schiedsgerichts nicht zuständig sein soll. Haben die Parteien etwa grundsätzlich den Internationalen Seegerichtshof für zwischen ihnen aufkommende Streitigkeiten über Auslegung oder Anwendung des Seerechtsübereinkommens, für Fischereistreitigkeiten jedoch nur ein Schiedsgericht als Streitbeilegungsmittel gewählt, so fragt sich, wer nach Art. 288 Abs. 3 SRÜ über die Zu-

---

[538] Lehoux, CYIL, 1980, S. 31 (59).

ständigkeit entscheidet. Gerichte im Sinne von Art. 287 SRÜ sind beide.[539] Entsprechend den übrigen Zuständigkeitsregelungen im Seerechtsübereinkommen sollte auch hier das Gericht oder der Gerichtshof des entsprechenden Streitfalls über seine eigene Zuständigkeit entscheiden, also z. B. ein Schiedsgericht für eine Fischereistreitigkeit und der Seegerichtshof in allen anderen Fällen.

---

[539] Lehoux, CYIL, 1980, S. 31 (59 f.).

D. Die Zuständigkeit des Internationalen Gerichtshofs nach Art. 36 IGH-Statut und nach Art. 287 SRÜ

Hier sollen die beiden Möglichkeiten, den IGH in seerechtlichen Konflikten anzurufen, voneinander abgegrenzt und mögliche Kollisionen der zuständigkeitsbgründenden Vorschriften mit Lösungsvorschlägen aufgezeigt werden. Dabei ist zunächst auf die allgemeine Stellung des IGH in der Völkerrechtsordnung einzugehen, wie sie sich aus Art. 36 VNC ergibt.

I. Allgemeine Zuständigkeit des IGH in völkerrechtlichen Streitigkeiten – Art. 36 VNC

Der IGH ist das Hauptrechtsprechungsorgan der Vereinten Nationen.[540] Dennoch ist auch er nicht per se zuständig, wenn ein Rechtsstreit zwischen den Mitgliedstaaten der VN entsteht. Auch für ihn gilt der Grundsatz, daß sich die Zuständigkeit internationaler Gerichte, im Unterschied zu jener innerstaatlicher Gerichte, nicht von selbst ergibt. Nach dem Grundsatz der begrenzten Einzelermächtigung, nach dem die Staaten alleinige Souveränitätsträger und gewissermaßen Herren des Vertragsvölkerrechts sind, entscheiden sie über die Gerichtsbarkeit eines internationalen Gerichts.

Ein Staat unterliegt dieser Gerichtsbarkeit, wie gesehen, nicht durch bloße Mitgliedschaft in der VNC und/oder im Statut des Internationalen Gerichtshofs. Die Gerichtsbarkeit des Internationalen Gerichtshofs ergibt sich mithin – vom Gutachtenverfahren abgesehen[541] – nicht direkt aus der Charta, inklusive des IGH-Statuts, sondern vielmehr aus der Anerkennung seiner Gerichtsbarkeit durch die Streitparteien auf Grundlage der einschlägigen Bestimmungen aus der Charta und dem Statut. Im Prinzip gilt dies für jede Art völkerrechtlicher Gerichtsbarkeit.[542]

Wie die Anerkennung internationaler Gerichte und Gerichtshöfe erfolgen kann ist durch das Völkerrecht nicht einheitlich geregelt. Für den IGH bestimmt Art. 36 Abs. 1 IGH-Statut, daß sich dessen Gerichtsbarkeit „auf alle ihm von den Parteien unterbreiteten Rechtssachen sowie auf alle in der Charta der Vereinten Nationen oder in geltenden Verträgen und Übereinkommen besonders vorgesehenen Angelegenheiten" erstreckt. Die Streitparteien können nach Art. 36 Abs. 1 Alt. 1 IGH-Statut also die Gerichtsbarkeit des Internationalen Gerichtshofs in einem konkreten Streitfall ad hoc anerkennen, indem sie ein spezielles Abkommen, einen sogenannten

---

[540] Art. 92 VNC.

[541] Art. 96 VNC, 65 IGH; Verdross/Simma, Universelles Völkerrecht, 3. Aufl., § 187.

[542] UN-Handbook on the Peaceful Settlement of Disputes between States, 1992, Rdnr. 202.

„compromis",[543] schließen und der Kanzlei des Gerichtshofs notifizieren.[544] Sie können nach Art. 36 Abs. 1 Alt. 2 IGH-Statut aber auch mittels sogenannter kompromissarischer Klauseln (Schiedsgerichtsklauseln)[545] in völkerrechtlichen Verträgen jedweder Art die Zuständigkeit des IGH generell oder für Einzelfragen vereinbaren. Weiter kann die Zuständigkeit des Internationalen Gerichtshofs auch durch Klageerhebung einer Partei und anschließende, gegebenenfalls sogar stillschweigende (forum prorogatum)[546] Zustimmung der anderen Partei begründet werden. Schließlich läßt sich die IGH-Zuständigkeit für bestimmte Arten von Streitigkeiten auch mittels einer Unterwerfungserklärung nach Art. 36 Abs. 2 IGH-Statut begründen (Fakultativklausel).[547]

Nach dem Willen der Verfasser der Charta sollten Streitigkeiten „im allgemeinen" dem IGH unterbreitet werden (Art. 36 Abs. 3 VNC).[548] Im Zusammenhang mit dem Seerechtsübereinkommen ist diese Vorschrift interessant, da sie eine Vormachtstellung des Internationalen Gerichtshofs gegenüber anderen völkerrechtlichen Gerichtshöfen zu statuieren scheint, vor allem vor dem Hintergrund, daß der IGH gemäß Art. 92 VNC „Hauptrechtsprechungsorgan" der UNO ist. Hintergrund von Art. 36 VNC war es, daß die Grundsätze der Vereinten Nationen aus Art. 2 VNC, insbesondere die Pflicht zur friedlichen Beilegung von Streitigkeiten, sich nicht allein durch eine einzige Bestimmung werden verwirklichen lassen. Vielmehr ging man davon aus, daß es zur tatsächlichen Einhaltung dieser Grundsätze durch die Staaten konkreter weiterer, verfahrensrechtlicher Verpflichtungen bedarf.[549] Entsprechende Regelungen finden sich demnach neben dem eben angesprochenen Art. 36 VNC umfassend im Statut des Internationalen Gerichtshofs.

Die Bestimmung des Art. 36 Abs. 3 VNC entstammt im übrigen einer Zeit, zu welcher der Internationale Gerichtshof im Grunde die einzige, ständige, streitige, weltweite, internationale Gerichtsbarkeit war. Sie ist daher ausschließlich auf die Friedenswahrung als Hauptaufgabe der Vereinten Nationen im Rahmen ihrer Charta bezogen.

---

[543] Fischer in Ipsen, Völkerrecht, 1999, § 62, Rdnr. 26.

[544] UN-Handbook on the Peaceful Settlement of Disputes between States, Rdnr. 211.

[545] Fischer in Ipsen, Völkerrecht, 1999, § 62, Rdnrn. 27, 44.

[546] Fischer in Ipsen, Völkerrecht, 1999, § 62, Rdnr. 44; Verdross/Simma, Universelles Völkerrecht, 3. Aufl., § 187.

[547] Verdross/Simma, Universelles Völkerrecht, 3. Aufl., § 187.

[548] Schröder in Graf Vitzthum, Völkerrecht, 1997, S. 562 f..

[549] Tomuschat in Simma (Hrsg.), VNC-Kommentar, Art. 33, Rdnr. 1; daher wirkt Art. 36 Abs. 3 VNC auch nicht zuständigkeitsbegründend, ebd. Stein/Richter, Art. 36 Rdnr. 37.

Im Hinblick auf das Seerechtsübereinkommen erscheint Art. 36 Abs. 3 VNC jedoch in einem anderen Licht. Konnte man sich auf der dritten VN-Seerechtskonferenz auch gerade deshalb nicht auf ein einheitliches Mittel zur Beilegung seerechtlicher Konflikte einigen, weil eine Gruppe von Konferenzteilnehmern den IGH als gerichtliche Institution mit universellem Aufgabenbereich verstanden oder der völkerrechtlichen Schiedsgerichtsbarkeit vor der permanenten, streitigen und obligatorischen Gerichtsbarkeit den Vorzug gaben,[550] so läßt sich aus diesem Streit zumindest ablesen, daß dem IGH keine alleinige universelle Zuständigkeit mehr zukommen soll. Denn das im Ergebnis zustandegekommene VN-Seerechtsübereinkommen enthält eine eigenständige umfassende Regelungen zur weltweiten friedlichen Beilegung der zwischen den Parteien entstehenden Rechtsstreitigkeiten über Auslegung oder Anwendung dieses Übereinkommens. Mit der Übernahme der allgemeinen Verpflichtung zur friedlichen Streitbeilegung ins Seerechtsübereinkommen der Vereinten Nationen (Art. 279 SRÜ) läßt sich das seevölkerrechtliche Streitbeilegungsregime als Ergänzung und Fortentwicklung der friedlichen Streitbeilegung der VNC und ihrer Streitregelung verstehen. Hierfür spricht auch die beschränkte Verweisung aus Art. 279 SRÜ nur auf die Mittel in Art. 33 VNC. Mit der Schaffung weiterer umfassender Streitbeilegungsregime in speziellen weltweiten multilateralen Verträgen, wie dem Seerechtsübereinkommen, kann Art. 36 VNC daher auch nicht mehr als allgemeine Verpflichtung zur Anrufung des IGH verstanden werden, sondern ist so zu lesen, daß bei Streitigkeiten zwischen Völkerrechtssubjekten die zuständige Streitschlichtungseinrichtung anzurufen ist. Für allgemeine Streitigkeiten unter der VNC wird dies auch künftig im allgemeinen der IGH sein.

Wie oben schon beschrieben, können die Parteien den Streit nach Art. 36 IGH-Statut entweder ad hoc, durch Genehmigung, durch Vereinbarung von Schiedsgerichtsklauseln oder durch einseitige fakultative Unterwerfung dem Internationalen Gerichtshof unterbreiten. Abgrenzungsfragen mit dem Streitbeilegungsregime des Seerechtsübereinkommens können sich im Grunde bei allen vier Unterwerfungsmöglichkeiten des Art. 36 IGH-Statut ergeben.

---

[550] R. Bernhardt, ZaöRV 1978, S. 959 (968).

II. Der IGH als Streitbeilegungsmittel unter dem Seerechtsübereinkommens

Die oben beschriebene, durch den funktionalistischen Ansatz im Seerechtsübereinkommen bedingte große Flexibilität seines Streitbeilegungsregimes stellt, wie gesehen, verschiedene Mittel friedlicher Streitbeilegung in ein Wettbewerbsverhältnis zueinander. Dies gilt insbesondere für das Verhältnis der beiden ständigen Gerichtshöfe, den IGH und den Seegerichtshof. Bevor auf die Frage der Zuständigkeitskonkurrenz dieser beiden Gerichtshöfe eingegangen werden kann, sollen die möglichen Gründe der Parteien einer konkreten Streitigkeit über Auslegung oder Anwendung des Seerechtsübereinkommens für die Wahl des Seerichters oder des allgemeinen Richters untersucht werden.

1. Art. 287 Abs. 1 lit. a) und Art. 287 Abs. 1 lit. b) SRÜ: Unterschiede und mögliche Vorzüge

Seegerichtshof und Internationaler Gerichtshof gleichen sich in einer Reihe von Punkten. Beide sind weltweite, ständige, völkerrechtliche Gerichtshöfe, die bindende Entscheidungen treffen. Beide sind unter dem Seerechtsübereinkommen vorgesehene Streitbeilegungsmittel. In Aufbau und Organisation gleichen sie sich in einer Reihe wesentlicher Punkte. Das Statut des Internationalen Seegerichtshofs orientiert sich etwa stark an jenem des IGH.[551] Ähnlich standen auch die Verfahrensregeln des IGH Pate für jene des Seegerichtshofs.

Die Unterschiede zwischen den beiden Gerichtshöfen ergeben sich vor allem aus der Kritik, die Fachleute am IGH-Verfahren geübt hatten. So soll der Seegerichtshof zum einen durch ein effizientes, kostensparendes und benutzerfreundliches Verfahren attraktiver als der oft als schwerfällig und langsam bezeichnete IGH sein.[552] Im Gegensatz zu jenen des IGH-Statuts und der IGH-VerfO sehen die entsprechenden Texte für den Seegerichtshof klarere Fristenregelungen insbesondere für die Schriftsätze vor. So die Sechs-Monats-Regel für die Einreichung der Schriftsätze,[553] die 30-Tages-Frist bei der Streitintervention[554] und die 90-Tages-Frist für vorab anzubringende Einreden.[555] Das Beratungsverfahren vor und nach der mündlichen Verhandlung wurde vereinfacht und die Sitzungszeiten gegenüber dem IGH verändert: Die Richter des Internationalen Seegerichtshofs sind im Gegensatz zu ihren Kollegen beim IGH schon vor der mündlichen Verhandlung dazu aufgerufen, sich schriftliche „speaking notes" zu machen und in der Beratung vor der Verhand-

---

[551] Treves, IJIL 1998, S. 381 ff..

[552] Rao, IJIL 1998, S. 371 (374); Treves, IJIL 1998, S. 381 (382).

[553] Art. 59 Abs. 1 ISGH-VerfO.

[554] Art. 99 Abs. 1 ISGH-VerfO.

[555] Art. 97 Abs. 1 ISGH-VerfO; zu den Fristen Treves, IJIL 1998, S. 381 (383 f., 389 f.).

lung vorzutragen.[556] Auch zeichnen sich die Verfahren vor dem Internationalen Seegerichtshof durch größere Transparenz aus. Die Schriftsätze, Sitzungsmitschriften und Entscheidungen werden grundsätzlich der Öffentlichkeit zugänglich gemacht.[557] Auch die Zweisprachigkeit des Seegerichtshofs steigert seine Attraktivität. Die Parteien haben die Möglichkeit, ihre Schriftsätze und mündlichen Erörterungen entweder in der Arbeitssprache Englisch oder in der Arbeitssprache Französisch abzugeben.[558] Schließlich stellt der Seegerichtshof eine Spezialgerichtsbarkeit mit im Idealfall seevölkerrechtlichen Spezialisten dar und bietet die Möglichkeit, gegebenenfalls spezielle Kammern zu bilden.[559] Auch die Zusammensetzung des Seegerichtshofs ist gegenüber jener des Internationalen Gerichtshofs ausgeglichener. Der Internationale Seegerichtshof hat mit 21 Richtern sechs Mitglieder mehr, als der IGH. Je fünf Richter kommen aus Afrika und Asien, je vier stellt die Gruppe der lateinamerikanisch-karibischen Staaten sowie der „westeuropäischen und anderen" Staatengruppe, drei Richter kommen aus Osteuropa.[560] Der in Art. 2 Abs. 2 ISGH-Statut geforderten ausgewogenen geographischen Verteilung wird damit besser entsprochen als im Falle des IGH. Dies ist auf die Existenz und den über weite Strecken der Seerechtsverhandlungen großen Einfluß der „newly independent States", also der ehemaligen Kolonien, zurückzuführen. In diese Logik reiht sich auch die Tatsache, daß die ersten drei Präsidenten des Internationalen Seegerichtshofs aus den Reihen der ehemaligen Kolonien kommen. Der erste Präsident Mensah ist ghanaischer Staatsangehöriger, sein Nachfolger Rao indischer und der aktuelle Präsident Nelson kommt aus Grenada. Die Zusammensetzung des Seegerichtshofs könnte im übrigen zu seiner Bevorzugung gegenüber dem IGH insbesondere durch die ehemaligen Kolonialstaaten führen.

Schließlich ergibt sich auch ein Unterschied im Verfahren. Während das IGH-Statut den IGH als Hauptrechtssprechungsorgan definiert, enthält das Seerechtsübereinkommen in Art. 287, wie gesehen, eine ganze Palette gleichwertiger, von den Streitparteien zu wählender Mitteln gerichtlicher Streitbeilegung. Hinzu kommen noch die grundsätzlich vorrangigen Streitbeilegungsmittel des soft law nach Teil XV Abschnitt 1 SRÜ. Allerdings sind die Unterschiede zum IGH hier im Grunde gar nicht so groß wie auf den ersten Blick anzunehmen. Nach Art. 33 der Charta haben die Streitparteien auch vor dem IGH die Möglichkeit, abweichende gerichtliche oder außergerichtliche Streitbeilegungsmittel zu wählen. Ein wirklicher Unterschied zum

---

[556] Anderson, The internal judicial practice of the International Tribunal for the Law of the Sea, IJIL 1998, S. 410 ff.; Treves, IJIL 1998, S. 381 (385 f.).

[557] Treves, IJIL 1998, S. 381 (388 f.); http://www.itlos.org/start2_en.html.

[558] Art. 43 ISGH-VerfO; Anderson, IJIL 1998, S. 410 (412).

[559] Rao, IJIL 1998, S. 371 (373 f.).

[560] Anderson, IJIL 1998, S. 410 (412).

Internationalen Seegerichtshof ergibt sich im Grunde nur in den (obligatorischen) Verfahren einstweiligen Rechtsschutzes nach Art. 290 oder 292 SRÜ.

2. Streitintervention: Die Konkurrenz von IGH und Seegerichtshof

Ein erster möglicher Konfliktherd zwischen Seegerichtshof und IGH ist der Fall der Streitintervention.[561]

Die Möglichkeit, daß eine weitere Partei dem Streit beitritt, kennen sowohl das Statut des Internationalen Gerichtshofs als auch jenes des Internationalen Seegerichtshofs.[562]

Das Statut des IGH unterscheidet zwischen der freiwilligen Intervention, über die der IGH auf Antrag der interventionswilligen Partei hin entscheidet,[563] und der sogenannten zwingenden Intervention, die aufgrund einer entsprechenden völkervertragsrechtlichen Verpflichtung des intervenierenden Staats hin erfolgt.[564] Ähnliche Regelungen finden sich in Art. 31 und 32 ISGH-Statut. Problem der Streitintervention im Völkerrecht ist die möglicherweise fehlende Gerichtsbarkeit des Gerichts oder Gerichtshofs, zu dem die Intervention erfolgt. Da, wie gesehen, ein völkerrechtliches Gericht nicht per se zuständig zur Entscheidung von Streitigkeiten ist, sondern seine Gerichtsbarkeit in der Regel durch Unterwerfung und Wahlerklärung erst durch die Streitparteien hergestellt werden muß („basis of jurisdiction"[565]), kann es vorkommen, daß das betreffende Gericht zwar Gerichtsbarkeit bezüglich der schon vor ihm verhandelnden, nicht aber bezüglich der intervenierenden Parteien hat.

In normalen Hauptsacheverfahren vor dem Internationalen Seegerichtshof ist Basis der Gerichtsbarkeit die Wahlerklärung gemäß Art. 287 SRÜ. Nicht ausreichend ist insofern die bloße Mitgliedschaft im Seerechtsübereinkommen.[566] Im Hauptsacheverfahren vor dem IGH bildet regelmäßig die Unterwerfungserklärung nach Art. 36 IGH-Statut die Basis der Gerichtsbarkeit. Probleme können sich insbesondere dann ergeben, wenn eine Streitigkeit zwischen mehreren Parteien vor dem Internationalen Seegerichtshof ausgetragen wird und eine weitere Partei dem Streit beitreten möchte, ohne aber eine entsprechende Wahlerklärung nach Art. 287 SRÜ abgege-

---

[561] „Beitritt", Art. 81 Abs. 2 IGH-VerfO, 99 Abs. 2 ISGH-VerfO (Österreich und Schweiz: Intervention).

[562] Voraussetzungen: Art. 81 Abs. 2 IGH-VerfO, 99 Abs. 2 ISGH-VerfO; Evans, Intervention, the International Court of Justice and the Law of the Sea, RHDI 1995, S. 73 (76).

[563] Art. 62 IGH-Statut („Optional Intervention"); Treves, IJIL 1998, S. 381 (390).

[564] Art. 63 IGH-Statut ("Intervention as of right") Treves, IJIL 1998, S. 381 (391).

[565] Treves, IJIL 1998, S. 381 (391).

[566] Treves, IJIL S. 381 (392).

ben zu haben. Hier stellt sich darum die Frage, ob eine Intervention dennoch möglich ist. Dabei sind mehrere Szenarien zu unterscheiden:

- Ist die intervenierende Partei Mitglied im Seerechtsübereinkommen, so ist auch zu diesem Zeitpunkt noch die Abgabe einer entsprechenden Wahlerklärung nach Art. 287 Abs. 1 lit. a) SRÜ möglich.[567] Ein Beitritt dieser Parteien könnte insofern gleichzeitig auch als Wahlerklärung nach Art. 287 SRÜ verstanden werden.

- Will diese Partei dies nicht, oder hat sie bereits eine anderslautende Erklärung unter Art. 287 SRÜ abgegeben, so sieht das Seerechtsübereinkommen, wie auch das ISGH-Statut, zunächst nicht vor, dieser Partei eine Intervention zu erlauben. Folge könnte dann allerdings sein, daß die interventionswillige Partei ein Parallelverfahren vor einem anderen Gericht oder Gerichtshof anstrengt. Hat die interventionswillige Partei also etwa durch Wahlerklärung gemäß Art. 287 Abs. 1 lit. b) SRÜ den IGH als Streitbeilegungsmittel gewählt, der interessierende Streit läuft aber vor dem Seegerichtshof ab, so besteht die Gefahr, daß erstere ein Parallelverfahren etwa vor dem IGH anstrengt mit negativen Folgen für die Prozeßökonomie, der Gefahr sich widersprechender Entscheidungen und nicht zuletzt einer Prestigeeinbuße für den Seegerichtshof. Der Internationale Seegerichtshof hat daher mit der Schaffung von Art. 99 ISGH-VerfO in seiner Anfangsphase[568] die Frage einer möglichen Streitintervention auch für solche Staaten bejaht, die keine Wahlerklärung nach Art. 287 Abs. 1 lit. a) SRÜ abgegeben haben.

Es fragt sich aber dennoch, ob diese Regelung unterschiedslos auf die Fälle freiwilliger und zwingender Gerichtsbarkeit angewendet werden kann. Denn ist ein Staat aufgrund einer bestimmten völkervertragsrechtlichen Bestimmung zur Intervention in einen Rechtsstreit gezwungen, der zwischen anderen Parteien vor dem Seegerichtshof abläuft, ohne aber den Seegerichtshof als Streitbeilegungsmittel gewählt zu haben, so muß er entgegen seiner souveränen Entscheidung diesen Gerichtshof nun doch in Anspruch nehmen. Mithin hätte der Seegerichtshof mit Art. 99 ISGH-VerfO einen weiteren Fall obligatorischer Gerichtsbarkeit geschaffen, was nicht in seiner Macht steht. Die Schaffung obligatorischer Gerichtsbarkeiten obliegt allein den Vertragsparteien des Seerechtsübereinkommens. Sie haben einzelne Organe der Konvention nicht dazu ermächtigt, die obligatorische Gerichtsbarkeit im Seerechtsübereinkommen auszuweiten. Andererseits macht der beitretende Staat aber auch bei der sogenannten zwingenden Intervention „nur" von seinem Recht

---

[567] Art. 287 Abs. 1 SRÜ: „[...] or at any time thereafter [...]" (Art. 287 Abs. 1 SRÜ).

[568] Zur Schaffung verschiedener Arbeitstexte (Verfahrensordung, Richtlinien für die interne justizielle Praxis) durch den Seegerichtshof: Rao, IJIL 1998, S. 371(374, 392).

auf Intervention Gebrauch. Daher steht im Ergebnis seiner Verstrickung in das laufende Verfahren im Hinblick auf die Gerichtsbarkeit des Seegerichtshofs nichts entgegen. In den Fällen der zwingenden Intervention gilt Art. 99 ISGH-VerfO daher ebenso wie in den Fällen der freiwilligen Intervention. Parallelverfahren lassen sich somit vermeiden.

- Ein weiteres Problem stellen nichtstaatliche Streitparteien dar. Die oben beschriebene Regelung des Art. 99 ISGH-VerfO greift dem Wortlaut nach nur für staatliche Streitparteien. Eine Streitintervention der Europäischen Gemeinschaft etwa, die Vollmitglied im Seerechtsübereinkommen der Vereinten Nationen ist und den Internationalen Seegerichtshof durch entsprechende Wahlerklärung als zuständige Streitbeilegungseinrichtung gewählt hat, kann dennoch nicht Intervenient im Sinne von Art. 99 ISGH-VerfO sein. Sie wäre folglich auf ein seerechtliches Schiedsverfahren nach Anlage VII oder VIII SRÜ beschränkt. Mithin ginge die Regelung des Art. 99 ISGH-VerfO somit zu Lasten der streitigen gerichtlichen Konfliktbeilegungsmittel nach Art. 287 Abs. 1 lit. a) und b), also zu Lasten des Internationalen Seegerichtshofs und des IGH, wenn man sie so eng auslegte.

Fraglich ist daher, ob sich Art. 99 ISGH-VerfO nicht doch auch auf solche vollwertigen Vertragsparteien anwenden läßt.

Eine Ansicht will nichtstaatliche Streitparteien vom Anwendungsbereich des Art. 99 ISGH-VerfO kategorisch ausnehmen.[569] Nach dieser Ansicht wäre die EG ausgeschlossen. Dies kann jedoch faktisch nicht gewollte Auswirkungen haben, wenn die EG oder andere in Frage kommende internationale Organisationen, die in der Praxis ein ähnliches Interesse an einer Intervention haben kann wie eine staatlich Steitpartei, in der Folge Parallelverfahren etwa vor einem seerechtlichen Schiedsgericht nach Anlage VII SRÜ mit allen bekannten und bereits erwähnten Nachteilen anstrengen.

Art. 31 Abs. 1 ISGH-Statut enthält das grundsätzliche Recht eines jeden Vertragsstaats auf Streitintervention. Wie gesehen, lassen sich internationale Organisationen nicht ohne weiteres unter den Begriff des Vertragsstaats subsumieren.[570] Der Begriff aus Art. 1 Abs. 2 Nr. 1 SRÜ ist demnach nicht teleologisch erweiterbar. Insofern bleibt es beim einschränkenden Wortlaut von Art. 31 ISGH-Statut und 99 ISGH-VerfO. Nach dem in diesem Zusammenhang mitzubetrachtenden Art. 1 Abs. 2 Nr. 2 SRÜ bezieht sich der Begriff des „Vertragsstaats", wie gesehen, jedoch jedenfalls „insoweit" zumindest sinngemäß auf internationale Organisationen, als die-

---

[569] Treves, IJIL 1998, S. 381 (392).
[570] S. o. u. C. IV. 2..

se die für sie geltenden Bedingungen[571] für eine Mitgliedschaft im Seerechtsübereinkommen erfüllen.[572] Die EG erfüllt, wie gesehen,[573] als bisher einzige internationale nichtstaatliche Einrichtung die Voraussetzungen der Anlage IX SRÜ. Ihr sind gemäß Art. 4 Abs. 2 Anlage IX SRÜ entsprechende materielle Kompetenzen im Rahmen der im Seerechtsübereinkommen behandelten Gegenstände durch die Mitgliedstaaten übertragen worden. Zudem kann auch Art. 31 Abs. 1 ISGH-Statut ohne weiteres auf die EG angewendet werden. Sie kann ebenso wie ein Staat ein rechtliches Interesse an einer Intervention haben, wenn in dem anhängigen Rechtsstreit ein ihr von ihren Mitgliedstaaten übertragenes Recht streitig ist. Folglich muß die internationale Einrichtung dann auch über die entsprechenden prozessualen Rechte, inklusive dem Recht der Intervention aus Art. 31 Abs. 1 ISGH-Statut, verfügen. Andernfalls könnte dieses Recht mangels Zuständigkeit der Mitgliedstaaten durch überhaupt niemanden geltend gemacht werden.

Art. 32 ISGH-Statut steht dem ebenfalls nicht entgegen. Der Begriff „Vertragsstaaten" in Art. 32 Abs. 1 ISGH-Statut ist ebenso zu verstehen wie im zuvor behandelten Art. 31 ISGH-Statut. Der Begriff „Vertragsparteien" in Art. 32 Abs. 2 und 3 ISGH-Statut kann zwar auf den ersten Blick den Eindruck vermitteln, weiter als der Begriff der Vertragsstaaten zu sein und daß nichtstaatlichen Streitparteien somit nur unter den Voraussetzungen von Art. 32 Abs. 2 und 3 ISGH-Statut ein entsprechendes Interventionsrecht zusteht. Art. 32 Abs. 2 und 3 ISGH-Statut erfassen indes nicht „Vertragsparteien" des Seerechtsübereinkommens, sondern Vertragsparteien eines anderen, vom Internationalen Seegerichtshof im Rahmen von Art. 21 oder 22 ISGH-Statut auszulegenden Übereinkommens. Vertragsparteien des Seerechtsübereinkommens fallen unter Art. 32 Abs. 1 ISGH-Statut.

Die Begriffe „Vertragsstaaten" und „andere Rechtsträger" tauchen indes auch in Art. 99 ff ISGH-VerfO wieder auf. Art. 100 Abs. 1 ISGH-VerfO, der beide Begriffe erwähnt könnte einer Anwendbarkeit von Art. 31 ISGH-Statut auf internationale Organisationen insofern entgegenstehen, als er den Begriff „Vertragsstaaten" offensichtlich nur auf Art. 32 Abs. 1 ISGH-Statut bezieht, wohingegen die anderen Vertragsstaaten solche im Sinne von Art. 32 Abs. 2 ISGH-Statut sein sollen. Die Formulierung von Art. 100 Abs. 1 ISGH-VerfO ist jedoch so offen, daß sich diese Vorschrift vor dem Hintergrund der oben angeführten triftigen Gründe, insbesondere dem Umstand, daß die internationale Organisation Rechtsträgerin ihrer Mitglieder ist, auch so lesen läßt, daß „entité autre qu'un Etat Partie" unter Art. 31 Abs. 1 ISGH-Statut fallen kann. Art. 100 Abs. 1 ISGH-VerfO ist mithin kein durchschlagendes Argument gegen die oben vertretene Auffassung. Er widerspricht ihr aber auch

---

[571] Anlage IX SRÜ.

[572] S. o. u. C. IV 2. b).

[573] S. o. u. C. IV. 2. a).

nicht. Auch wenn die ratio legis von Art. 100 Abs. 1 ISGH-VerfO die gewesen sein mag, nur staatlichen Streitparteien eine Intervention im Verfahren vor dem Seegerichtshof zu erlauben, sprechen doch triftige Gründe in der Praxis gegen eine solche Vorgehensweise und für eine Interventionsmöglichkeit nichtstaatlicher Rechtsträger in laufenden Verfahren vor dem Gerichtshof.

Erlaubt man nach der oben vertretenen Auffassung die Intervention internationaler Organisationen nach Art. 31 Abs. 1 ISGH-Statut, so ergibt sich insofern ein Vorteil des Seegerichtshof gegenüber dem IGH, da vor letzterem nichtstaatliche Parteien in jedem Fall ausscheiden, von Gutachtenverfahren abgesehen. Gleichzeitig wird eine Konkurrenz mit der seevölkerrechtlichen Schiedsgerichtsbarkeit vermieden, was letztlich eine Attraktivitätssteigerung der Gerichtsbarkeit des Internationalen Seegerichtshofs bedeutet. Letztlich ist der Komplex der Streitintervention in der Praxis des Seerechtsübereinkommens aber nicht besonders relevant. Die wenigen Fälle von Anträgen nach Art. 62 f. IGH-Statut lassen vermuten, daß diese Fälle im Rahmen völkerrechtlicher Streitregelungsregime eher selten sein werden.[574]

3. Abgrenzung der Verfahren nach Art. 287 Abs. 1 lit. b) SRÜ von jenen nach Art. 36 Abs. 2 IGH-Statut

Nach Art. 36 Abs. 2 IGH-Statut kann ein Staat die Gerichtsbarkeit des Internationalen Gerichtshofs auch vorab durch eine Unterwerfungserklärung für folgende Fragen, gegebenenfalls unter Erklärung eines Vorbehalts,[575] anerkennen:[576]

- für die Auslegung eines Vertrags,

- für jede Frage des Völkerrechts,

- für den Nachweis jeder Tatsache, die, wäre sie bewiesen, die Verletzung einer internationalen Verpflichtung darstellte,

- für die Ermittlung von Art und Umfang der wegen Verletzung einer internationalen Verpflichtung geschuldeten Wiedergutmachung.

Der IGH ist dann zuständig, soweit sich die Unterwerfungserklärung eines Staates mit jener des Streitgegners deckt (Reziprozitätsprinzip).[577] Es fragt sich nun, wie die Wahl des Internationalen Gerichtshofs nach Art. 36 IGH-Statut zu Art. 287 SRÜ

---

[574] Evans, RHDI 1995, S. 73 (74 ff.).

[575] Art. 36 Abs. 3 IGH.

[576] Art. 36 Abs. 2 lit. a), b), c), d) IGH.

[577] Verdross/Simma, Universelles Völkerrecht, 3. Aufl., § 187.

steht. Insbesndere ist fraglich, ob sich die Zuständigkeit des IGH auch außerhalb seines Statuts, insbesondere durch Wahlerklärung nach Art. 287 Abs. 1 lit. b) SRÜ aus Art. 287, 288 SRÜ ergeben kann.

a) Verdrängung von Art. 36 Abs. 2 IGH-Statut durch eine unter Art. 287 Abs. 1 lit. b) SRÜ abgegebene Wahlerklärung?

Eine Verdrängung von Art. 36 IGH-Statut ist kaum praktisch relevant, weil die recht strikten Voraussetzungen des Art. 36 IGH-Statut für die staatlichen Streitparteien souveränitätsschützender sind als die geringeren Anforderungen an eine Wahlerklärung im Sinne von Art. 287 SRÜ, eine Umgehung von Art. 36 also regelmäßig nicht im Interesse der Parteien liegt. Sie werden eher den Streitmechanismus des Seerechtsübereinkommens der Vereinten Nationen umgehen wollen, als umgekehrt dieses dem Art. 36 IGH-Statut vorzuziehen. Theoretisch ist die Frage einer vollständigen Verdrängung von Art. 36 bei einer Wahlerklärung nach Art. 287 SRÜ jedoch interessant. Schließlich ist auch eine bloß teilweise Verdrängung und teleologische Ergänzung von Art. 287 SRÜ durch die Voraussetzungen des Art. 36 SRÜ denkbar. Zunächst fragt sich also, ob sich die Zuständigkeit des IGH bei einer solchen Wahlerklärung allein aus Art. 287 f. SRÜ oder (auch) aus Art. 36 IGH-Statut ergibt. Dann nämlich müßten dessen Voraussetzungen auch bei einer Wahlerklärung nach Art. 287 SRÜ Berücksichtigung finden.

aa) Art. 287, 288 SRÜ als zuständigkeitsbegründende Vorschriften

Fraglich ist, ob es sich bei Art. 287 SRÜ um eine Zuständigkeitsvorschrift handelt. Das würde dafür sprechen, daß Art. 287 SRÜ erschöpfend die Voraussetzungen für die Zuständigkeit der dort aufgeführten völkerrechtlichen Gerichte und Gerichtshöfe statuiert und die Voraussetzungen aus anderen Zuständigkeitsvorschriften für die jeweilige Streitbeilegungseinrichtung nicht mehr zum Zuge kämen, wenngleich dies nur als Indiz zu werten und keinesfalls zwingend ist.

aaa) Gegenargumente

Gegen den Charakter von Art. 287 SRÜ als Zuständigkeitsvorschrift spricht, daß hierdurch völkerrechtlich anderweitig begründete Zuständigkeitsvoraussetzungen durch das Seerechtsübereinkommen eigenmächtig geändert würden. Es ist Aufgabe eines jeden, die Zuständigkeit internationaler Gerichte begründenden Vertrags, die konkreten Voraussetzungen für die Zuständigkeit dieser Gerichte festzulegen oder aber auf sich aus anderweitigen völkerrechtlichen Abkommen ergebende Zuständigkeitsregelungen zu verweisen. Schon aus Rechtssicherheitsgründen kann aber ein späteres Abkommen nicht ohne weiteres in diese mit möglicherweise anderer ratio legis geschaffenen Voraussetzungen eingreifen.

Gegen einen Art. 287 SRÜ als Zuständigkeitsnorm spricht auch, daß sonst die Verfahren vor dem IGH auch für nichtstaatliche Streitparteien geöffnet werden müßten, was der gesamten Logik der IGH-Verfahren widerspräche.[578] Denn wie oben gesehen, können sowohl Staaten, als auch andere Rechtsträger[579] eine Wahlerklärung nach Art. 287 SRÜ abgeben. Wäre Art. 287 SRÜ allein bestimmend für die Zuständigkeit der dort genannten Gerichte und Gerichtshöfe, einschließlich des IGH so liefen andere Vorschriften, die eine Gerichtsbarkeit dieser Gerichte begründen können regelmäßig leer. Dies gilt vor allem für das IGH-Statut. Mithin kämen dann auch die Art. 93 Abs. 2 VNC, 34 Abs. 1 IGH-Statut nicht mehr zur Anwendung, wonach nur Staaten vor dem Internationalen Gerichtshof parteifähig sind. Daraus ergibt sich auch, daß die Wahl des Streitbeilegungsmittels nach Art. 287 SRÜ bei Beteiligung nichtstaatlicher Streitparteien, etwa von internationalen Organisationen, auf die Optionen aus Art. 287 Abs. 1 lit. a), c) und d) SRÜ beschränkt ist. Den IGH können, wie gesagt, weder solche Parteien, noch ihre wenn auch staatlichen Gegner in einem solchen Verfahren wählen.[580]

bbb) Pro-Argumente

Es bestehen jedoch auch zahlreiche Argumente, Art. 287 SRÜ als Zuständigkeitsnorm im Seerechtsübereinkommen anzusehen. Ziel des Streitbeilegungsregimes in diesem Übereinkommen war die Schaffung eines umfassenden Systems friedlicher Streitbeilegung in seerechtlichen Konflikten. Umfassend ist ein solches Regime aber nur, wenn es auch einen einheitlichen institutionellen Rahmen schafft, mithin also festlegt, wie Konflikte, die unter der Konvention auftreten, beizulegen sind. Dies hieße aber, daß die einschlägigen Bestimmungen aus dem Streitbeilegungsregime des Seerechtsübereinkommens auch die Zuständigkeiten der entsprechenden Streitbeilegungsmittel festlegen muß, was somit für die Qualität des Art. 287 als Zuständigkeitsvorschrift spricht.

Andererseits enthält Art. 288 SRÜ eine Regelung zur Zuständigkeit der in Art. 287 SRÜ aufgezählten Streitbeilegungsmittel. Wäre Art. 288 SRÜ als eigenständige Zuständigkeitsvorschrift zu werten, so schiede jedenfalls Art. 287 SRÜ als Zuständigkeitsvorschrift aus; die Zuständigkeitsvorschrift des Seerechtsübereinkommens fände sich dann mithin in Art. 288 SRÜ. Einem solchen Ergebnis widerspräche nur die Existenz anderweitiger Zuständigkeitsvorschriften für die in Art. 287 SRÜ genannten Streitbeilegungsmittel. Weder für den Internationalen Seegerichtshof, noch für die nach Anlage VII bzw. VIII SRÜ zu bildenden Schiedsgerichte bestehen je-

---

[578] Art. 34 Abs. 1 IGH.

[579] Art. 305 SRÜ.

[580] Nordquist, UNCLOS Commentary, Bd. V, Rdnr. 291.1..

doch Kompetenzregeln neben dem Seerechtsübereinkommen. Daraus ist zu schließen, daß das Seerechtsübereinkommen deren Zuständigkeit abschließend regelt, wobei sich die Gerichtsbarkeit nicht allein aus Art. 287 SRÜ, sondern aus Art. 287, 288 SRÜ iVm. der abgegebenen Wahlerklärung ergibt.

Das Ziel des Seerechtsübereinkommens, ein umfassendes Regime der Streitbeilegung unter der Konvention zu statuieren, spricht indes dagegen, den IGH aus dem insofern zuständigkeitsbegründenden Charakter des Art. 287 iVm. 288 SRÜ auszunehmen, sofern und soweit er Streitigkeiten über Auslegung oder Anwendung des Seerechtsübereinkommens behandelt. Denn dies würde jene Einheitlichkeit der Rechtsprechung unter dem Seerechtsübereinkommen gefährden. Diese Gefahr einer Zersplitterung und sich widersprechender Entscheidungen haben die Teilnehmerstaaten der dritten VN-Seerechtskonferenz aber möglicherweise hingenommen.[581]

Schließlich spricht für die Qualität von Art. 287, 288 SRÜ als Zuständigkeitsvorschrift im Seerechtsübereinkommen auch, daß nach dem Willen seiner Autoren die Abgabe übereinstimmender Erklärungen der Streitparteien nach Art. 287 SRÜ ganz offensichtlich zur Zuständigkeit des entsprechend gewählten Gerichts oder Gerichtshofs führen sollte, ohne daß dies durch frühere Abkommen vereitelt werden könnte. Andernfalls wäre keine echte Wahlfreiheit gegeben. Schlösse man die Möglichkeit, gemäß Art. 287 Abs. 1 lit. b) SRÜ auch den IGH zu wählen, aus, so wäre die Bestimmung im Grunde überflüssig. Der IGH ist unter dem Seerechtsübereinkommen stets als Streitbeilegungsinstrument wählbar.[582]

Auch das IGH-Statut selbst spricht dafür, daß sich die Zuständigkeit des IGH auch aus anderen völkerrechtlichen Abkommen ergeben kann. Gemäß Art. 36 Abs. 1 Alt. 3 IGH-Statut erstreckt sich die Zuständigkeit des IGH auch auf alle „in geltenden Verträgen und Übereinkommen besonders vorgesehene Angelegenheiten". Hierunter fällt unproblematisch auch Art. 287 SRÜ.[583]

Im Ergebnis ist daher festzustellen, daß sich die Zuständigkeit jedweden aus Art. 287 SRÜ gewählten Streitbeilegungsmittels aus dem Seerechtsübereinkommen selbst und der hierunter abgegebenen Erklärung nach Art. 287 SRÜ ergibt. Der IGH ist bei einer entsprechenden Erklärung daher gemäß Art. 287, 288 SRÜ iVm. 36 Abs. 2 IGH-Statut zuständig.[584] Dies bedeutet aber noch nicht, daß Art. 287, 288 SRÜ ausschließlichen Charakter haben, mithin also die Verfahrensvoraussetzun-

---

[581] R. Bernhardt, ZaöRV Bd. 1978, S. 959 (965 f.).

[582] R. Bernhardt, ZaöRV Bd. 1978, S. 959 (969).

[583] R. Bernhardt, ZaöRV Bd. 1978, S. 959 (969).

[584] R. Bernhardt, ZaöRV Bd. 1978, S. 959 (966).

gen aus anderen Abkommen (insbesondere Art. 36 IGH-Statut) außen vor bleiben. Umgekehrt sagt der zuständigkeitsbegründende Charakter von Art. 287 f. SRÜ aber auch nicht, daß sich Art. 287 SRÜ und 36 IGH-Statut ergänzen, mithin also die Tatbestandsvoraussetzungen des letzteren bei einer Wahlerklärung nach Art. 287 Abs. 1 lit. b) SRÜ zu berücksichtigen sind. Dieser Frage ist im Folgenden nachzugehen.

bb) Die Wahlerklärung nach Art. 287 SRÜ und die Unterwerfungserklärung nach Art. 36 Abs. 2 IGH-Statut

Nach Art. 287 SRÜ hat die betreffende staatliche Streitpartei anstelle der Unterwerfungserklärung des Art. 36 Abs. 2 IGH-Statut, eine Wahlerklärung abzugeben, für welches Streitbeilegungsmittel aus Art. 287 SRÜ sie sich entscheidet. Es fragt sich in diesem Zusammenhang insbesondere, ob die Wahlerklärung nach Art. 287 SRÜ auch als Unterwerfungserklärung im Sinne des Art. 36 IGH-Statut gedeutet werden kann. Dagegen spricht, daß sich die Zuständigkeit der Streitbeilegungsmittel des Seerechtsübereinkommens, wie gesehen, ganz eigenständig nach dieser Konvention bemißt.[585]

In der Praxis kann aber durchaus fraglich sein, ob diese Erklärung als Erklärung im Sinne von Art. 36 Abs. 2 IGH-Statut, also als Unterwerfungserklärung, oder als Wahlerklärung im Sinne von Art. 287 SRÜ, konkret 287 Abs. 1 lit. b) SRÜ zu werten ist, wenn die jeweilige Partei hierzu nicht explizit Stellung genommen hat. Letztlich läßt sich auch nicht ausschließen, daß die betreffende Streitpartei ihre Erklärung sowohl als Erklärung im Sinne von Art. 287 SRÜ, als auch als Unterwerfungserklärung nach dem IGH-Statut abgeben wollte. Sollte sich eine Unterwerfungserklärung im Sinne von Art. 36 IGH-Statut auch als Wahlerklärung nach Art. 287 SRÜ auslegen lassen, so ließen sich auf diesem Wege möglicherweise die Voraussetzungen des IGH-Statuts, vor allem aber seines Art. 36 umgehen. Für diese rein faktische Frage kommt es auf den tatsächlichen oder mutmaßlichen Willen der Parteien an. Für letzteren ist insbesondere auf die Äußerungen der Parteien im Vorfeld zurückzugreifen, aus denen sich insbesondere eine Präferenz für den IGH oder den Internationalen Seegerichtshof oder auch eines der seerechtlichen Schiedsverfahren herausstellen kann. Ergibt sich aus entsprechenden Parteiäußerungen eine Präferenz für den Seegerichtshof, so ist klar von einer Wahlerklärung unter Art. 287 SRÜ auszugehen. Ergibt sich hingegen eine Präferenz für den IGH, so handelt es sich eher um eine Unterwerfungserklärung nach Art. 36 Abs. 2 IGH-Statut.

---

[585] R. Bernhardt, ZaöRV Bd. 1978, S. 959 (966).

cc) Umgehung der Voraussetzungen des Art. 36 IGH-Statut – abschließender und ausschließlicher Charakter des Art. 287 SRÜ

Das Problem der Auslegung von Unterwerfungs- und Wahlerklärungen steht indes nicht im Zentrum des Interesses. Selbst wenn die Auslegung ergeben sollte, daß die Parteien keine Erklärung nach Art. 36 IGH-Statut, sondern nach Art. 287 SRÜ abgegeben haben, so lassen sich hiermit noch nicht die Voraussetzungen des Art. 36 IGH-Statut umgehen. Hierfür interessiert vor allem die Frage, ob die Voraussetzungen des Art. 287 SRÜ abschließend und ausschließlich sind, oder daneben das IGH-Statut ganz oder in Teilen anwendbar bleibt. Bisher ist Art. 287 Abs. 1 lit. b) zwar noch nicht explizit zur Anwendung gekommen; die Frage ist aber für denkbare künftige Fälle von erheblichem Interesse. Sollten die Regelungen von Seerechts-übereinkommen und VNC beide weder abschließend noch exklusiv sein, so inte-ressiert außerdem die weitere Frage, welches der beiden Regime prioritär ist. Bernhardt scheint eher für eine abschließende und ausschließliche Anwendbarkeit des Seerechtsübereinkommen zu plädieren,[586] während Nordquist eher für ein Er-gänzungsverhältnis ist:

„As far as judicial settlement by the International Court of Justice is concerned, it is provided for in article 287, paragraph 1 (b); it is, of course, governed not only by the Convention but also by the Statute of that Court".[587]

Wie oben gesehen, begründet eine entsprechende Wahlerklärung iVm. Art. 287 f. SRÜ die Gerichtsbarkeit des entsprechend gewählten Gerichts oder Gerichtshofs. Ob dieses /dieser dann aber auch exklusiv zuständig ist, ergibt sich hieraus nicht.

Für den völligen Ausschluß anderweitiger Gerichtsbarkeitsvorschriften, insbesonde-re von Art. 36 IGH-Statut durch Art. 287, 288 SRÜ, könnte zum einen sprechen, daß man mit dem Seerechtsübereinkommen ein umfassendes neues seerechtli-ches Ordnungssystem schaffen wollte, was die Regelung von Streitigkeiten ein-schließt. Hierfür könnte auch sprechen, daß jenes System umfassender seerechtli-cher Neuordnung gegenüber dem allgemeinen Regime aus der VNC und dem IGH-Statut speziell ist. Auch die Lex-Posterior-Regel spricht für einen generellen Vor-rang des seerechtlichen Streitbeilegungsregimes.

Gegen einen solchen Vorrang des Seerechtsübereinkommens und seiner Streitbei-legungsregelungen könnte hingegen das oben gefundene Ergebnis sprechen, daß sich die Gerichtsbarkeit des Seegerichtshofs aus der entsprechenden Wahlerklä-rung im Sinne von Art. 287 f. SRÜ iVm. Art. 36 IGH-Statut ergibt, mithin das IGH-

---

[586] R. Bernhardt, ZaöRV Bd. 1978, S. 959 (966).

[587] Nordquist, UNCLOS Commentary, Bd. V, Rdnr. 279.2 a. E..

Statut nicht ganz außerhalb der Betrachtungen hinsichtlich der Gerichtsbarkeit des Seegerichtshofs steht. Hierfür sprechen auch die oben für internationale Organisationen gemachten Feststellungen, wonach eine zwischenstaatliche Einrichtung nur eingeschränkt auf den Katalog der Streitbeilegungsmittel aus Art. 287 SRÜ zurückgreifen kann. Systematisch ist in diesem Zusammenhang insbesondere der bereits erwähnte Art. 7 Abs. 1 Anlage IX SRÜ zu nennen, der die Unmöglichkeit einer Wahlerklärung nach Art. 287 Abs. 1 lit. b) SRÜ für internationale Organisationen festschreibt.[588] Die Ideen der an der dritten VN-Seerechtskonferenz teilnehmenden Staaten weist im übrigen in dieselbe Richtung. Demnach ist zweifelhaft, ob diese Teilnehmerstaaten mit dem seerechtlichen Streitbeilegungsregime ein völlig neues Regime schaffen wollten, das alles bisher dagewesene verdrängt.

Die Streitbeilegungsregelungen des Seerechtsübereinkommens tangieren jene des IGH-Statuts nicht, soweit es um die Wahl von Mitteln friedlicher Streitbeilegung nach Art. 287 Abs. 1 lit. a), c) und d) SRÜ geht, da das Statut des Internationalen Gerichtshofs diese Arten von Streitbeilegungsmitteln nicht vorsieht. Etwas anderes gilt hingegen für die Wahl des IGH über das Seerechtsübereinkommen der Vereinten Nationen, also nach Art. 287 Abs. 1 lit. b) SRÜ. Die Vorschrift des Art. 287 Abs. 1 lit. b) SRÜ ist aber, wie gesehen, jedenfalls im Hinblick auf die Wahlerklärung internationaler Organisationen nicht mit dem IGH-Statut vereinbar. Insofern ergibt sich bereits eine zumindest teilweise Unvereinbarkeit von Bestimmungen des Seerechtsübereinkommens und der VNC bzw. des IGH-Statuts. Diese Unvereinbarkeit sagt zwar nicht, daß 287 Abs. 1 lit. b) SRÜ generell unvereinbar mit dem IGH-Statut wäre und insofern das IGH-Statut gemäß Art. 103 generellen Vorrang vor Art. 287 Abs. 1 lit. b) SRÜ hätte. Sie macht aber zumindest deutlich, daß Art. 287 SRÜ, mithin das Streitbeilegungsregime des Seerechtsübereinkommens, keinen abschließenden und ausschließlichen Charakter hat.

aaa) Bewertung nach dem Lex-Posterior-Grundsatz – Art. 30 WVRK im Spannungsverhältnis zu Art. 103 VNC

Für die Klärung der Vorrangfrage ist nochmals auf den Lex-Posterior-Grundsatz aus Art. 30 WVRK und seine konkrete Ausgestaltung in Art. 311 SRÜ zurückzugreifen.

Bereits Art. 30 des Abkommens über die Hohe See und Art. 25 des Abkommens über das Küstenmeer und die Anschlußzone von 1958[589] stellen klar, daß bereits in Kraft befindliche andere internationale Verträge zwischen den jeweiligen Vertrags-

---

[588] S. o. u. C. IV. 4..

[589] Lay/Churchill/Nordquist, Documents, Bd. I, S. 1 ff.; BGBl. 1972 II, S. 1091 ff...

parteien, ungeachtet der Abkommen von 1958, weiter anwendbar bleiben.[590] Ähnlich wie Art. 30 bzw. 25 der beiden Konventionen von 1958 kodifiziert Art. 30 der Wiener Vertragsrechtskonvention (WVRK) von 1969 den Lex-Posterior-Grundsatz.[591]

Bei Prüfung der Vorrangfrage liegt ein Rückgriff auf Art. 30 WVRK nahe, der im Ergebnis das Konkurrenzverhältnis zwischen früheren und späteren Verträgen regelt. Demnach genießt ein Vertrag nur dann Anwendungsvorrang vor einem anderen, früher oder später geschlossenen Vertrag, wenn der andere Vertrag sich für nachrangig erklärt. Dabei gilt der Vorrang eines später geschlossenen Vertrags aber nur für diejenigen Streitparteien, die in beiden Abkommen Mitglied sind, und nur insoweit, als der frühere Vertrag mit dem späteren vereinbar ist.

Grundsätzlich ist die Regel aus Art. 30 WVRK auf alle zwischen Staaten geschlossenen völkerrechtlichen Verträge anwendbar. Bei Beteiligung internationaler Organisationen an einer Streitigkeit über Auslegung oder Anwendung eines völkerrechtlichen Vertrags, in dem sie Mitglieder sind, gilt die Wiener Vertragsrechtskonvention gemäß Art. 1 und 3 WVRK nicht. Eine Einbeziehung internationaler Organisationen in den Geltungsbereich der Wiener Vertragsrechtskonvention scheidet aber im übrigen auch aus den oben genannten Gründen aus, wonach sie mit Staaten insbesondere aus systematischen Gründen nicht gleichgestellt werden können.[592] Auf das erst nach der Wiener Vertragsrechtskonvention[593] in Kraft getretene[594] Seerechtsübereinkommen[595] findet die Vertragsrechtskonvention daher prinzipiell Anwendung.

Gemäß Art. 20 Nr. 1 WVRK bemißt sich jedoch die Vorrangfrage nur dann nach den folgenden Nummern 2 bis 5, soweit nicht die Ausnahmeklausel des Art. 103 VNC eingreift. Demnach haben die Verpflichtungen von Mitgliedern der VNC Vorrang vor deren anderweitigen völkerrechtlichen Verpflichtungen, sofern und soweit diese den Verpflichtungen aus der Charta widersprechen. Mithin ist also die Vereinbarkeit der Streitbeilegungsvorschriften aus dem Seerechtsübereinkommen mit jenen der Charta der Vereinten Nationen, inklusive des IGH-Statuts, das gemäß Art. 92 S. 2 VNC Bestandteil der Charta der Vereinten Nationen ist, zu hinterfragen.

---

[590] I. ü. Nordquist, UNCLOS Commentary, Bd. V, Rdnr. 311.1..

[591] President's note, FC/7, 9.8.1979 in Platzöder, Documents, Bd. XII, S. 360 (361); Nordquist, UNCLOS Commentary, Bd. V, Rdnr. 311.4 (S. 235).

[592] Art. 34 IGH und Art. 7 Abs. 1 Anlage IX SRÜ, s. i. ü. o. u. C. IV 4..

[593] 27.01.1980, Sart. II Nr. 320, S. 1, Fn. 2.

[594] Art. 4 WVRK.

[595] 16.11.1994, Sart. II Nr. 350, S. 1, Fn. 1.

bbb) Folge von Art. 103 VNC

Zwei Effekte können daher im Ergebnis festgestellt werden:

Zum einen greift der Vorbehalt des Art. 30 Nr. 1 WVRK ein. Die Prüfung der Vorrangfrage zwischen dem Seerechtsübereinkommen, inklusive seiner Streitbeilegungsvorschriften, bemißt sich daher nicht nach Art. 30 WVRK, sondern nach dem insofern vorrangigen Art. 103 VNC. Gleiches gilt im Verhältnis der VNC zu Art. 311 und 282 SRÜ, die beide ebenfalls das Verhältnis verschiedener Verträge untereinander betreffen. Zwar enthalten die letzten beiden Vorschriften keine Art. 30 Nr. 1 WVRK entsprechende Regelung, sprechen mithin also den Vorbehalt des Art. 103 VNC nicht explizit an. Art. 103 VNC liefe indes weitgehend leer, wollte man stets noch seine explizite Nennung in entsprechenden Vorrangvorschriften anderer Abkommen fordern. Auf eine solche Nennung kommt es daher nicht an, weswegen die Ablehnung von Art. 30 WVRK aufgrund von Art. 103 VNC nicht ersatzweise zu einer Anwendung von Art. 311, 282 SRÜ führen kann. Zum anderen ergibt sich aus der Rechtsfolge des Art. 103 VNC, daß das Seerechtsübereinkommen jedenfalls nicht zusammenhanglos und exklusiv neben dem IGH-Statut steht. Ersteres hat mithin keinen abschließenden und ausschließlichen Charakter.

dd) Exklusivität und Vorrang des IGH-Statuts vor dem Seerechtsübereinkommen?

aaa) Wahlerklärung nach Art. 287 SRÜ

Prinzipiell sind keine Gründe erkennbar, weshalb nicht eine Wahlerklärung nach Art. 287 SRÜ neben Art. 36 Abs. 2 1. HS IGH-Statut stehen können sollte. Art. 36 IGH-Statut hat keinen obligatorischen Charakter. Die Staaten sind somit nicht gezwungen, überhaupt eine Unterwerfungserklärung nach Art. 36 Abs. 2 IGH-Statut abzugeben. Sie können demgegenüber genauso gut eine Wahl nach Art. 287 Abs. 1 lit. b) SRÜ treffen. Art. 36 Abs. 2 IGH-Statut schließt mithin nicht die Abgabe einer Wahlerklärung nach Art. 287 Abs. 1 lit. b) SRÜ aus. Probleme können sich jedoch in jenen Fällen ergeben, in denen staatliche Streitparteien jeweils sich deckende (nicht durch entsprechende Vorbehalte ausgeschlossene) Unterwerfungserklärungen, gleichzeitig aber auch gleichlautende Wahlerklärungen nach Art. 287 Abs. 1 lit. b) SRÜ abgegeben haben. Welches Verfahren hat dann Vorrang?

bbb) Prüfungsmaßstab bei einer Anrufung des IGH

Bei einer einvernehmlichen Wahl des IGH nach Art. 287 Abs. 1 lit. b) SRÜ stellt sich außerdem die Frage, ob dann die Voraussetzungen des Art. 36 IGH-Statut zur Anwendung kommen, mithin die Streitparteien nur die in Art. 36 Abs. 2 lit. a) bis d)

IGH-Statut aufgeführten Fragen klären lassen können oder ob ihnen insofern der vollumfängliche Prüfungsmaßstab aus dem Seerechtsübereinkommen erhalten bleibt. Umgekehrt ist ebenso fraglich, ob die Streitparteien die in Art. 36 Abs. 2 lit. a) bis d) IGH-Statut aufgeführten Fragen auch bei Wahl des IGH unter dem Seerechtsübereinkommen vollumfänglich prüfen lassen können oder hier möglicherweise aus dem Seerechtsübereinkommen resultierenden Beschränkungen unterliegen.

In Umkehrung der oben behandelten Problematik einer Exklusivität des Seerechtsübereinkommens, respektive seines Art. 287 Abs. 1 lit. b) SRÜ im Verhältnis zu Art. 36 IGH-Statut stellt sich nun also die Frage der Exklusivität, des abschließenden und ausschließlichen Charakters des Art. 36 Abs. 2 IGH-Statut.

Gegen eine solche Exklusivität des IGH-Statuts spricht ein daraus folgender regelmäßiger Leerlauf des Art. 287 Abs. 1 lit. b) SRÜ. Würde bei Vorliegen übereinstimmender Wahlerklärungen nach Art. 287 Abs. 1 lit. b) SRÜ nur noch Art. 36 Abs. 2 IGH-Statut mit seinen dort aufgeführten Voraussetzungen und seinem dortigen Prüfungsumfang[596] gelten, so wäre die Funktion des lit. b) in Art. 287 Abs. 1 SRÜ nicht erkennbar. Mithin wäre diese Vorschrift völlig überflüssig; die Streitparteien könnten mit demselben Effekt genauso gut Unterwerfungserklärungen nach Art. 36 Abs. 2 IGH-Statut abgeben, mit dem zusätzlichen Vorteil, dabei auch noch Vorbehalte anbringen zu können. Auch die Lex-Specialis-Regel spricht gegen eine Exklusivität des IGH-Statuts. Wie der oben schon mehrfach erwähnten Art. 311 SRÜ klarstellt, berührt das Seerechtsübereinkommen nicht andere Abkommen, in denen seine Vertragsstaaten ebenfalls Mitglied sind. Voraussetzung ist, daß diese anderweitigen Abkommen mit dem Seerechtsübereinkommen vereinbar sind und Rechte und Pflichten der übrigen Vertragssparteien im Seerechtsübereinkommen nicht beeinträchtigt werden. Nicht mit den neuen Bestimmungen des Seerechtsübereinkommens vereinbare Regelungen des alten Rechts gelten nicht weiter. Allerdings schafft Art. 311 SRÜ nicht automatisch und generell sämtliche seerechtliche Vorgängerabkommen ab.[597] Die Bestimmungen des Art. 290 ergänzen vielmehr jene des IGH-Statuts und der Verfahrensordnung des IGH. Dies gilt schon deshalb, weil das Seerechtsübereinkommen nicht alle für das Verfahren vor einem internationalen Gericht notwendigen Regelungen trifft. Insbesondere das in seiner Verfahrensordnung festgelegte Verfahrensrecht des IGH findet sich nicht im Seerechtsübereinkommen oder seinen Anlagen und muß daher auch hier anwendbar sein. Art. 311 SRÜ führt indes auch nicht zu einer völligen Verdrängung der im Seerechtsübereinkommen geschaffenen Regelungen betreffend den IGH. Ansonsten hätte das Seerechtsübereinkommen in bezug auf den Internationalen Gerichtshof über-

---

[596] Art. 36 Abs. 2 it. a) bis d) IGH.

[597] FC/7 (1979) (President) in Platzöder, Documents, Bd. XII, S. 360.

haupt keine eigenständigen Regelungen schaffen müssen, sondern schlicht auf IGH-Statut und IGH-VerfO zu verweisen brauchen.

Art. 36 IGH-Statut kann bei einer grundsätzlichen Anwendbarkeit des Seerechtsübereinkommens daher nie ausschließlichen Charakter haben. Insofern besteht zwischen IGH-Statut und Seerechtsübereinkommen ein Ergänzungsverhältnis. Dies sagt aber noch nichts darüber aus, welches Übereinkommen welches ergänzt, mithin also welche der beiden Streitbeilegungsregelungen Vorrang vor der jeweils anderen hat.

ccc) Ergänzungsverhältnis zwischen IGH-Statut und Seerechtsübereinkommen

Zwei Annahmen könnte man hier machen:

- Die Streitbeilegungsvorschriften des Seerechtsübereinkommens haben im Verhältnis zu jenen des IGH-Statuts nur ergänzenden Charakter, das heißt, sie gelten nur, soweit sie den Regelungen des IGH-Statuts nicht widersprechen. Letztere hätten mithin Vorrang vor ersteren.

- Umgekehrt, das heißt, die Regelungen des Seerechtsübereinkommens sind der Grundsatz, den das IGH-Statut nur ergänzt.

Geht man von der ersten Annahme aus, so ergäbe sich ein Widerspruch der Regelungen aus Art. 36 Abs. 2 lit. a) bis d) IGH-Statut zur Regelung aus Art. 293 SRÜ, wonach das nach Art. 287 Abs. 1 SRÜ gewählte Gericht oder der hiernach gewählte Gerichtshof, also auch der IGH sowohl das Seerechtsübereinkommen, als auch alle anderen hiermit nicht unvereinbaren Regeln des Völkerrechts anwendet und prüft. Wollte man hier Art. 36 IGH-Statut Vorrang vor dem Seerechtsübereinkommen einräumen, so bliebe der Prüfungsmaßstab des nach Art. 287 SRÜ gewählten und somit, wie gesehen, auch nach Teil XV Abschnitt 2 SRÜ zuständigen IGH entgegen der ausdrücklichen Anordnung aus Art. 293 SRÜ auf die Gegenstände aus Art. 36 IGH-Statut beschränkt. Art. 293 SRÜ liefe jedenfalls in diesen Fällen leer, was nicht ratio legis des seerechtlichen Streitbeilegungsregimes ist, das gerade alle mit dem Seerechtsübereinkommen zu vereinbarenden völkerrechtlichen Texte gerichtlicher Prüfung im Sinne von Art. 287 Abs. 1 SRÜ zugänglich machen will. Der IGH ist daher bei einer Wahl nach Art. 287 Abs. 1 lit. b) SRÜ nicht auf die in Art. 36 Abs. 2 IGH-Statut aufgeführten Gegenstände beschränkt, sondern geht einerseits weiter (alle völkerrechtlichen Regeln) und ist andererseits enger (nur die mit dem Seerechtsübereinkommen zu vereinbarenden Regeln). Zudem enthält Art. 293 Abs. 2 SRÜ eine Ex-Aequo-Et-Bono-Regel, die das IGH-Statut so nicht kennt und die bei einem Vorrang von Art. 36 Abs. 2 SRÜ ebenfalls leerliefe. Es würde sich insofern auch fragen, ob die diskutierte Verdrängungswirkung des Art. 36 Abs. 2 IGH-Statut auch zur Unanwendbarkeit des Art. 286 SRÜ, mithin also des gesamten ersten Abschnitts von Teil XV SRÜ als Vorlauf führen und damit die gesamte Systematik des Seerechtsübereinkommens torpedieren würde.

Aus alledem folgt insofern, daß es weder einen kompletten Anwendungsvorrang des Seerechtsübereinkommens, noch einen kompletten Anwendungsvorrang des IGH-Statuts geben kann. Vom Grundsatz her gilt daher nicht das IGH-Statut, da sonst die Regelungen des Seerechtsübereinkommens überflüssig wären.

Für die zweite Annahme, wonach grundsätzlich das Seerechtsübereinkommen mit seinem Streitregelungsregime gilt und ergänzend die Vorschriften aus Art. 36 IGH-Statut hinzutreten, spricht insbesondere der spezielle Charakter des Seerechtsübereinkommens. Die Voraussetzungen aus dem IGH-Statut griffen demnach nur ein, sofern die Bestimmungen aus dem Seerechtsübereinkommen grundlegende Prinzipien dieses Statuts oder der VNC verletzen. Hierfür spricht auch hier der schon angeführte Art. 286 SRÜ, wonach für seerechtliche Auslegungs- und Anwendungsfragen, die in der Regel das Seerechtsübereinkommen betreffen, grundsätzlich auch die Streitbeilegungsverfahren des Seerechtsübereinkommens zur Anwendung kommen müssen.

Im Ergebnis ist daher das Seerechtsübereinkommen bei einer IGH-Wahl nach Art. 287 SRÜ grundsätzlich vorrangig vor dem IGH-Statut. Nur wenn grundlegende Prinzipien der VNC tangiert werden, tritt die betreffende Regelung des Seerechtsübereinkommens hinter die das verletzte Prinzip beinhaltende Regelung des IGH-Statuts zurück.

ddd) Anwendung

In der konkreten Anwendung oben vertretener Auffassung gelten die Art. 36 Abs. 2 lit. a) bis d) IGH-Statut daher vom Grundsatz her nicht, wenn die Parteien den IGH nach dem Seerechtsübereinkommen gewählt haben. Vorrangig ist insofern Art. 293 SRÜ inklusive der entsprechenden Beschränkungen. Art. 36 IGH-Statut gilt insofern nur dort, wo kein Widerspruch zu den genannten Bestimmungen des Seerechtsübereinkommens besteht. So kann etwa in den Fällen des Art. 36 Abs. 2 lit. a) IGH-Statut ein Ergänzungsverhältnis mit Art. 293 Abs. 1 SRÜ eintreten, da beide Vorschriften dasselbe, die Vertragsauslegung durch den IGH, regeln. In den Fällen des Art. 36 Abs. 2 lit. b) IGH-Statut hingegen ist das Seerechtsübereinkommen vorrangig, weil es insofern speziellere Regelungen enthält, die auf dem besonderen Charakter seerechtlicher Streitbeilegung beruhen. Denn anders als Art. 36 Abs. 2 lit. b) IGH-Statut, der alle völkerrechtlichen Fragen als Prüfungsmaterie für den IGH erfaßt, beschränkt Art. 293 Abs. 1 den Prüfungsgegenstand auf die mit dem Seerechtsübereinkommen vereinbarbaren Regeln. Die Feststellung von Tatsachen durch den IGH, die sein Statut in Art. 36 Abs. 2 lit. c) ermöglicht, ist dem IGH unter dem Seerechtsübereinkommen nur inzident, also nur im Rahmen einer konkreten Streitigkeit über Auslegung oder Anwendung des Seerechtsübereinkommens und anderer hiermit nicht unvereinbarer völkerrechtlicher Regeln möglich, da die Konvention im übrigen keine Bestimmung zur Tatsachenfeststellung durch unter Art. 287 SRÜ gewählte Gerichte oder Gerichtshöfe enthält. Weder in Art. 293, noch in Art. 286 SRÜ findet sich eine entsprechende Bestimmung. Art. 36 Abs. 2 lit. d) SRÜ gilt daher nur soweit eine solche Tatsachenfeststellung im Rahmen eines konkreten Verfahrens notwendig ist.

Auch für die Wiedergutmachung von Schäden, die ein Staat durch völkerrechtswidriges Handelnd eines anderen Staats erlitten hat, finden sich keine allgemeinen Regelungen im Seerechtsübereinkommen. Art. 111 Abs. 8 SRÜ enthält allerdings eine Indemnisationsbestimmung für unrechtmäßige Nacheile. Außerdem gilt über Art. 304 SRÜ der gewohnheitsrechtliche allgemeine völkerrechtliche Grundsatz, wonach durch völkerrechtswidriges Handeln verursachte Schäden zu ersetzen sind.[598] Der Internationale Seegerichtshof hat nach diesen Rechtsgrundlagen im Fall Saiga dem klagenden Staat Saint Vincent und den Grenadinen mehr als US $ 2,1 Mio. Schadensersatz zugesprochen.[599] Zumal daher der gemäß Art. 287 SRÜ gewählte IGH über Art. 304 SRÜ letztlich in gleicher Weise Schadensersatz gewähren kann, wie unter Art. 36 Abs. 2 lit. d) IGH-Statut, besteht auch hier ein Ergänzungsverhältnis, Art. 36 Abs. 2 IGH-Statut iVm. Art. 304 SRÜ und dem allgemeinen völkerrechtlichen Entschädigungsgrundsatz.

Schwieriger als das Verhältnis von Art. 36 Abs. 2 lit. a) bis d) IGH-Statut zu den Streitregelungen des Seerechtsübereinkommens ist das Verhältnis von Unterwerfungs- und Wahlerklärung nach Art. 36 Abs. 2 1. HS IGH-Statut und Art. 287 Abs. 1 lit. b) SRÜ zu bewerten. Da nur eines von beidem vorliegen kann, schließen sich die beiden Vorschriften mithin aus. Insbesondere ergeben sich, wie gesehen, Widersprüche bei der Wahlerklärung internationaler Organisationen. Eine entsprechende Wahl des IGH nach Art. 287 Abs. 1 lit. b) SRÜ würde hier den tragenden Grundsatz des IGH-Statuts und der VN-Charta verletzen, wonach nur Staaten Mitglieder und Streitparteien nach Charta und Statut sein können. Trotz seiner grundsätzlichen Vorrangigkeit steht die Streitregelung aus Art. 287 Abs. 1 lit. b) SRÜ bei der Wahlerklärung einer internationalen Organisation daher zurück. Insofern ist Art. 36 Abs. 2 IGH-Statut vorrangig.

---

[598] StIGH Urteil/Factory at Chorzów Hauptsache, PCIJ, Series A, No. 13, 1928, S. 47.

[599] ISGH M/V "Saiga" (No. 2) v. 01.07.1999, Rdnrn. 167 ff. in ITLOS, Reports, 1999, S. 7 (64 ff.).

Bei einer staatlichen Wahlerklärung nach Art. 287 SRÜ ergeben sich hingegen keine Kollisionsprobleme, da der IGH hier jedenfalls, entweder nach Art. 36 Abs. 2 IGH-Statut oder nach Art. 287 SRÜ, zuständig wird, ohne daß sich entsprechende Parteifähigkeitsprobleme oder andere Verfahrenshindernisse stellen.

ee) Ergebnis

Als Ergebnis des Konkurrenzverhältnisses von Art. 36 Abs. 2 IGH-Statut und Art. 287 SRÜ läßt sich also sagen, daß bei einer Wahl des IGH nach Art. 287 SRÜ grundsätzlich dessen Streitregelungsregime Anwendung findet. Es steht nur dann zurück, wenn seine Anwendung tragende Grundsätze aus der VNC oder dem darin beinhalteten IGH-Statut verletzen würde. Bei einfachen Widersprüchen zwischen den beiden Regimen hat das seerechtliche Streitbeilegungsregime Vorrang. Sagen beide dasselbe, so besteht ein Ergänzungsverhältnis. Diese Fälle sind jedoch nicht als echte Kollisionsfälle anzusehen.

b) Art. 287 Abs. 1 lit. b) SRÜ versus Art. 36 Abs. 2 IGH-Statut am Beispiel des „Fisheries Jurisdicion Case"

Bislang hat der Seegerichtshof eine Reihe von Fällen entschieden, die vor allem für sein Verhältnis zur seevölkerrechtlichen Schiedsgerichtsbarkeit von Interesse sind. In Abgrenzung zur Gerichtsbarkeit des IGH sind vor allem Fälle von Belang, die nicht dem Seegerichtshof, sondern dem IGH unterbreitet wurden. Hier ist besonders der Fischereistreit zwischen Kanada und Spanien, der sogenannte Fisheries Jurisdiction Case,[600] von Interesse.

aa) Sachverhalt

Am 9. März 1995 wird das unter spanischer Flagge fahrende Fischerboot „Estai" innerhalb der sogenannten NAFO Regulatory Area[601] durch Boote der kanadischen Küstenwache aufgebracht und in den Hafen von Saint John's geleitet. Der Kapitän wird festgenommen. Kanada reklamiert eine Verletzung seiner Fischereigesetzgebung,[602] welche die Fischerei in der NAFO Regulatory Area regelt. Spanien hält ebenso wie die für Fischereipolitik zuständige EG das Vorgehen Kanadas für unverhältnismäßig.

---

[600] IGH Fisheries Jurisdiction, Urteil v. 04.12.1998, ICJ Reports, 1998, S. 429 ff..

[601] Vom Nordwestatlantischen Fischereikooperationsabkommen ("Convention on Future Multilateral Cooperation in the Northwest Atlantic") von 1978 definierte Zone.

[602] "Coastal Fisheries Protection Act".

Am 12. bzw. 15. März 1995 erfolgen Freigabe von Schiff und Kapitän gegen Hinterlegung einer Kaution.

Am 28. März 1995 ruft Spanien den IGH zur Entscheidung über die Rechtmäßigkeit des Aufbringens der Estai an. Nach spanischer Ansicht ergibt sich die Gerichtsbarkeit des Gerichtshofs aus Art. 36 Abs. 2 IGH-Statut. Beide Staaten hatten entsprechende Unterwerfungserklärungen abgegeben.[603] Kanada stimmt zwar mit Spanien darin überein, daß die Gerichtsbarkeit des Internationalen Gerichtshofs nach Art. 36 Abs. 2 IGH-Statut grundsätzlich gegeben ist, für vorliegende Streitigkeit jedoch der von Kanada abgegebene Fischereivorbehalt eingreife. Kanada hatte seine Unterwerfungserklärung unter dem Vorbehalt abgegeben, daß der Internationale Gerichtshof keine Gerichtsbarkeit hinsichtlich Streitigkeiten haben solle, die kanadische Fischereiregelungen in der NAFO Regulatory Area betreffen. Der IGH hat daher nach kanadischer Auffassung im vorliegenden Rechtsstreit keine Gerichtsbarkeit.

Die Streitparteien vereinbaren Vorabklärung dieser Frage. Der IGH gibt in seinem Urteil vom 4. Dezember 1998 Kanada recht. Die entsprechenden Bestimmungen in Kanadas Fischereigesetzen[604] betreffen „Erhaltungs- und Managementmaßnahmen" bezüglich des Fischfangs in der NAFO Regulatory Area und werden daher vom kanadischen Vorbehalt erfaßt. Der IGH stellt somit seine fehlende Gerichtsbarkeit in dem Streit fest und kommt nicht mehr zu einer Erörterung der Rechtmäßigkeit des Aufbringens.

bb) Alternative Möglichkeiten der Streitbeilegung im Fall Estai

Höchst theoretisch stellt sich jedoch die Frage alternativer Streitbeilegungsmöglichkeiten für diesen seerechtlichen Fall, insbesondere, einer Anrufung der im Seerechtsübereinkommen vorgesehenen Streitbeilegungsmittel.

aaa) Internationaler Seegerichtshof

Eine Zuständigkeit des Internationalen Seegerichtshofs in dem Fall über Art. 290 Abs. V und insbesondere Art. 292 SRÜ scheidet jedenfalls aus, da Schiff und Kapitän zum Zeitpunkt der Klageerhebung am 28. März 1995 bereits freigegeben sind. Es ist aber zu prüfen, inwiefern die Gerichtsbarkeit des Seegerichtshofs nach Art. 287 f. SRÜ gegeben ist.

---

[603] Unterwerfungserklärung (Art. 36 Abs. 2 IGH) Kanadas vom 10.05.1994 abgegeben.
[604] „Coastal Fisheries Protection Act" von 1994/95.

Diese würde jedoch aus verschiedenen Gründen scheitern: Zum einen hatte Spanien seinerzeit keine Wahlerklärung nach Art. 287 Abs. 1 lit. a), sondern nur nach lit. b) SRÜ abgegeben.[605] Zum anderen ist Kanada bislang nicht Mitglied im Seerechtsübereinkommen.[606] Kanada ist zwar Vertragspartei im „Agreement for the implementation of the provisions of the Convention relating to the conservation and management of straddling fish stocks and highly migratory fish stocks", das vorliegend auch einschlägig wäre. Dieses Abkommen ist bislang jedoch noch nicht in Kraft. Tatsächlich kommt eine Beilegung des Estai-Streits durch Entscheidung des Internationalen Seegerichtshofs daher nicht in Betracht.

Rein hypothetisch kann man sich die Frage stellen, ob sich eine Zuständigkeit des Internationalen Seegerichtshofs ergeben könnte, sofern Kanada das Seerechtsübereinkommen ratifiziert und eine Wahlerklärung nach Art. 287 Abs. 1 lit. a) SRÜ abgibt. Dann stellt sich zwar zunächst auch das Problem, daß Spanien keine entsprechende Wahlerklärung abgegeben, sondern gemäß Art. 287 Abs. 1 lit. b) SRÜ den IGH als Streitbeilegungsorgan unter des Seerechtsübereinkommens gewählt hat. Kanadas Gegenpartei könnte und müßte statt Spanien aber auch die für Fischereipolitik ohnehin zuständige EG sein, die den Seegerichtshof im übrigen gemäß Art. 287 SRÜ gewählt hat.[607] Unter dieser Prämisse wäre tatsächlich im Grundsatz der Seegerichtshof für eine Entscheidung des Estai-Streits zuständig. Allerdings fragt sich, ob Kanada mit einer Wahlerklärung nach Art. 287 Abs. 1 lit. a) SRÜ nicht auch von seinem Vorbehaltsrecht in dem Umfang Gebrauch machen würde, in dem es dies für das Abkommen über weitwandernde Arten getan hat. Entsprechend fielen auch dann Fischereistreitigkeiten doch wieder aus dem Bereich der Gerichtsbarkeit des Seegerichtshofs heraus. Andererseits wäre Kanada hier auf den Fischereivorbehalt aus Art. 297 f. SRÜ beschränkt. Wenn eine Gerichtsbarkeit des Internationalen Seegerichtshofs bestände, ergäbe sich im übrigen das Problem einer gleichzeitig weiterbestehenden Zuständigkeit des IGH nach Art. 36 Abs. 2 IGH-Statut. Prinzipiell ist eine solche mehrfache Gerichtsbarkeit aber unschädlich. Die Tatsache, daß mehrere Gerichte in einem Rechtsstreit Gerichtsbarkeit haben, wird durch das Völkerrecht nicht ausgeschlossen. Zuständig wird dann derjenige Gerichtshof, der von Antragsteller bzw. Kläger zuerst angerufen wird.

---

[605] LSB No. 44 (2001), S. 1 (8); Erklärung gem. Art. 287 Abs. 1 lit. a) SRÜ v. 12.07.2002, http://www.un.org/Depts/los/settlement_of_disputes/choice_procedure.htm.

[606] Kanada hat die Konvention zwar unterzeichnet, aber noch nocht ratifiziert, LSB No. 44 (2001), S. 1 (2); http://www.un.org/Depts/los/status2001.pdf.

[607] LSB No. 44 (2001), S. 1 (3).

bbb) IGH

Die Zuständigkeit des IGH könnte sich indes auch aus Art. 287 Abs. 1 lit. b) SRÜ ergeben, sofern Kanada das Seerechtsübereinkommen ratifiziert und eine entsprechende Wahlerklärung abgibt, was durchaus erfolgen könnte, nachdem Kanada auch eine Unterwerfungserklärung nach Art. 36 Abs. 2 IGH-Statut abgegeben hat. Andererseits scheint Kanada in Fischereistreitigkeiten, die von erheblicher wirtschaftlicher Bedeutung für das Land sein können, streitiger internationaler Streitbeilegung besonders kritisch gegenüber zu stehen, was sich aus der Wahl eines seevölkerrechtlichen Schiedsgerichts nach Anlage VII SRÜ für Streitigkeiten im Rahmen des Abkommens über weit wandernde Arten und die Anbringung entsprechender Vorbehalte nach Art. 298 SRÜ und nicht zuletzt auch der einschlägige kanadische Vorbehalt unter Art. 36 Abs. 2 IGH-Statut zeigt. So gesehen erscheint es eher unwahrscheinlich, daß Kanada in Fischereistreitigkeiten eine Wahlerklärung nach Art. 287 Abs. 1 lit b) SRÜ trifft. Entsprechende Erklärungen Kanadas dennoch unterstellt, ergibt sich das Problem, ob die EG bzw. Spanien als gegnerische Partei durch Anrufung des IGH unter dem Seerechtsübereinkommen Kanadas Fischereivorbehalt umgehen könnte. Insofern stellt sich die Frage, ob unter Art. 36 Abs. 3 IGH-Statut angebrachte Vorbehalte im Wege einer Ergänzung von Seerechtsübereinkommen und IGH-Statut berücksichtigt werden müssen.

Wie oben vertreten gilt bei einer Wahl des IGH nach dem Seerechtsübereinkommen dieses vorrangig. Das IGH-Statut kann dann nur in ganz eng umgrenzten Einzelfällen vorrangig sein, wenn durch Anwendung des Seerechtsübereinkommens tragende Grundsätze von VN-Charta oder IGH-Statut verletzt würden. Eine Vorbehaltserklärung durch einen Staat bei Abgabe einer Unterwerfungserklärung zählt hierzu indes nicht. Deren Nichtberücksichtigung führte im Gegensatz etwa zur Einräumung einer Parteifähigkeit internationaler Organisationen vor dem IGH, nicht zu einer Systemkrise. Vielmehr bleibt es jedem Staat selbst überlassen, auch bei einer Wahl des IGH nach Art. 287 SRÜ entsprechende Vorbehalte nach Maßgabe der Art. 297 f. SRÜ anzubringen. Die unter dem IGH-Statut abgegebenen Vorbehalte bleiben hier unberücksichtigt.

Anders verhielte es sich nach oben vertretener Ansicht mit der Parteifähigkeit der EG. Sie wäre bei einer Wahlerklärung Kanadas nach Art. 287 Abs. 1 lit. b) SRÜ nicht gegeben. Daran ändert auch die Tatsache nichts, daß die Mitgliedstaaten der Europäischen Gemeinschaft dieser prinzipiell die Zuständigkeit für die Fischereipolitik übertragen haben. Denn zumindest in vorliegendem Fall geht es auch um Souveränitätsaspekte, weswegen anstatt der EG hier ihre Mitgliedstaaten einen Rest Parteifähigkeit behalten. Letztlich wird es in jedem solchen Fall immer auch um Souveränitätsaspekte gehen, so daß eine Zuständigkeit der betreffenden Mitgliedstaaten auch suprastaatlicher Organisationen stets gegeben sein dürfte. Sollte es jedoch auf Ebene der EG/EU in der Zukunft zu einer vollständigen Souveränitäts-übertragung kommen, müßte man sich die Frage nach einer ausnahmsweisen Par-teifähigkeit supranationaler, staatenähnlicher Organisationen unter Art. 287 Abs. 1 lit. b) SRÜ neu überlegen.

4. Abgrenzung der Verfahren nach Art. 287 Abs. 1 lit. b) SRÜ von jenen nach Art. 36 Abs. 1 1. Alt IGH-Statut

Zu untersuchen ist, ob es auch in den Fällen der ad hoc Unterbreitung durch Abschluß eines „compromis" gemäß Art. 36 Abs. 1 IGH-Statut zu Konkurrenzen mit dem seerechtlichen Streitbeilegungsregime kommen kann.

Auch das Verhältnis von Art. 36 Abs. 1 Alt. 1 IGH-Statut zu Art. 287 Abs. 1 SRÜ bemißt sich entsprechend der oben für Art. 36 Abs. 2 IGH-Statut gemachten Aus-führungen nach Art. 103 VNC.

a) Übereinstimmende Wahlerklärungen in Form eines „compromis"

Bei Abgabe einer Wahlerklärung unter Art. 287 Abs. 1 SRÜ durch die Streitparteien in Form einer völkerrechtlichen Übereinkunft kann es im konkreten Fall hinsichtlich zweier Fragen zu Abgrenzungsschwierigkeiten zwischen den abgegebenen Erklä-rungen kommen:

- Über die bereits oben behandelte Problematik der faktischen Abgrenzung ei-ner Erklärung im Sinne von Art. 287 SRÜ oder von Art. 36 SRÜ, nun bezo-gen auf den geschlossenen „compromis"

- Der eventuellen Umgehungsmöglichkeit der Voraussetzungen nach dem IGH-Statut durch Abschluß eines „compromis" in Form einer Erklärung nach Art. 287 SRÜ, statt nach Art. 36 Abs. 1 Alt. 1 IGH-Statut.

Erstere Frage ist, wie oben bereits erörtert, durch Auslegung zu klären. Hinsichtlich der zweiten Frage ist eine Umgehung der Voraussetzungen des IGH-Statuts durch Abschluß eines „compromis" durch die Parteien im Grundsatz relativ unwahrschein-lich, weil die Anforderungen an eine einseitige Wahlerklärung nach Art. 287 SRÜ ungleich geringer sind als an einen zweiseitigen „compromis", den die Parteien mit konkreten Einigungsbemühungen erst herbeiführen müssen. Die Wahrscheinlich-keit ist darum nicht besonders groß, daß die Parteien statt der unilateralen Erklä-rung nach Art. 287 SRÜ unter derselben Vorschrift eine zweiseitige Vereinbarung gleichen Inhalts treffen.

Größer ist jedoch die Wahrscheinlichkeit, daß beide Streitparteien gleichlautende Wahlerklärungen nach Art. 287 Abs. 1 lit. b) SRÜ SRÜ abgeben und so die Voraussetzungen aus Art. 36 Abs. 1 Alt. 1 IGH-Statut umgehen. Dagegen spricht jedoch das oben angesprochene Ergänzungsverhältnis zwischen Seerechtsübereinkommen und IGH-Statut, das bei Verletzung tragender Grundsätze des Streitbeilegungsregimes der VNC auch Vorrang vor dem Regime aus Teil XV SRÜ hat. Unabhängig davon, ob die Streitparteien übereinstimmende Wahlerklärungen nach Art. 287 Abs. 1 lit. b) SRÜ abgeben und sich dies als „compromis" interpretieren läßt, oder die Parteien gleich einen „compromis" im eigentlichen Sinne schließen, werden sich die tragenden Grundsätze der VNC und des IGH-Statuts hierdurch, nach oben vertretenem Ergebnis, nie umgehen lassen.

b) Der „compromis" nach Art. 36 Abs. 1 Alt. 1 IGH-Statut als Übereinkunft im Sinne von Art. 282 SRÜ

Wie gesehen,[608] kann ein „compromis" im Sinne von Art. 36 Abs. 1 Alt. 1 IGH-Statut in Zusammenschau mit dem Seerechtsübereinkommen auch als Übereinkunft im Sinne von Art. 282 SRÜ interpretiert werden. Alle in „anderen, allgemeinen, regionalen oder zweiseitigen" Abkommen enthaltenen Streitbeilegungsregelungen, die zu bindenden Entscheidungen führen und mit dem Seerechtsübereinkommen vereinbar sind,[609] genießen insofern Vorrang vor dem Streitbeilegungsregime des Seerechtsübereinkommens. Dementsprechend sind kompromissarische Klauseln gemäß Art. 282 SRÜ vorrangig vor den Streitbeilegungsmitteln aus Art. 287 SRÜ.

Eine interessanten Frage ist in diesem Zusammenahng, ob Art. 36 Abs. 1 Alt. 1 IGH-Statut selbst als kompromissarische Klausel im Sinne von Art. 282 SRÜ interpretiert werden kann. Dann ergäbe sich wiederum eine Konkurrenz zwischen Teil XV des Seerechtsübereinkommens und Art. 36 IGH-Statut. Insofern wäre aber fraglich, ob Art. 36 IGH-Statut die Vorrangsvoraussetzungen des Art. 282 SRÜ erfüllt und somit dessen Streitbeilegungsregime vorgeht. Denn zwar ist auch eine Entscheidung des IGH bindend im Sinne des Art. 282 SRÜ, ob aber das IGH-Statut mit dem Seerechtsübereinkommen vereinbar ist, muß vor dem Hintergrund der vorliegenden Arbeit bezweifelt werden. Vielmehr zeigen sich an verschiedenen Stellen eine Reihe von Widersprüchen und Konflikten zwischen dem Seerechtsübereinkommen und der Charta der Vereinten Nationen, bzw. dem zugehörigen Statut des Internationalen Gerichtshofs. Von einer Vereinbarkeit ist vor diesem Hintergrund nicht auszugehen.

---

[608] S. o. u. B. III. 2. a) aa) (2) (b) (aa) (β) (ββ).
[609] Lehoux, CYIL, 1980, S. 31 (44).

Für eine Interpretation von Art. 36 Abs. 1 Alt. 1 IGH-Statut als kompromissarische Klausel im Sinne von Art. 282 SRÜ spricht, daß man mit dem Seerechtsübereinkommen der Vereinten Nationen ein völlig neues System völkerrechtlicher Streitbeilegung für einen speziellen, begrenzten Bereich schaffen wollte. Es ist insofern unabhängig von etwaigen früheren Streitregelungen, die es aber durchaus miteinbezieht.

Triftige Gründe sprechen allerdings dagegen, Art. 36 Abs. 1 Alt. 1 IGH-Statut als kompromissarische Klausel im Sinne von Art. 282 SRÜ anzusehen. Man könnte Art. 36 IGH-Statut als Grundvorschrift völkerrechtlicher Streitbeilegung betrachten, auf die alle übrigen Streitbeilegungsvorschriften des Völkerrechts bezogen sind, nicht umgekehrt. Art. 36 IGH-Statut ließe sich insofern nicht als bloße Klausel eines anderen multilateralen Übereinkommens wie dem Seerechtsübereinkommen interpretieren. Das Statut selbst führt als solches zur IGH-Zuständigkeit und läßt sich insofern nicht an zusätzliche Bedingungen aus anderen internationalen Abkommen knüpfen. Art. 36 Abs. 1 Alt. 1 SRÜ läßt sich daher nicht als kompromissarische Klausel im Sinne von Art. 282 SRÜ interpretieren.

Schwerwiegende Kollisionen zwischen Art. 36 Abs. 1 Alt. 1 IGH-Statut und Art. 287 Abs. 1 lit. b) SRÜ sind daher nicht zu erwarten.

5. Art. 287 Abs. 1 lit. b) SRÜ und kompromissarische Klauseln nach Art. 36 Abs. 1 Alt. 2 IGH-Statut

Unter kompromissarischen Klauseln, die auch Schiedsgerichtsklauseln[610] genannt werden, versteht man Streitregelungsvorschriften in internationalen Abkommen, meist für Streitigkeiten über Auslegung oder Anwendung des konkreten Abkommens. Diese Streitregelungsvorschriften sehen für die Beilegung einer solchen Streitigkeit zwischen den Parteien ein dort bezeichnetes Streitbeilegungsmittel jedweder Art vor. In einer Reihe internationaler Abkommen begründen kompromissarische Klauseln so die Gerichtsbarkeit des IGH (Art. 36 Abs. 1 Alt. 2 IGH-Statut).

Sieht eine kompromissarische Klausel die Begründung der Gerichtsbarkeit des IGH nach Art. 287 SRÜ, anstatt nach Art. 36 Abs. 1 Alt. 2 IGH-Statut vor, so lassen sich hierdurch die tragenden Prinzipien des IGH-Statuts aus den oben mehrfach genannten Gründen ebensowenig umgehen. Umgekehrt kann eine kompromissarische Klausel in seerechtlichen Streitigkeiten aber auch eine IGH-Zuständigkeit nach Art. 36 Abs. 1 Alt. 2 SRÜ vorsehen und somit nicht nach Art. 287 SRÜ. Insofern bleibt für die Anwendung des Art. 287 SRÜ kein Platz mehr; es gilt allein das IGH-Statut. Von einer solchen Klausel wird man allerdings eine explizite Bestim-

---

[610] Verdross/Simma, Universelles Völkerrecht, 3. Aufl., § 187.

mung des IGH nach Art. 36 seines Statuts verlangen müssen, da sonst faktische Auslegungsprobleme entstehen, nach welcher Bestimmung (Art. 36 IGH-Statut oder Art. 287 SRÜ) der IGH denn nun zuständig sein soll, was mithin für den Vorrang des Statuts oder des Seerechtsübereinkommens Auswirkungen hätte. Mangels expliziter Zuweisung ist in seerechtlichen Konflikten von einer Zuständigkeit des IGH nach dem spezielleren Art. 287 SRÜ auszugehen, sofern die Streitparteien Mitglieder im Seerechtsübereinkommen sind und nicht Tatsachen bestehen, die ihren gegenteiligen Willen zum Ausdruck bringen. Ein Beispiel für eine kompromissarische Klausel zur Begründung der Gerichtsbarkeit des IGH ist der unten im Rahmen der Schiedsgerichtsbarkeit noch ausführlicher erörterte Art. 16 der SBT-Konvention. Er sieht in seinem Absatz 2 neben einer Streitbeilegung durch ein entsprechendes Schiedsgericht auch eine Streitbeilegung durch den IGH vor. Voraussetzung sind aber stets sich deckende Unterwerfungserklärungen.

Auch kompromissarische Klauseln können, wie oben gesehen, als Übereinkünfte im Sinne von Art. 282 SRÜ interpretiert werden und genießen dann entsprechenden Anwendungsvorrang vor den Streitbeilegungsmitteln aus Art. 287 SRÜ. Art. 36 Abs. 1 Alt. 2 IGH-Statut läßt sich insofern mit den gleichen Argumenten wie Art. 36 Abs. 1 Alt. 1 IGH-Statut nicht als kompromissarische Klausel im Sinne von Art. 282 SRÜ interpretieren. Hier spricht insbesondere auch der Wortlaut von Art. 36 Abs. 1 Alt. 2 IGH-Statut, der von Streitregelungsregelungen „in geltenden Verträgen und Übereinkommen" spricht, gegen eine solche Auslegung. Der Wortlaut des Art. 36 Abs. 1 Alt. 2 SRÜ ist nicht in dem Sinne zu verstehen, daß auch das IGH-Statut ein solcher geltender Vertrag ist, sondern erfaßt insofern nur „andere" geltende Verträge, die zu einer Zuständigkeit des IGH führen. Das Statut selbst führt als solches zur IGH-Zuständigkeit und läßt sich insofern nicht an zusätzliche Bedingungen aus anderen internationalen Abkommen knüpfen.

6. Art. 287 Abs. 1 lit. b) SRÜ bei Genehmigung und forum prorogatum nach Art. 36 Abs. 1 IGH-Statut

Ruft eine Streitpartei den IGH an und die andere/n Streitpartei/en genehmigt/en dies, gegebenenfalls stillschweigend (forum prorogatum), so kann die Zuständigkeit des IGH gemäß Art. 36 Abs. 1 IGH-Statut begründet werden. Teilweise wird auch schon die explizite Genehmigung, ja die vorherige Zustimmung als forum prorogatum bezeichnet.[611] Fraglich ist, ob eine solche unter Umständen sogar stillschweigend erfolgende Zuständigkeitsbegründung prinzipiell auch unter dem Seerechtsübereinkommen und speziell bei einer Anrufung des IGH nach Art. 287 Abs. 1 lit. b) SRÜ möglich ist. Falls nicht, so könnte durch bei Anrufung des IGH nach Art. 36 Abs. 1 IGH-Statut durch forum prorogatum ein faktischer Vorteil des IGH-Statuts

---

[611] Soubeyrol, « Forum prorogatum » et Cour Internationale de Justice, RGDIP, 1972, S. 1098 ff..

gegenüber dem Seerechtsübereinkommen bestehen. Denn die Gerichtsbarkeit des IGH käme in einem solchen Fall leichter zustande als jene des Internationalen Seegerichtshofs, bei der die Parteien unter Art. 287 SRÜ zumindest übereinstimmende Erklärungen abgeben müssen. Gewiß ist der Unterschied weniger juristischer, denn faktischer Art, nichtsdestotrotz aber eine Betrachtung wert.

Bereits im Fall „Rights of Minorities in Upper Silesia" hat der Ständige Interntationale Gerichtshof entschieden, daß zur Begründung seiner Gerichtsbarkeit nicht unbedingt die vorherige und explizite Zustimmung aller Streitparteien zum Verfahren vor diesem Gerichtshof notwendig ist. Ausreichend ist insofern die Vornahme bestimmter Verfahrenshandlungen, wie Verteidigungsvorbringen, Klageerwiderung oder Ausführungen zur Sache ohne Zuständigkeitsrüge.[612]

Dagegen, dies auch auf Verfahren vor dem Seegerichtshof anzuwenden, spricht die grundsätzliche Unterwerfungs-, mithin Zustimmungsnotwendigkeit durch die staatlichen Streitparteien. Andererseits sind die Streitparteien vor dem Internationalen Seegerichtshof nicht zwingend Staaten und sieht das Seerechtsübereinkommen zudem auch eine Reihe von Verfahren – speziell im einstweiligen Rechtsschutz und in Meeresbodenangelegenheiten – vor, in denen gerade keine übereinstimmenden Erklärungen zur Begründung der Gerichtsbarkeit des Seegerichtshofs nötig sind.

Für die Anwendung der Regel des forum prorogatum in den Verfahren nach Art. 287 SRÜ spricht zudem, daß die Ursprungsrechtsprechung des Ständigen Internationalen Gerichtshofs zum forum prorogatum auch auf die Rechtsprechung des IGH übertragen wurde. Bereits im „Corfu-Channel-Case" von 1949 bejahte der IGH seine durch Stillschweigen begründete Zuständigkeit für mit dem Fall verbundene völkerrechtliche Entschädigungsfragen.

Somit ist der Grundsatz des forum prorogatum auch zur Begründung der IGH-Zuständigkeit nach Art. 287 Abs. 1 lit. b) SRÜ möglich. Es kommt dann auch zu keiner faktischen Konkurrenz der beiden Regime, wie es eingehend angedacht wurde. Rechtlich gilt im übrigen das breit erörterte Ergänzungsverhältnis zwischen dem Streitbeilegungsregime des Seerechtsübereinkommen und jenem aus dem IGH-Statut.

---

[612] StIGH, PCIJ, Series A, No. 15, S. 24 ff.

III. Einstweiliger Rechtsschutz vor IGH Internationalem Seegerichtshof

Wie oben bereits kurz angesprochen, kann der Internationale Gerichtshof gemäß Art. 41 Abs. 1 seines Statuts zur Sicherung der Rechte der Parteien jene vorsorglichen Maßnahmen bezeichnen, die er für notwendig hält. Er kann über den Erlaß vorsorglicher Maßnahmen auch ohne Antrag der Parteien proprio motu beschließen.[613] Ist ein solcher Antrag gestellt, so kann der IGH auch Maßnahmen anordnen, die ganz oder teilweise von den beantragten abweichen.[614] Wie gesehen, setzt die Anordnung vorläufiger Maßnahmen unter dem Seerechtsübereinkommen gemäß Art. 290 Abs. 3 SRÜ einen entsprechenden Antrag einer Streitpartei voraus.[615] Die Regelungen für vorläufige Maßnahmen gelten für jedes Gericht oder jeden Gerichtshof im Sinne des Art. 287 SRÜ,[616] also auch für den Internationalen Gerichtshof, sofern ihn die Parteien als Streitbeilegungsorgan gewählt haben. Insofern stellt sich auch hier, wie schon bei der Zuständigkeitsbegründung, die Frage, ob die Regelungen des IGH-Statuts zur Anwendung kommen oder ob die Regelungen des Seerechtsübereinkommens vorrangig sind. Mithin gilt es also zu klären, ob die Parteien das einstweilige Rechtsschutzregime der VN-Charta, des IGH-Statuts und der Verfahrensordnung des IGH umgehen können, indem sie dessen Zuständigkeit nach Art. 287 Abs. 1 lit. b), 290 Abs. 1 SRÜ begründen. Dafür spricht jedenfalls, daß die Vertragsstaaten in Art. 290 SRÜ vom einstweiligen Rechtsschutzregime des IGH-Statuts und der IGH-VerfO abweichende Regelungen getroffen haben. Ist der IGH gemäß Art. 287 SRÜ als Streitbeilegungsorgan gewählt worden und ist ihm eine Streitigkeit in Übereinstimmung mit dem Seerechtsübereinkommen ordnungsgemäß unterbreitet worden (Art. 290 Abs. 1 SRÜ), so gelten, wie oben gesehen, die teils vom IGH-Statut abweichenden Bestimmungen des Art. 290 SRÜ. Denkbar ist aber auch, daß die Vorschrift des Art. 290 SRÜ die grundsätzlich weitergeltenden Bestimmungen des IGH-Statuts und der IGH-VerfO nur ergänzen, wobei jene mit dem neuen Seerechtsübereinkommen nicht konforme Bestimmungen der älteren Abkommen insofern durch das Seerechtsübereinkommen verdrängt werden. Das heißt, sofern und soweit das Seerechtsübereinkommen keine abweichenden Regelungen trifft, gelten die Bestimmungen des IGH-Statuts weiter.

---

[613] Art. 75 Abs. 1 IGH-VerfO.

[614] Art. 75 Abs. 2 IGH-VerfO.

[615] Art. 290 Abs. 3 SRÜ; Nordquist, UNCLOS Commentary, Bd. V, Rdnr. 290.3..

[616] Art. 290 Abs. 1 SRÜ.

E. Seegerichtshof und völkerrechtliche Schiedsgerichtsbarkeit

I. Völkerrechtliche Schiedsgerichtsbarkeit: Wesen, Arten, Grundlagen

Als eigenständige juristische Streitbeilegungsmöglichkeit stellt die völkerrechtliche Schiedsgerichtsbarkeit eine Alternative zur zwingendsten Form völkerrechtlicher Streitbeilegung durch streitige internationale Gerichte oder Gerichtshöfe dar. Der Begriff der internationalen Schiedsgerichtsbarkeit ist, ebenso wie der Begriff der internationalen Gerichtsbarkeit allgemein, weitergehender und umfaßt neben Streitigkeiten zwischen Staaten auch solche zwischen Privaten. Diese zivilrechtlichen Konflikte sollen hier außen vor bleiben. Die Beteiligung Privater an internationalen seerechtlichen Konflikten interessiert nur insofern, als das Seerechtsübereinkommen der Vereinten Nationen in einer Reihe von Situationen auch Private in den völkerrechtlichen Bereich miteinbezieht.[617] Die Begriffe „internationale Gerichtsbarkeit" bzw. „internationale Schiedsgerichtsbarkeit" werden vorliegend daher im Sinne völkerrechtlicher Gerichtsbarkeit verwendet.

1. Das Wesen völkerrechtlicher Schiedsgerichtsbarkeit

Völkerrechtliche Schiedsgerichte sind mit Richtern ausgestattete Spruchkörper, die entweder dauerhaft als sogenannte institutionelle Schiedsgerichte, oder ad hoc durch Parteivereinbarung in einem konkreten Streitfall eingerichtet werden („isolierte Schiedsgerichtsbarkeit"[618]).[619] Maßgeblicher Unterschied zu den streitigen völkerrechtlichen Gerichten ist der große Einfluß der Parteien auf das schiedsgerichtliche Verfahren. Sie legen dort Zuständigkeit, Streitgegenstand und Verfahrensordnung regelmäßig selbst fest und entscheiden auch über die Zusammensetzung der Richterbank.[620] Völkerrechtliche Schiedsgerichtsbarkeit ist mithin eine Streitbeilegung, die durch von den Parteien bestimmte Personen oder Organisationen[621] nach Rechtsregeln erfolgt[622] und zu bindenden Entscheidungen führt.[623] Art. 37 des

---

[617] S. o. u. C. V..

[618] von Mangoldt, Die Schiedsgerichtsbarkeit als Mittel internationaler Streitschlichtung, 1974, S. 13.

[619] Wolfrum, Handbuch Vereinte Nationen, 2. Aufl., 1991, S. 815; Wolfrum in Philipp/Wolfrum (ed.), United Nations: Law, Policies and Practice, 1995, Bd. 2, S. 986.

[620] Simpson/Fox, International Arbitration, 1959, S. ix; Wolfrum, Handbuch der Vereinten Nationen, 2. Aufl., 1991, S. 815; Wolfrum in Philipp/Wolfrum (ed.), United Nations: Law, Policies and Practice, 1995, S. 985.

[621] Schiedsgerichtsbarkeit im weiteren Sinne: Cory, Compulsory Arbitration of International Disputes, 1932, S. ix.

[622] Schiedsgerichtsbarkeit im engeren Sinne: Cory, Compulsory Arbitration of International Disputes, 1932, S. ix.

Haager Abkommens zur friedlichen Erledigung internationaler Streitfälle vom 18. Oktober 1907[624] enthält eine Legaldefinition völkerrechtlicher Schiedsgerichtsbarkeit: „Die internationale Schiedssprechung hat zum Gegenstande die Erledigung von Streitigkeiten zwischen den Staaten durch Richter ihrer Wahl auf Grund der Achtung vor dem Rechte".[625]

Der große Einfluß der Parteien auf das Verfahren führt gegenüber der streitigen völkerrechtlichen Gerichtsbarkeit zu einer erheblich größeren Flexibilität schiedsgerichtlicher Streitbeilegung.[626] Diese Flexibilität ermöglicht es zum einen, Streitfälle sehr unterschiedlicher Art zu lösen.[627] Zum anderen kann das Schiedsgericht auch sehr viel konkreter auf die Interessen der Parteien eingehen, mit seinen Entscheidungen jeder Partei etwas entgegenkommen und somit aus Sicht der Parteien oft befriedigendere Ergebnisse erzielen als die verhältnismäßig starre streitige völkerrechtliche Gerichtsbarkeit.[628]

Ein weiterer wichtiger Aspekt völkerrechtlicher Schiedsgerichtsbarkeit ist der Vertrauensgesichtspunkt, da die Parteien in selbstgewählte Richter regelmäßig größeres Vertrauen setzen als in Richter, auf deren Bestellung sie keinen Einfluß haben.[629]

a) Die Zuständigkeit völkerrechtlicher Schiedsgerichte

Wie für die streitige völkerrechtliche Gerichtsbarkeit auch, so gilt auch für die völkerrechtliche Schiedsgerichtsbarkeit keine Eo-Ipso-Zuständigkeit. Auch für die Begründung der Zuständigkeit völkerrechtlicher Schiedsgerichte müssen die Parteien die Gerichtsbarkeit des jeweiligen Schiedsgerichts anerkannt haben oder besser, müssen sich verpflichtet haben im Streitfall ein entsprechendes Schiedsgericht mit der Streitschlichtung zu befassen.[630] Da in schiedsvölkerrechtlichen Streitigkeiten aber meist kein ständiges bestehendes Schiedsgericht vorhanden ist, bedarf es ohnehin einer Vereinbarung, etwa in Form eines allgemeinen Schiedsvertrags, ei-

---

[623] Cory, Compulsory Arbitration of International Disputes, 1932, S. x.

[624] Im Folgenden Haager Schiedsabkommen von 1907.

[625] Art. 37 Abs. 1 Haager Schiedsabkommen von 1907, RGBl. II, 1910, S. 5 (33); i. ü. Wehberg, Kommentar zu dem Haager Abkommen betreffend die friedliche Erledigung internationaler Streitigkeiten, 1911, S. 46 ff..

[626] Simpson/Fox, International Arbitration, 1959, S. ix.

[627] Simpson/Fox, International Arbitration, 1959, S. ix.

[628] Simpson/Fox, International Arbitration, 1959, S. x.

[629] Merrills, International Dispute Settlement, 3. Aufl., 1998, S. 115 f..

[630] Cory, Compulsory Arbitration of International Disputes, 1932, S. x, xi.

nes „compromis"[631] der Parteien,[632] in dem dann auch eine Anerkennung der Zuständigkeit des entsprechenden Schiedsgerichts zu sehen ist.

Eine solche Anerkennung kann aber auch durch die oben bereits angesprochenen sogenannten kompromissarischen Klauseln erfolgen,[633] die seit dem zweiten Weltkrieg eine erhebliche quantitative Bedeutung erlangt haben[634] und in der Überwindung des Faustrechts bzw. Rechts zum Krieg fußen.[635] Schiedsverträge werden entweder für den konkreten Streitfall (ad hoc) oder aber auch im voraus geschlossen. Kompromissarische Klauseln finden sich regelmäßig in internationalen Verträgen. Auch in diesen Verträgen eingerichtete Schiedsgerichte sind aber meist Ad-Hoc-Gerichte. Wegen der Gefahr mangelnder Einigung der Parteien über Verfahren oder Schiedsrichterbank wurde früh der Ruf nach einem ständigen internationalen Schiedsgericht laut,[636] das mit dem Ständigen Haager Schiedshof schließlich auch eingerichtet wurde.

Ein weiterer Unterschied zur streitigen völkerrechtlichen Gerichtsbarkeit ist die enge Bindung des Schiedsrichters an den ihm vorgelegten Streitfall. Seine Zuständigkeit beschränkt sich auf die ihm unterbreitete materiellrechtliche Frage und erlaubt eine Klärung weitergehender materiellrechtlicher Aspekte nur, soweit sie von der zwischen den Streitparteien getroffenen Schiedsabrede erfaßt sind.[637]

Eine wichtige Regelung für die obligatorische völkerrechtliche Schiedsgerichtsbarkeit findet sich, wie schon gesehen, in Art. 287 Abs. 3 und 5 SRÜ. Hat nur eine oder keine Partei eine Erklärung im Sinne von Art. 287 Abs. 1 abgegeben, so besteht eine Vermutung, daß die Parteien einem Schiedsverfahren nach Anlage VII SRÜ zugestimmt haben.[638] Dadurch wird für Vertragsparteien des Seerechtsübereinkommens ein schiedsgerichtliches Obligatorium geschaffen. Art. 287 Abs. 3 SRÜ eröffnete daher im Saiga-Verfahren erstmals den Weg zu einer allgemeinen seevölkerrechtlichen obligatorischen Schiedsgerichtsbarkeit. Erstmals ist das Völkerrecht nicht auf das Wohlwollen der staatlichen Streitparteien angewiesen, um ein gerichtliches Verfahren gegen sie in Gang zu bringen. Dies für sich genommen ist auf jeden Fall als Fortschritt in der Geschichte der internationalen Streitbeile-

---

[631] Verdross/Simma, Universelles Völkerrecht, 3. Aufl., § 1322.

[632] Cory, Compulsory Arbitration of International Disputes, 1932, S. x, xi.

[633] Cory, Compulsory Arbitration of International Disputes, 1932, S. xi; Verdross/Simma, Universelles Völkerrecht, 3. Aufl., § 1322.

[634] Cory, Compulsory Arbitration of International Disputes, 1932, S. xii.

[635] Cory, Compulsory Arbitration of International Disputes, 1932, S. xii.

[636] Cory, Compulsory Arbitration of International Disputes, 1932, S. xii, xiii.

[637] Merrills, International Dispute Settlement, 3. Aufl., 1998, S. 95 mit Fallbeispielen.

[638] Art. 287 Abs. 3 SRÜ; i. ü. Nordquist, UNCLOS Commentary, Bd. V, Rdnr. 287.5..

gung und damit der Durchsetzung, mithin Effektivität des Völkerrechts, zu werten. Nachdem im Verfahren um die Saiga anschließend auch noch eine Parteieinigung im Sinne von Art. 287 Abs. 4 SRÜ zustande kam, kann das Verfahren vor den seevölkerrechtlichen Schiedsgerichten nach Anlage VII oder VIII SRÜ auch als Katalysator für die ständige streitige internationale Gerichtsbarkeit gewertet werden. Allerdings bleibt es hierfür bei der Notwendigkeit einer Vereinbarung der Streitparteien. Nachdem mit dem Saiga-Verfahren nur in einem anfänglichen Schiedsverfahren später durch Parteivereinbarung in ein streitiges Hauptverfahren vor dem Internationalen Seegerichtshof durchgeführt wurde,[639] hält sich die quantitative Bedeutung der Katalysatorwirkung der Verfahren nach Anlage VII SRÜ zudem in Grenzen.

Entsprechend obigen Ausführungen kommt ein obligatorisches seerechtliches Schiedsverfahren zur Anwendung, wenn die Streitparteien unterschiedlichen Streitbeilegungsverfahren zugestimmt haben. Auch dann kann die Streitigkeit nur einem Schiedsverfahren nach Anlage VII SRÜ unterworfen werden.[640] In der fünften Sitzung des „Informal Plenary" wurde zwar auch diskutiert, den Streit bei der Wahl unterschiedlicher Streitbeilegungsinstrumente durch die Parteien dem vom Beklagten gewählten Gericht zu unterwerfen. Dieser Vorschlag stieß jedoch teils auf heftige Kritik, da auf diese Weise ein Gericht zuständig würde, gegen das sich die Klägerpartei ausdrücklich gewandt hatte. Man konnte sich deshalb „nur" auf die „Schiedsregelung" einigen. Ein ebenfalls angedachtes Wahlrecht zwischen dem vom Beklagten gewählten Streitschlichtungsinstrument und dem Schiedsverfahren nach Anlage VII scheiterte ebenfalls.[641] Auch im Rahmen der Schiedsregelung können die Parteien jedoch Abweichendes vereinbaren.[642]

b) Die Zusammensetzung internationaler Schiedsgerichte

Bereits im I. Haager Abkommen von 1899 bzw. seiner zweiten Version von 1907 findet sich mit dem Ständigen Haager Schiedshof ein „Richterreservoir",[643] auf das Streitparteien theoretisch auch heute zurückgreifen können.[644] Auch die International Law Commission (ILC) hat 1958 Modellregeln für schledsgerichtliche Verfahren entwickelt, auf denen neben allgemeinvölkerrechtlichen Regeln die Regelungen der

---

[639] Saiga-Verfahren: Briefwechsel vom 20.02.1998, abgedruckt in ISGH M/V "Saiga" (No. 2) v. 01.07.1999, Rdnr. 4 in ITLOS, Reports, 1999, S. 7 (14).

[640] Art. 287 Abs. 5 SRÜ.

[641] Art. 9 RSNT/Rev. 2, A/CONF.62/WP.10 in Platzöder, Documents, Bd. I, S. 269 (276); Art. 287 ICNT, A/CONF.62/WP.10, ebd., S. 301 (349).

[642] Art. 287 Abs. 4 SRÜ.

[643] Wolfrum, Handbuch Vereinte Nationen, 2. Aufl. 1991, S. 815.

[644] Art. 41 Haager Schiedsabkommen von 1907, RGBl. II, 1910, S. 5 (34).

Schiedsgerichtsbarkeit im Seerechtsübereinkommen beruhen.[645] Der Vorschlag der ILC, bei pflichtwidriger Karenz einer Partei bei der Benennung eines Schiedsrichters,[646] dies dem IGH-Präsidenten zu übertragen,[647] wurde nie geltendes Recht.[648] Dennoch ist in vielen Schiedsabreden ein ähnliches Benennungsverfahren für die Schiedsrichter vorgesehen. Danach müssen die Streitparteien häufig zunächst einen oder mehrere Richter ihrer Wahl und dann im gegenseitigen Einvernehmen einen neutralen Richter benennen. Können sie sich über den neutralen Richter nicht einigen oder benennen ihn aus anderen Gründen nicht, so ist häufig vorgesehen, daß die Besetzung dieser Position durch die Entscheidung eines Dritten, wie den VN-Generalsekretär oder den Präsidenten des Internationalen Gerichtshofs, erfolgt, eine Regelung, die sich auch im Seerechtsübereinkommen findet.[649]

c) Das Verfahren vor völkerrechtlichen Schiedsgerichten

Das Verfahren ist nun, wie schon erwähnt, Inbegriff des Charakters seeschiedsgerichtlicher Streitbeilegung. Es obliegt demnach in erster Linie den Parteien, Verfahrensregeln für das Schiedsgericht festzulegen. Gegenstand dieser Regelung sind alle Fragen, die sich im Zusammenhang mit einem internationalen Gericht ergeben. Von Sitz des Schiedsgerichts, über Finanzierung und Detailregelungen zu Schriftsätzen, mündlicher Verhandlung und Fristen bis hin zu Beweisregeln ist im Grunde alles zu regeln.[650] Zweckmäßig ist es dennoch, für diese Detailfragen auf bereits existierende Standards zurückzugreifen. Das I. Haager Abkommen enthält etwa modellmäßige Verfahrensvorschriften, worauf die Parteien bei Bedarf zurückgreifen können, welche sie aber natürlich nicht hindern, ein anderes Verfahren anzuwenden.[651]

d) Die Entscheidungen internationaler Schiedsgerichte

Entscheidungen internationaler Schiedsgerichte sind bindend.[652] Die Schiedsgerichtsbarkeit unterscheidet sich damit deutlich von den diplomatischen Instrumenten internationaler Streitbeilegung wie Verhandlung, Vergleich, Vermittlung oder Untersuchung und bildet zusammen mit der streitigen internationalen Gerichtsbar-

---

[645] „Model Draft on arbitral procedure", ILCYB, 1958 Bd. II, S. 12 ff..

[646] J. P. A. Bernhardt, Compulsory Dispute Settlement, VJIL, 1979-1980, S. 69 (75).

[647] Art. 4 Abs. 2 Model Draft on arbitral procedure, ILCYB, 1958 Bd. II, S. 12 ff..

[648] Simpson/Fox, International Arbitration, 1959, S. xii; Wolfrum, Handbuch Vereinte Nationen, 2. Aufl., 1991, S. 815.

[649] Art. 4 lit. e) Anlage VII SRÜ.

[650] Merrills, International Dispute Settlement, 3. Aufl., 1998, S. 95.

[651] Merrills, International Dispute Settlement, 3. Aufl., 1998, S. 95.

[652] Art. 37 Abs. 2 Haager Schiedsabkommen von 1907, RBGl. II, 1910, S. 5 (33).

keit die Gruppe juristischer Streitbeilegungsmittel.[653] Möglicher, aber nicht zwingender Unterschied zur streitigen internationalen Gerichtsbarkeit ist, wie oben bereits angesprochen, die fehlende Dauerhaftigkeit von Schiedsgerichten. Häufig bestehen sie nicht von vornherein, sondern werden ad hoc im jeweiligen Streitfall gebildet.

Ein Beispiel für eine ständige internationale Schiedsgerichtsbarkeit ist der bereits mehrmals angesprochene, seit 1899 bestehende, praktisch inaktive Internationale Haager Schiedshof.

Hauptunterschied zwischen internationaler Schiedsgerichtsbarkeit und streitiger Gerichtsbarkeit bleibt die vergleichsweise größere Flexibilität des Schiedsverfahrens hinsichtlich Zusammensetzung des Spruchkörpers und Verfahren.

e) Bedeutung völkerrechtlicher Schiedsgerichtsbarkeit für die friedliche Streitbeilegung

Die aus Sicht der Staaten größten Vorteile völkerrechtlicher Schiedsgerichtsbarkeit gegenüber völkerrechtlicher streitiger Gerichtsbarkeit sind, zusammenfassend gesagt Flexibilität, des Verfahrens, großer Einfluß der Parteien hierauf, Vertrauen in die Richterbank, die Möglichkeit für eine konkrete Einzelfrage, rechtliche Klärung zu erhalten, und der bindende Charakter völkerrechtlicher Schiedssprüche, der es den Parteien prinzipiell erlaubt, den Streitfall nachhaltig beizulegen. Aus Sicht meist staatlicher Parteien stellt zudem die Nichtöffentlichkeit völkerrechtlicher Schiedsverfahren einen großen Vorteil dar. Diesen Vorteilen ist es zuzuschreiben, daß die völkerrechtliche Schiedsgerichtsbarkeit seit 1945 eine gewichtige Rolle gespielt hat. Vor allem in Territorialitätsstreitigkeiten war und ist sie von großer Bedeutung.[654] Auch im Seerechtsübereinkommen nimmt die Schiedsgerichtsbarkeit, teils als Reminiszenz an die funktionalistische Auffassung,[655] eine gewichtige Position ein.[656]

Nachteile der Schiedsgerichtsbarkeit sind jedoch die hohen Kosten[657] und die oftmals lange Verfahrensdauer, jedenfalls in den Fällen nichtständiger völkerrechtlicher Schiedsgerichtsbarkeit. Die ebenso wie bei streitigen völkerrechtlichen Verfah-

---

[653] Merrills, International Dispute Settlement, 3. Aufl., 1998, S. 88.

[654] Merrills, 3. Aufl., 1998, S. 116.

[655] Singh, United Nations Convention on the Law of the Sea – Dispute Settlement Mecanisms, 1985, S. 99.

[656] Singh, United Nations Convention on the Law of the Sea – Dispute Settlement Mecanisms, 1985, S. 99.

[657] Die Parteien tragen die Kosten eines von Ihnen eingesetzten Gerichts grundsätzlich zu gleichen Teilen, Art. 7 Anlage VII SRÜ.

ren häufig kritisierte Nichtvollstreckbarkeit schiedsgerichtlicher Entscheidungen stellt indes keinen entscheidenden Nachteil dar. Die Schwierigkeit völkerrechtlicher Streitbeilegung liegt in erster Linie darin, die Staaten zur Anerkennung bindender Gerichtsbarkeit zu bewegen. Haben sie dies erst einmal getan, so werden sie die durch das entsprechende Gericht getroffene Entscheidung erfahrungsgemäß befolgen. Die Anerkennung eines Streitbeilegungsmittels mit bindenden Entscheidungen zeigt, daß den Parteien an der möglichst endgültigen Beilegung des Streits liegt. Auch scheuen sie die meist großen politischen Nachteile einer Ignorierung bindender Entscheidungen internationaler Gerichte.[658]

Die bestehenden Nachteile schiedsvölkerrechtlicher Streitbeilegung erfordern nichtsdestotrotz für die Zukunft den Ausbau der streitigen internationalen Gerichtsbarkeit, wie mit der Ausgestaltung des Seerechtsübereinkommens der Vereinten Nationen bereits begonnen. Ähnlich dem innerstaatlichen Recht kann künftig nicht mehr allein die Sicht der Staaten maßgeblich sein, sondern es muß sich ein überstaatliches völkerrechtliches Interesse an friedlicher Streitbeilegung entwickeln, so daß es nicht mehr maßgeblich auf das Vertrauen der Streitparteien in dieses oder jenes Verfahren oder diesen oder jenen Richter ankommt. Zwar wird die Schiedsgerichtsbarkeit im Völkerrecht auch weiterhin eine wichtige Rolle spielen müssen und werden. Die Entwicklung sollte jedoch in die Richtung streitiger völkerrechtlicher Gerichtsbarkeit vorangetrieben werden.

2. Arten völkerrechtlicher Schiedsgerichtsbarkeit – seevölkerrechtliche Schiedsgerichtsbarkeit

Zunächst lassen sich, wie schon bei der streitigen völkerrechtlichen Gerichtsbarkeit, obligatorische und fakultative Schiedsgerichtsbarkeit unterscheiden. Die Unterscheidung orientiert sich an denselben Kriterien wie jene in der streitigen Gerichtsbarkeit. Demnach handelt es sich regelmäßig jedenfalls dann um einen Fall obligatorischer Schiedsgerichtsbarkeit, wenn ein Schiedsgericht aufgrund im Vorfeld vereinbarter Regelung zuständig wird, ohne daß es im konkreten Streitfall einer weiteren Unterwerfungshandlung der Streitparteien bedarf. Auch hier läßt sich natürlich wieder darüber streiten, ob es sich um ein wahres Obligatorium handelt, wenn die Parteien ihre Zustimmung zu dem Schiedsverfahren bereits im Vorfeld gaben, mithin also auch hier eine wie auch immer geartete Zustimmungshandlung der Streitparteien erforderlich ist. Sofern aber zumindest im konkreten Streitfall kein weitergehender Konsens mehr nötig ist, um das Verfahren in Gang zu bringen, so kann – wie bei der streitigen – auch bei der Schiedsgerichtsbarkeit von einer obligatorischen Gerichtsbarkeit gesprochen werden.

---

[658] Merrills, International Dispute Settlement, 3. Aufl., 1998, S. 118 f..

Jene im Vorfeld getroffenen Regelungen haben den Vorteil einer meist teilweisen Regelung des im Streitfall durchzuführenden Verfahrens.[659] Dennoch ist auch in den Fällen obligatorischer Gerichtsbarkeit oft eine Errichtung ad hoc nötig. Gewiß gilt für jene zwingenden Verfahren, wie schon im Rahmen streitiger Gerichtsbarkeit erörtert, daß souveräne Staaten generellen Vorab-Regelungen völkerrechtlicher Streitbeilegung regelmäßig zurückhaltend gegenüberstehen. Das darf aber kein Grund sein, schrittweise den Ausbau obligatorischer Streitbeilegung zu betreiben und zumindest die Bedeutung staatlicher Souveränität im Völkerrecht zurückzudrängen.[660]

Den allgemeinen Regeln schiedsgerichtlicher Streitbeilegung im Völkerrecht stehen zudem eine Reihe spezieller schiedsgerichtlicher Regelungen in verschiedenen materiellrechtlichen Bereichen gegenüber. Das Seerechtsübereinkommen enthält in Art. 287 Abs. 1 lit. c) und d), Anlagen VII und VIII spezielle schiedsvölkerrechtliche Regelungen,[661] die ebenso zu betrachten sein werden wie spezielle Regelungen in einzelnen bi- tri- und gegebenenfalls auch multilateralen Verträgen. In der völkerrechtlichen Schiedsgerichtsbarkeit spielen, wie gesagt, ad hoc für den konkreten Streitfall geschaffene Gerichte, eine entscheidende Rolle. Die Richter können dabei aus einer durch multilateralen Vertrag geschaffene Liste von Schiedsrichtern ausgewählt werden. Der Ständige Haager Schiedshof, der im Grunde nicht mehr als eine solche Schiedsrichterliste darstellt,[662] ist hierfür ebenso ein Beispiel wie das unter dem Seerechtsübereinkommen der Vereinten Nationen geschaffene System spezieller Schiedsgerichtsbarkeit nach Anlagen VII und VIII SRÜ.[663]

3. Die Entstehung völkerrechtlicher Schiedsgerichtsbarkeit

Schiedsgerichtliche Verfahrensweisen gab es bereits im Altertum[664] und im Mittelalter.[665] Der sogenannte Jay-Vertrag von 1794 läutete die Moderne schiedsrichterlicher Streitbeilegung im Völkerrecht ein.[666] Die eben unabhängig gewordenen Vereinigten Staaten von Amerika und die ehemalige Kolonialmacht England hatten darin ausstehende Fragen im Zusammenhang mit der amerikanischen Unabhängigkeit geregelt, jedoch drei Fragen[667] nicht klären können. Diese Fragen wurden

---

[659] Merrills, International Dispute Settlement, 3. Aufl., 1998, S. 117.

[660] aA Merrills, International Dispute Settlement, 3rd ed, 1998, S. 119 f..

[661] Merrills, International Dispute Settlement, 3rd ed, 1998, S. 170.

[662] Churchill/Lowe, The law of the sea, 3. Aufl., 1999, S. 451.

[663] Art. 2 Anlage VII SRÜ, Art. 2 Anlage VIII SRÜ.

[664] Raeder, L'arbitrage international chez les Hellènes, 1912.

[665] Verdross/Simma, Universelles Völkerrecht, 3. Aufl., § 1318.

[666] Brownlie, Principles of Public International Law, 5. Aufl., 1998, S. 704.

[667] Simpson/Fox, Simpson/Fox, International Arbitration, 1959, S. 1 f..

anschließend einem Schiedsverfahren mittels dreier, paritätisch besetzter Schieds-kommissionen („mixed commissions") unterzogen. Weitere Fälle von schiedsge-richtlicher Streitbeilegung durch paritätisch besetzte Schiedskommissionen sind: Schiedskommission in der „Oregon Question" zwischen Großbritannien und den Vereinigten Staaten, betreffend ein Souveränitätsgebiet in der Hudson Bay, „Mixed Commission of Caracas".[668] Die Schiedskommissionen konnten jedoch nur eine der behandelten Fragen zufriedenstellend klären.[669]

In dem auf den Krieg von 1812/14 folgenden Vertrag von Ghent (1814) war eben-falls ein Schiedsverfahren zur Klärung offenstehender Fragen vorgesehen, das je-doch im Falle des Scheiterns die Vermittlung durch einen unabhängigen Staatschef vorsah.[670]

Einen Qualitätssprung erfuhr die internationale Schiedsgerichtsbarkeit mit der „Ala-bama Claims Arbitration", die im Vertrag von Washington von 1871 ihre rechtliche Basis hat und im folgenden Pate stand für den Entwurf einer Schiedsgerichtsord-nung durch das Institute of International Law wie auch für die Konventionen von 1899 und 1907. Im Gegensatz zur traditionellen Schiedsgerichtsbarkeit durch pari-tätisch besetzte Schiedskommissionen wurde hier ein kollegiales internationales Schiedsgremium etabliert, das aus je einem von den Parteien benannten Vertreter, sowie aus den Staatsoberhäuptern Italiens, Brasiliens und der Schweiz bestand.[671] Dennoch wirkte sich diese Neuerung nicht sofort aus. Nach der „Alabama Claims Arbitration" griff man zunächst wieder auf das Modell der Entscheidung durch Staatsoberhäupter und paritätisch besetzte Schiedskommissionen zurück.[672] Eine Fortentwicklung war ab 1870 die Übertragung der Streitigkeiten durch die angeru-fenen Staatschefs auf unabhängige Fachleute.[673] Die Entscheidungen wurden nun, im Gegensatz zu früher, begründet.[674] Die Rolle des schiedsrichterlichen Staats-chefs beschränkte sich im Grunde auf das Recht, eine entsprechende Schieds-kommission einzusetzen.[675] Kurz vor Ende des 19. Jahrhunderts kam man wieder auf das Modell der „Alabama Claims Arbitration" und der direkten Unterbreitung des Streits an Ad-Hoc-Schiedsgerichte zurück.[676] Zum Ende des 19. Jahrhunderts war

---

[668] Simpson/Fox, International Arbitration, 1959, S. 5 f..

[669] Simpson/Fox, International Arbitration, 1959, S. 1, 4 f..

[670] Simpson/Fox, International Arbitration, 1959, S. 2.

[671] Simpson/Fox, International Arbitration, S. 8.

[672] Simpson/Fox, International Arbitration, S. 9.

[673] Ebd., S. 10 ff..

[674] Ebd., S. 10.

[675] Ebd., S. 11.

[676] Simpson/Fox, International Arbitration, S. 11 f..

die internationale Schiedsgerichtsbarkeit daher ein fester Bestandteil internationaler Streitbeilegung geworden.

Das als Ergebnis der ersten Haager Friedenskonferenz 1899 abgeschlossene und 1907 modifizierte I. Haager Schiedsabkommen trug dem Rechnung und schuf den noch heute existenten, bereits erwähnten Ständigen Haager Schiedshof.[677] Neben der schon erwähnten Funktion einer Liste von Schiedsrichtern,[678] sind einzig dauerhafte Elemente des Ständigen Haager Schiedshofs ein Verwaltungsrat und ein Bureau, das als Sekretariat und Kanzlei fungiert.[679] Dennoch handelt es sich beim I. Haager Abkommen über die friedliche Erledigung internationaler Streitfälle um das erste multilaterale Streitbeilegungsabkommen.[680] Der Haager Schiedshof hatte in den ersten 30 Jahren seiner Existenz ca. zwanzig Fälle zu entscheiden, ist aber seit rund siebzig Jahren nicht mehr tätig geworden.[681] Ziel der beiden Konferenzen von 1899 und 1907 und der in diesem Rahmen geschlossenen Übereinkommen war die Schaffung einer Alternative zur kriegerischen Lösung von Konflikten. Die modifizierte Konvention von 1907 betrachtete die Schiedsgerichtsbarkeit als die beste Möglichkeit internationaler Streitbeilegung und hielt darum die Staaten hierzu an.[682] In einer bilateralen Schiedsabrede vereinbarten England und Frankreich 1903, im Konfliktfall rechtliche Fragen durch den Ständigen Haager Schiedshof klären zu lassen, wobei sie Streitigkeiten ausnahmen, die ihre vitalen Interessen, ihre Unabhängigkeit oder ihre Ehre berührten. Diese Ausnahmen wurden Standard für Schiedsvereinbarungen des beginnenden 20. Jahrhunderts.[683]

Wie oben bereits angesprochen,[684] sah die auf der ersten VN-Seerechtskonferenz verabschiedete Konvention über die Fischerei und die Erhaltung der lebenden Schätze der Hohen See[685] in Art. 9 ein Verfahren schiedsgerichtlicher Streitbeilegung vor. Die dort vorgesehene Sonderkommission sollte, nach von ihr selbst festgelegten Verfahrensregeln, jeder Partei Gelegenheit zur Äußerung geben und eine Streitbeilegung versuchen, sowie bei Scheitern des Schlichtungsverfahrens über die Verteilung der Verfahrenskosten entscheiden.[686] Sie war auf Verlangen einer der Parteien zwingend einzuberufen, wenn sich die Parteien nicht im Sinne von Art.

---

[677] Art. 41 ff. Haager Schiedsabkommen von 1907, RGBl II, 1910, S. 5 (34).

[678] Simpson/Fox, International Arbitration, S. 12 f..

[679] Art. 43 ff., 49 Haager Schiedsabkommen von 1907, RGBl. II, 1910, S. 5 (35-40).

[680] Verdross/Simma, Universelles Völkerrecht, 3. Aufl., § 1318.

[681] Brownlie, Principles of Public International Law, 5. Aufl., 1998, S. 705.

[682] Präambel Haager Schiedsabkommen von 1907, RGBl. II, 1910, S. 5 (5/7).

[683] Simpson/Fox, International Arbitration, S. 15 f..

[684] S. o. u. B. I. 3..

[685] Lay/Churchill/Nordquist, Documents, Bd. I, S. 353 ff..

[686] Art. 9 Abs. 4 Fischereikonvention von 1958.

33 der UN-Charta auf ein anderes Streitbeilegungsverfahren geeinigt hatten.[687] Zur Erhaltung der Artenvielfalt von Fischbeständen und anderen Meeresschätzen konnten die Staaten nach den Artikeln 4 bis 9 der Konvention diverse Maßnahmen ergreifen. Bei Streitigkeiten war die Entscheidung einer aus fünf Mitgliedern[688] bestehenden Sonderkommission, vorgesehen,[689] die verpflichtet war, binnen fünf Monaten zu einer Entscheidung des vorgelegten Streits zu gelangen.[690] Die Parteien hatten jedoch auch die Möglichkeit, ein anderes Streitbeilegungsverfahren nach Art. 33 VNC zu vereinbaren. Mangels einer solchen Vereinbarung konnte die in Art. 9 Abs. 1 der Fischereikonvention von 1958, vorgesehene Sonderkommission jedoch schlicht auf Antrag einer der Streitparteien tätig werden. Allerdings entschied Streitigkeiten über das Schiedsverfahren, insbesondere Fragen der Zuständigkeit der Sonderkommission nicht diese selbst, sondern der Internationale Gerichtshof.[691] Art. 2 des fakultativen Streitbeilegungsprotokolls zu den vier Konventionen von 1958, nahm explizit nur die Art. 4 mit 8 der Fischereikonvention von der Anwendbarkeit des Protokolls aus, nicht auch Art. 9. Andererseits eröffnete Art. 3 bzw. 4 des fakultativen Streitbeilegungsprotokolls von 1958 unabhängig von Vorgenanntem den Parteien binnen einer Zweimonatsfrist auch die Möglichkeit, anstatt des obligatorischen Verfahrens vor dem IGH ein Verfahren vor einem Schiedsgericht zu vereinbaren oder ein Vergleichsverfahren zu wählen.

Ob sich bei dem Verfahren nach Art. 9 der Fischereikonvention insofern von einem echten Schiedsverfahren sprechen läßt, ist fraglich. Hierzu ist auch die Besetzung der Schlichtungskommission von Interesse. Grundsätzlich sind die Mitglieder der Kommission von den streitenden Parteien in einer Vereinbarung zu benennen,[692] wobei jede Streitpartei auch einen ihrer Angehörigen, allerdings ohne Stimmrecht, in die Kommission entsenden darf (Art. 9 Abs. 3). Kommt eine Einigung nicht zustande, so werden die Kommissionsmitglieder auf Verlangen eines Vertragsstaats im Benehmen mit den Streitparteien vom Generalsekretär der UN ernannt.[693]

Aufgrund der Möglichkeit, ein Entscheidungsverfahren durch einseitigen Antrag in Gang zu bringen, kann man das Streitbeilegungsregime der Fischereikonvention von 1958 daher im Ergebnis als obligatorisches Schiedsverfahren bezeichnen.

---

[687] Art. 9 Abs. 1 Fischereikonvention von 1958.

[688] Art. 9 Abs. 2 und 3 Fischereikonvention von 1958.

[689] Art. 9 Abs. 1 Fischereikonvention von 1958.

[690] Art. 9 Abs. 5 Fischereikonvention von 1958.

[691] BGBl. II, 1972, S. 1102 ff..

[692] Art. 9 Abs. 2 S. 1 Fischereikonvention von 1958, Lay/Churchill/Nordquist, Documents, Bd. I, S. 353 ff..

[693] Art. 9 Abs. 2 S. 2 Fischereikonvention von 1958.

II. Streitige Gerichtsbarkeit des Seegerichtshofs und seerechtliche Schiedsgerichtsbarkeit

Zwei große Komplexe seerechtlicher Schiedsgerichtsbarkeit sind zu unterscheiden. Zum einen jene Schiedsverfahren nach dem Seerechtsübereinkommen der Vereinten Nationen und zum anderen jene seerechtlichen Schiedsverfahren, die in ganz anderen Abkommen vorgesehen sind oder ad hoc vereinbart wurden. Dabei ist vor allem die Konkurrenz letzterer zu streitiger, wie auch Schiedsgerichtsbarkeit des Seerechtsübereinkommens problematisch.

Vorliegende Arbeit soll sich hinsichtlich konkurrierender Schiedsgerichtsklauseln in anderen völkerrechtlichen Abkommen aber auf die beispielhafte Erörterung der schon erwähnten SBT-Konvention beschränken, die im vor dem Internationalen Seegerichtshof verhandelten Thunfischfall eine entscheidende Rolle gespielt hat.

1. Schiedsgerichtsbarkeit im Seerechtsübereinkommen – Art. 287 Abs. 1 lit. c) und d) und Anlagen VII und VIII SRÜ

Das Seerechtsübereinkommen sieht eine Reihe von Möglichkeiten schiedsgerichtlicher Streitregelung vor. Hauptaugenmerk liegt dabei auf den in Art. 287 Abs. 1 lit. c) und d) SRÜ genannten Schiedsverfahren. Hier beschränkt sich vorliegende Abhandlung auf die Darstellung der Konkurrenz von Verfahren vor dem Seegerichtshof und diversen völkerschiedsgerichtlichen Verfahren. Auf die Abgrenzung völkerschiedsgerichtlicher Verfahren untereinander wird nur insoweit eingegangen, als dies für das Verfahren vor dem Seegerichtshof von Bedeutung ist.

a) Die Schiedsverfahren nach Art. 287 Abs. 1 lit. c), Anlage VII SRÜ

Eine, auch in der Praxis bedeutende Stellung nimmt die Regelung der Schiedsgerichtsbarkeit nach Anlage VII zum Seerechtsübereinkommen ein.

aa) Zuständigkeit eines Schiedsgerichts nach Anlage VII SRÜ

aaa) Zuständigkeit in der Hauptsache

Auf dreierlei Weise kann die Anwendbarkeit der schiedsgerichtlichen Regelungen nach Anlage VII SRÜ erfolgen:[694]

---

[694] Nordquist, UNCLOS Commentary, Bd. V, Rdnr. A.VII.2..

Entweder wählen die Parteien bereits unter Teil XV Abschnitt 1 SRÜ ein entsprechendes Schiedsgericht. Dann kommt es nicht mehr zu einer Anwendung von Abschnitt 2 (Teil XV SRÜ).

Die Parteien können jedoch auch eine übereinstimmende Wahlerklärung nach Art. 287 Abs. 1 lit. c) SRÜ abgeben und so über Abschnitt 2 (Teil XV SRÜ) zu jenem Schiedsgericht nach Anlage VII SRÜ gelangen. Man mag sich in der Praxis mitunter fragen, ob die Streitparteien nun ein Schiedsgericht nach Anlage VII SRÜ gemäß Abschnitt 1 oder gemäß Abschnitt 2 gewählt haben. Im Grunde ist diese Frage aber ohne konkrete Bedeutung, zumal Abschnitt 2 keine weitergehenden Voraussetzungen enthält als Abschnitt 1. In der Regel darf man bei der Wahl eines Schiedsgerichts im Sinne der Anlage VII von einer Wahl nach Art. 287 Abs. 1 lit. c) SRÜ ausgehen.

Schließlich ist, wie oben gesehen, ein solches Schiedsgericht nach der Vermutung, daß die Parteien zumindest einem Schiedsverfahren nach Anlage VII zum SRÜ zugestimmt haben nach Art. 287 Abs. 3 SRÜ ohnehin zuständig, wenn es an einer gültigen Wahlerklärung bei mindestens einer Streitpartei fehlt. Haben nicht alle Streitparteien dasselbe Streitbeilegungsmittel im Sinne von Art. 287 Abs. 1 gewählt, so gilt gemäß Abs. 5 Entsprechendes wie in Abs. 3, soweit nicht eine der Streitparteien noch einlenkt und dem von der anderen Partei gewählten Streitbeilegungsmittel zustimmt.

bbb) Zuständigkeit von Schiedsgerichten nach Anlage VII SRÜ in Verfahren einstweiligen Rechtsschutzes

In Verfahren nach Art. 290 und 292 SRÜ ist die Wahl eines schiedsgerichtlichen Verfahrens allerdings nicht in derselben Weise möglich, wie in Hauptsacheverfahren.

(1) Vorläufige Maßnahmen nach Art. 290 SRÜ durch Schiedsgerichte nach Anlage VII SRÜ

Haben die Parteien ihre Streitigkeit in der Hauptsache einvernehmlich einem Schiedsgericht in diesem Sinne unterbreitet und ist dieses Schiedsgericht bereits konstituiert, so kann es ohne weiteres alle vorläufigen Maßnahmen treffen, die es für nötig hält.[695] Ist das entsprechende Schiedsgericht aber noch nicht konstituiert, so gilt gemäß Art. 290 Abs. 5 SRÜ entweder die Zuständigkeit eines von den Parteien vereinbarten anderen Gerichts oder mangels Einigung des Internationalen Seegerichtshofs.

---

[695] Art. 290 Abs. 1 SRÜ.

In der letzten Sitzung der Meeresbodenkommission machten die USA einen Vorschlag zur Schaffung eines Seegerichts, dem sämtliche Streitigkeiten vorgelegt werden sollten, die mit Auslegung oder Anwendung der zu schaffenden Konvention zusammenhängen.[696] Eine Vorlage sollte jedoch ausgeschlossen sein, wenn sich die Streitparteien in einer allgemeinen, speziellen oder regionalen Abmachung auf ein schiedsgerichtliches Verfahren einigten.[697] Dies hätte sowohl eine rasche Klärung des Rechtsstreits und das nötige Maß an Einheitlichkeit bei der Auslegung des Seerechtsübereinkommens, als auch die notwendige Flexibilität seerechtlicher Streitbeilegung zugunsten der Bedürfnisse der Staaten gewährleisten sollen.[698] In diesem Punkt läßt sich die Übereinstimmung mit dem heutigen Verfahren über vorläufige Maßnahmen (Art. 290 Abs. 5 SRÜ) erkennen. Gerade im Falle solcher vorläufigen Maßnahmen ist es unerläßlich, schnell zu einem vorläufigen Ergebnis in dem Rechtsstreit zu kommen. Um nicht die meist langwierige Bildung eines Schiedsgerichts abwarten zu müssen, sieht Art. 290 Abs. 5 SRÜ vor, den Internationalen Seegerichtshof über die Anordnung vorläufiger Maßnahmen entscheiden zu lassen, wenn sich die Parteien nicht binnen zwei Wochen ab der Beantragung solcher Maßnahmen über ein hiermit zu befassendes Schiedsgericht einigen.[699]

Auch rein tatsächlich wird absehbar, wie wichtig die von den Amerikanern vorgeschlagene Regelung in der Praxis für den Internationalen Seegerichtshof ist. Nachdem der Gerichtshof bislang lediglich ein Hauptsacheverfahren entschieden hat,[700] da eine gewisse Zurückhaltung der Staaten vor dem Gang zum Internationalen Seegerichtshof festzustellen ist und die Meeresbodenkammer bislang nicht aktiv geworden ist, lebt der Gerichtshof vor allem von den obligatorischen Verfahren nach Art. 290 V und 292 SRÜ.

Dem Wortlaut des heutigen Art. 290 Abs. 5 SRÜ,[701] nach können die Streitparteien jedwede Art von Gericht oder Gerichtshof, mithin also auch ein internationales Schiedsgericht nach Anlage VII oder VIII SRÜ, mit der Entscheidung über vorläufige Maßnahmen befassen. Das kann aber nicht für den Fall gelten, in dem ein solches noch nicht konstituiert ist, denn Art. 290 Abs. 5 SRÜ betrifft ja eben den Fall eines noch nicht konstituierten Schiedsgerichts nach Anlage VII bzw. VIII SRÜ und ordnet an, daß abweichend von der Wahl der Parteien für das Hauptsacheverfah-

---

[696] SBC-Report A/9021, GA Off. Records, Supplement No. 21, 1973, Bd. II, S. 22 f..

[697] Art. 3., SBC-Report A/9021, GA Off. Records, Supplement No. 21, 1973, Bd. II, S. 22.

[698] Art. 8 SBC-Report A/9021, GA Off. Records, Supplement No. 21, 1973, Bd. II, S. 23.

[699] S. o. u. A. III. 2. c) bb) (2).

[700] Der Swordfish-Fall ist, wie schon erläutert, suspendiert, ISGH, Swordfish, Anordnung v. 15.03.2001, http://www.itlos.org/case_documents/2001/document_en_99.pdf.

[701] „[...] ein von den Parteien einvernehmlich bestimmter Gerichtshof [...]".

ren für die Anordnung vorläufiger Maßnahmen eben nicht das gewählte Hauptsachegericht, sondern ein anderes, schon konstituiertes Gericht oder im Zweifel der Internationale Seegerichtshof für die Entscheidung nach Art. 290 Abs. 5 SRÜ zuständig ist. Dem wohnt der Gedanke inne, daß es im einstweiligen Rechtsschutz auf Schnelligkeit ankommt. Dies insbesondere vor dem Hintergrund, daß das Verfahren nach Art. 290 Abs. 5 SRÜ ja nur vorläufigen Charakter hat. Soweit ein von den Streitparteien gewünschtes Gericht schon besteht, ist aber die Wahlfreiheit der Parteien höher einzustufen als das Erfordernis der Schnelligkeit, das in einem solchen Fall nicht so stark tangiert ist. Dann haben die Parteien wiederum ein Wahlrecht. Aus Wortlaut und telos von Art. 290 Abs. 5 SRÜ ist demnach zu folgern, daß die Parteien mit der Anordnung vorläufiger Maßnahmen jedes bereits bestehende Gericht und somit nur ständige oder bereits konstituierte Schiedsgerichte befassen können.

(2) Sofortige Freigabe von Schiffen, Art. 292 SRÜ durch Schiedsgerichte nach Anlage VII SRÜ

Auch hier ist fraglich, ob die Streitparteien ein Schiedsgericht nach Anlage VII oder VIII SRÜ mit der Entscheidung auf sofortige Freigabe befassen können. Wie gesehen,[702] sind die Streitparteien auch in einem solchen Verfahren zunächst frei in der Wahl des Verfahrens. Sie können sich also entweder auf ein Verfahren ihrer Wahl einigen, oder aber der Flaggenstaat ruft ein vom Küstenstaat anerkanntes Gericht im Sinne von Art. 287 SRÜ an. Nach beiden Optionen kann dem Wortlaut nach auch ein Schiedsgericht nach Anlage VII SRÜ gewählt werden.

Hier stellt sich jedoch erneut die Frage nach der Schnelligkeit der Entscheidung im einstweiligen Rechtsschutz. Für die Möglichkeit, hier ein entsprechendes Schiedsgericht wählen zu können, spricht der Wortlaut des Art. 292 SRÜ, der ausdrücklich eine Zehntagesfrist für die Wahl eines Streitbeilegungsmittels durch die Parteien vorsieht. Selbst nach Ablauf dieser Frist haben die Parteien noch eine Wahlmöglichkeit.[703] Gegen die Zuständigkeit eines seerechtlichen Schiedsgerichts in dieser Situation spricht hingegen die Verzögerung des Verfahrens vor allem dann, wenn das Schiedsgericht noch nicht konstituiert ist. Art. 292 SRÜ enthält damit im Grunde denselben Gedanken wie Art. 290 Abs. 5 SRÜ, so daß dort Gesagtes hier entsprechend gilt.

Um die Effektivität des Verfahrens nach Art. 292 SRÜ nicht zu torpedieren, können die Streitparteien daher auch hier nur ein ständiges oder bereits konstituiertes

---

[702] S. o. u. C. III, 2. c) bb) bbb).
[703] S. o. u. C. III, 2. c) bb) bbb).

nichtständiges Schiedsgericht mit der Anordnung einer sofortigen Freigabe befassen.

bb) Die Zusammensetzung eines Schiedsgerichts nach Anlage VII SRÜ

Hat eine Streitpartei durch schriftliche Notifikation gemäß Art. 1 Anlage VII SRÜ eine konkrete Streitigkeit dem in Anlage VII SRÜ vorgesehenen Schiedsverfahren unterworfen, so erfolgt die Bestellung der Mitglieder des grundsätzlich fünfköpfigen Schiedsgerichts[704] nach den Vorschriften des Art. 3 Anlage VII SRÜ, sofern die Parteien nichts Abweichendes vereinbart haben.[705] Die Streitparteien bestellen demnach nacheinander jeweils einen „eigenen" Richter, der Staatsangehöriger der benennenden Partei sein kann,[706] und einvernehmlich drei weitere Richter, die vorbehaltlich anderweitiger Vereinbarung Staatsangehörige dritter Staaten sein müssen,[707] vorzugsweise aus der vom Generalsekretär der Vereinten Nationen erstellten und geführten Liste[708] nach Art. 2 Anlage VII SRÜ.[709] Können sich die Parteien über die drei einvernehmlich zu bestellenden Schiedsrichter nicht einigen, so können sie entweder eine dritte Person mit der Bestellung betrauen, oder aber diese Aufgabe fällt auf Antrag einer Streitpartei dem Präsidenten des Internationalen Seegerichtshofs oder gegebenenfalls dessen dienstältestem Richter zu.[710] Diese Regelung greift die oben schon angesprochene Problematik einer Karenz bei der Richterbestellung wieder auf. Die im Völkerrecht verbreitete Regelung einer „Ersatzvornahme" durch den VN-Generalsekretär oder den Präsidenten des IGH griff die dritte VN-Seerechtskonferenz trotz unterschiedlicher Meinungen in diesem Punkt nicht auf[711] und verabschiedete schließlich eine relativ weitgehende Regelung, die dem Seegerichtshof eine wichtige Stellung im Rahmen der seerechtlichen Schiedsgerichtsbarkeit einräumt.

Gleiches gilt auf Antrag der das Verfahren einleitenden Partei, wenn die gegnerische Partei keinen „eigenen" Richter gemäß Art. 3 lit. c) Anlage VII SRÜ ernennt. Die im allgemeinen Völkerrecht heftig diskutierte Frage, was passiert, wenn eine Streitpartei ihrer Verpflichtung zur Bestellung des „eigenen" Richters nicht nachkommt, hat das Seerechtsübereinkommen somit durch einen simplen Verweis auf Art. 3 lit. e) gelöst.

---

[704] Art. 3 lit. a) Anlage VII SRÜ – nach lit. g).

[705] Art. 3 Anfang, Anlage VII SRÜ.

[706] Art. 3 lit. b) und c) Anlage VII SRÜ.

[707] Art. 3 lit. c) S. 1 Anlage VII SRÜ.

[708] Im einzelnen Art. 2 Abs. 1 Anlage VII SRÜ.

[709] Art. 3 lit. b) und c) Anlage VII SRÜ.

[710] Art. 3 lit. c) iVm. lit. e) Anlage VII zum SRÜ.

[711] J. P. A. Bernhardt, VJIL, 1979-1980, S. 69 (76).

cc) Das Verfahren vor einem Schiedsgericht nach Anlage VII SRÜ und der Internationale Seegerichtshof

aaa) Das Verfahren

Gemäß Art. 5 Anlage VII SRÜ bestimmt das Schiedsgericht sein Verfahren, sofern die Parteien nichts Abweichendes vereinbaren. Die so errichteten Verfahrensregeln müssen aber jedenfalls rechtliches Gehör jeder Streitpartei gewährleisten. Gemäß Art. 287 Abs. 1 lit. c), 290 bzw. 292 SRÜ kann auch das Schiedsgericht nach Anlage VII SRÜ vorläufige Maßnahmen anordnen oder über die sofortige Freilassung eines festgehaltenen Schiffes entscheiden. Auch im Rahmen der schiedsgerichtlichen Verfahren nach Anlage VII SRÜ sind entsprechend oben vertretener Ansicht nur Staaten und, soweit explizit durch das Seerechtsübereinkommen angeordnet auch andere Rechtsträger parteifähig.

bbb) Berührungspunkte mit dem streitigen Verfahren vor dem Seegerichtshof

Eine Berührung mit den streitigen Verfahren vor dem Internationalen Seegerichtshof ist zunächst möglich bei der in der bisherigen Praxis durchaus vorgekommenen Überführung eines seerechtlichen Schiedsverfahrens nach Art. 287 Abs. 1 lit. c) SRÜ in ein streitiges Verfahren vor dem Seegerichtshof. So wurde, wie gesehen, das Verfahren um die Rechtmäßigkeit der Zurückhaltung des Tankers M/V Saiga in der Hauptsache zunächst vor ein Schiedsgericht im obigen Sinne gebracht und später in ein Verfahren vor dem Internationalen Seegerichtshof überführt.[712] Über den Verlauf des Schiedsverfahrens ist aufgrund der regelmäßigen Nichtöffentlichkeit völkerrechtlicher Schiedsverfahren wenig bekannt. Jedenfalls haben sich die Streitparteien in dem schon erwähnten Briefwechsel vom 20.02.1998 dann aber darauf geeinigt, den Streit dem Internationalen Seegerichtshof zu unterbreiten.[713] Die beiden sich deckenden Schreiben stellen eine Zuständigkeitsvereinbarung im Sinne von Art. 287 Abs. 1 lit. a) SRÜ dar.[714] Zu bemerken ist, daß entsprechend dem Wunsch der Parteien[715] das Verfahren vor dem nach Anlage VII SRÜ zunächst gebildeten Schiedsgericht gar nicht mehr förmlich beendet, sondern fiktiv eine Zuständigkeit des Seegerichtshofs bereits mit der Notifizierung vom

---

[712] ISGH M/V "Saiga" (No. 2) v. 01.07.1999, Rdnrn. 1, 41 in ITLOS, Reports, 1999, S. 7 (30).

[713] Abgedruckt in ISGH M/V "Saiga" (No. 2) v. 01.07.1999, Rdnr. 4 in ITLOS, Reports, 1999, S. 7 (14).

[714] ISGH M/V "Saiga" (No. 2) v. 01.07.1999, Rdnrn. 41, 43 in ITLOS, Reports, 1999, S. 7 (30 f.).

[715] Schreiben von Guinea an den Prozeßvertreter der Grenadinen vom 20.02.1998 Abs. 1, abgedruckt in ISGH M/V "Saiga" (No. 2), Urteil v. 01.07.1999, Rdnr. 4 (1.) in ITLOS, Reports, 1999, S. 7 (15).

22.12.1997 angenommen wurde.[716] Die Gerichtsbarkeit des Internationalen Seegerichtshofs im Fall Saiga II war daher unstrittig von den Streitparteien im Einvernehmen begründet worden. Zwar sah die Zuständigkeitsvereinbarung vom 20.02.1998[717] auch eine Möglichkeit für Guinea vor, im Rahmen seiner im einstweiligen Rechtsschutzverfahren abgegebenen Erwiderung[718] die Gerichtsbarkeit des Seegerichtshofs auch in der Hauptsache zu bestreiten, was aber nicht geschah.

Zweites Beispiel für die Überführung eines Schiedsverfahrens nach Anlage VII SRÜ in ein streitiges Verfahren vor dem Seegerichtshof ist der schon mehrmals erwähnte Swordfish-Fall. Bereits im Herbst 2000 war der Fall einem Schiedsgericht unterbreitet gewesen. Von Seiten des Seegerichtshofs zeigte man sich schon damals zuversichtlich, daß die Parteien den Fall dem Gerichtshof unterbreiten werden.[719] Im Dezember 2000 entschlossen sich die beiden Streitparteien dann, in der Sache den Internationalen Seegerichtshof anzurufen. Dieser nahm den Fall mit Entscheidung vom 20.12.2000 an.[720] Dann kam es allerdings doch nicht zu einer Verhandlung der Hauptsache vor dem Internationalen Seegerichtshof. Die Parteien einigten sich außergerichtlich und suspendierten das Verfahren im übrigen.[721] Sie haben sich aber beiderseits eine jederzeitige Wiederaufnahme des Verfahrens vor dem Internationalen Seegerichtshof vorbehalten.[722]

Wie oben dargelegt, bietet ein internationales Schiedsgericht für die Streitparteien eine Reihe von Vorteilen. Warum sie in den beiden letztgenannten Fällen dennoch vom Schiedsverfahren zum streitigen Verfahren übergingen, kann insbesondere mit der größeren Kosten- und Zeiteffektivität begründet werden.[723] Andererseits ist in den bisherigen Verfahren des Internationalen Seegerichtshofs auch schon der umgekehrte Fall vorgekommen. So beschränkten sich die Parteien im SBT-Fall auf die

---

[716] ISGH M/V "Saiga" (No. 2) v. 01.07.1999, Rdnr. 5 in ITLOS, Reports, 1999, S. 7 (17).

[717] Abs. 2 der Vereinbarung, s. ISGH M/V "Saiga" (No. 2) v. 01.07.1999, Rdnr. 4 in ITLOS, Reports, 1999, S. 7 (14 ff.).

[718] Erwiderung Guineas vom 30.01.1998 auf den von Saint Vincent und den Grenadinen vom 13.01.1998 zum Erlaß einer vorläufigen Anordnung hin, ISGH M/V "Saiga" (No. 2) v. 01.07.1999, Rdnrn. 1, 44 in ITLOS, Reports, 1999, S. 7 (13, 31).

[719] So Seerichter Eiriksson in einem Vortrag am Institut für Internationale Angelegenheiten der Universität Hamburg am 09.10.2000.

[720] ISGH Swordfish, Anordnung v. 20.12.2000, ILM, 2001, S. 475 (478 f.).

[721] ISGH Anordnung/Swordfish v. 15.03.2001, Rdnrn 4 f.,
http://www.itlos.org/case_documents/2001/document_en_99.pdf.

[722] ISGH Anordnung/Swordfish v. 15.03.2001, Rdnr. 6.
http://www.itlos.org/case_documents/2001/document_en_99.pdf.

[723] ISGH M/V "Saiga" (No. 2) v. 01.07.1999 Dissenting Opinion von Seerichter Ndiaye, Rdnr. 24 in ITLOS, Reports, 1999, S. 234 (240 f.).

obligatorische Streitbeilegung des Seegerichtshofs im einstweiligen Anordnungs-
verfahren nach Art. 290 Abs. 5 SRÜ und befaßten anschließend ein nach Anlage
VII SRÜ gebildetes Schiedsgericht.

ccc) Schiedsspruch im Verfahren nach Anlage VII SRÜ

Wie oben bereits allgemein erörtert, ist der Schiedsspruch bindend, wie im übrigen
alle Entscheidungen, die von einem Gericht im Sinne von Art. 287 SRÜ getroffen
werden.[724] Vorbehaltlich anderweitiger Abmachungen der Parteien ist gegen einen
Schiedsspruch unter Anlage VII SRÜ kein Rechtsmittel statthaft.[725] Art. 12 Anlage
VII SRÜ eröffnet lediglich die Möglichkeit der Auslegung des Schiedsspruchs durch
das Schiedsgericht selbst oder bei anderweitiger Vereinbarung der Parteien auch
durch einen anderen Gerichtshof oder ein anderes Gericht im Sinne von Art. 287
SRÜ. Davon abgesehen, daß Auslegungsverfahren in der völkerrechtlichen Rechtsprechung selten sind,[726] werden Meinungsverschiedenheiten über die Auslegung
des Schiedsspruchs häufig letztlich Meinungsverschiedenheiten über Auslegung
oder Anwendung des Seerechtsübereinkommens sein und deshalb die Möglichkeit
eines neuen Verfahrens unter Teil XV SRÜ bieten.[727]

b) Besondere seerechtliche Schiedsgerichtsbarkeit nach Art. 287 Abs. 1 lit. d), Anlage VIII SRÜ

Mit Art. 287 Abs. 1 lit. d) hat der oben bereits beschriebene funktionelle Ansatz
Eingang ins Seerechtsübereinkommen gefunden.[728] Die teilweise schwierigen
technischen und naturwissenschaftlichen Fragen des Seevölkerrechts machen einen Rückgriff auf Experten unumgänglich. Das zu diesem Zweck geschaffene spezielle Schiedsverfahren nach Anlage VIII SRÜ trägt dem Rechnung.

Dennoch ist auch das besondere Schiedsverfahren nach Anlage VIII SRÜ an das
allgemeine Schiedsverfahren nach Anlage VII SRÜ angelehnt.[729] Die Aufteilung
schiedsgerichtlicher Verfahren unter dem Seerechtsübereinkommen in allgemeine
und spezielle Verfahren ist zu begrüßen. Auf diese Weise gelang ein sinnvoller
Ausgleich zwischen Generalisten und Funktionalisten, wurden mithin die notwendi-

---

[724] Art. 296 Abs. 1 SRÜ.

[725] Art. 11 Anlage VII SRÜ.

[726] Nordquist, UNCLOS Commentary, Bd. V, Rdnr. A.VII.19..

[727] Nordquist, UNCLOS Commentary, Vol V, Rdnr. A.VII.18..

[728] Merrills, International Dispute Settlement, 3. Aufl., 1998, S. 183; Lehoux, CYIL, 1980, S. 31
(53); Singh, United Nations Convention on the Law of the Sea – Dispute Settlement Mecanisms,
1985, S. 99.

[729] Nordquist, UNCLOS Commentary, Bd. V, Rdnr. A.VII.2..

gen Fachleute gebührend in die seevölkerrechtliche Gerichtsbarkeit mit einbezogen, ohne den juristischen Einfluß auf diese Verfahren zu stark zurückzudrängen.

Das besondere Schiedsverfahren nach Anlage VIII SRÜ bedingt, wie gesehen, zunächst eine entsprechende Wahlerklärung nach Art. 287 Abs. 1 lit. d) SRÜ und wird dann durch Notifikation einer Streitpartei in Gang gesetzt.[730] Die Wahl nach Art. 287 Abs. 1 lit. d) SRÜ hat jedoch einen begrenzten Anwendungsbereich. Sie ist nur möglich für Verfahren, die Fischerei, Schutz der Meeresumwelt, wissenschaftliche Meeresforschung oder die Schiffahrt betreffen.[731] Das Verfahren nach Anlage VIII SRÜ läuft jedoch nur an, sofern und soweit die sich deckenden Wahlerklärungen der Parteien Streitigkeiten aus den genannten Bereichen betreffen.[732] Die Verfahren vor einem speziellen Schiedsgericht kann von den Parteien einvernehmlich auf Sachverhaltsaufklärung oder Untersuchung beschränkt werden. Auch können die Parteien übereinkommen, daß die Entscheidungen des speziellen Schiedsgerichts nicht bindend sein sollen.[733]

c) Schiedsgerichtliche Beilegung einer Meeresbodenstreitigkeit

Auch die Parteien einer Meeresbodenstreitigkeit können gemäß Art. 288 Abs. 3 letzte Alt. SRÜ für die Beilegung ihres Streits ein Schiedsgericht ihrer Wahl, mithin also auch eines nach Anlage VII oder VIII SRÜ wählen und so dessen Zuständigkeit im Rahmen des Teils XI SRÜ begründen.

2. Schiedsgerichtsklauseln in anderen völkerrechtlichen Verträgen am Beispiel der SBT-Konvention

Zahlreiche völkerrechtliche Verträge enthalten kompromissarische Klauseln zur Begründung internationaler Schiedsgerichtsbarkeit. Im Seevölkerrecht ist hier insbesondere Art. 16 der schon erwähnten SBT-Konvention zu nennen.

a) Die SBT-Konvention

Die SBT-Konvention[734] ist ein regionales, im Ursprung trilaterales Abkommen, das Japan, Neusseeland und Australien[735] 1993 in Canberra abgeschlossen haben.

---

[730] Art. 1 Anlage VIII SRÜ.

[731] Art. 1 Anlage VIII SRÜ.

[732] Merrills, 3. Aufl., 1998, S. 183.

[733] Art. 5 Anlage VIII SRÜ; R. Bernhardt, Die Streitbeilegung im Rahmen der Neuordnung des Seerechts ZaöRV 1978, S. 959 (971).

[734] Simmonds, New Directions in the Law of the Sea, P 28; auszugsweise in ILM Bd. XXXIX, November 2000, S. 1359 (1363-1366).

Ziel[736] sind Schutz, Erhalt und optimale Nutzung des Südlichen Blauflossenthun-fischs[737] durch Einrichtung entsprechender Organe unter der Konvention, wie insbesondere einer Kommission zur Festlegung der Fangquoten[738] und zur Ergreifung aller übrigen notwendigen Maßnahmen. Zur Regelung der Fischerei auf den Weltmeeren sind die sogenannten gemischten Fischereikommissionen heute nicht mehr wegzudenken. Als organisierte Form völkerrechtlicher Konsultationen erarbeiten sie Maßnahmen zur Regelung des Fischfangs, Pläne für gemeinsame Forschungsvorhaben u. ä.. Entscheidende Bedeutung kommt den Fischereikommissionen bei der Frage der Festlegung von Fangquoten zu.

aa) Streitbeilegung unter der SBT-Konvention

Die SBT-Konvention enthält in Art. 16 eine ähnliche Zweiteilung, wie das Seerechtsübereinkommen in seinem Teil XV. Art. 16 Abs. 1 SBT-Konvention ermöglicht, Teil XV Abschnitt 1 SRÜ vergleichbar, zunächst eine Streitbeilegung mit friedlichen Mitteln des „soft law". Die Parteien einer Streitigkeit über Auslegung oder Anwendung der SBT-Konvention sind demgemäß zunächst zum Meinungsaustausch verpflichtet. Absatz 1 eröffnet ihnen dann die Möglichkeit, den Streit mittels Verhandlung, Untersuchung, Vermittlung, Vergleich, Schiedsspruch, gerichtlicher Entscheidung oder jedes anderen selbstgewählten friedlichen Mittels beizulegen. Scheitert die Beilegung nach Absatz 1, so stehen den Streitparteien in Absatz 2 auch Mittel gerichtlicher und schiedsgerichtlicher Streitbeilegung zur Verfügung. Die Parteien können ihre Streitigkeit demnach auch dem IGH oder einem in der Anlage zur SBT-Konvention vorgesehenen Schiedsgericht[739] unterbreiten. Voraussetzung für eine Entscheidung nach Art. 16 Abs. 2 SBT-Konvention ist allerdings eine allseitige Unterwerfungserklärung durch die Parteien: „[...] with the consent in each case [...]". Scheitern die Streitbeilegungsbemühungen nach Absatz 2, so bleiben die Parteien zwar nach Art. 16 Abs. 2 S. 2 SBT-Konvention zu weiteren Bemühungen um Beilegung des Streits verpflichtet; wie diese konkret erfolgen soll, sieht die SBT-Konvention jedoch nicht vor.

---

[735] Das Abkommen steht aber auch anderen Staaten zum Beitritt offen (Art. 17 Abs. 1, 18).

[736] Art. 3 und 1 SBT-Konvention.

[737] "Southern Bluefin Tuna", "Thunmus maccoyii".

[738] "Total allowable catch" (TAC).

[739] Art. 16 Abs. 3 SBT-Konvention.

bb) Der SBT-Fall vor dem Internationalen Seegerichtshof

Am 30. Juli 1999 erhielt der Gerichtshof mit dem schon mehrfach erwähnten SBT-Fall nach den drei Saiga-Verfahren seinen zweiten Sachverhalt.[740] Im wesentlichen handelt es sich dabei um zwei Anträge auf Anordnung vorläufiger Maßnahmen nach Art. 290 Abs. 5 SRÜ.[741]

Der Südliche Blauflossenthunfisch ist eine sogenannte weitwandernde Art im Sinne von Anlage 1 SRÜ,[742] die auch vor ausschließlichen Wirtschaftszonen nicht Halt macht, in denen Staaten regelmäßig souveräne Rechte über ihren Fischfang auszuüben pflegen. Nach Angaben der Antragsteller Australien und Neuseeland ist der Südliche Blauflossenthunfisch stark überfischt. In den letzten 15 Jahren gab es daher zwischen den drei Parteien regelmäßig Verhandlungen und Fangqotenfestsetzungen für diese Fischart. Dies mündete 1993 in den Abschluß der oben schon erwähnten SBT-Konvention.[743] Im Rahmen der SBT-Kommission konnte man sich jedoch nicht über die Festsetzung entsprechender Fangquoten für ein grundsätzlich zugelassenes wissenschaftliches Fischereiprogramm[744] einigen.[745] Japan startete in der Folge einseitig ein entsprechendes Programm, was Australien nicht nur als Verletzung der SBT-Konvention, sondern auch – alle drei Streitparteien waren ab 1996 Mitglieder im Seerechtsübereinkommen der Vereinten Nationen[746] – des Seerechtsübereinkommens und allgemeiner völkerrechtlicher Regeln ansah. Insbesondere werden die Verletzung der Regeln aus Art. 64 und 116 bis 119 SRÜ gerügt.

Zur Beilegung des Konflikts führten Australien und Japan zunächst Verhandlungen und akzeptierten dann ein Vermittlungsverfahren, von dem Japan aber später wieder abgerückt ist. Stattdessen erklärte es sich bereit, den Streit unter Vorbehalt einem Schiedsgericht nach Art. 16 Abs. 2 SBT-Konvention zu unterbreiten. Austra-

---

[740] ISGH Sitzungsniederschrift/SBT vom 16.08.1999, ITLOS/PV.99/19 (Version française), S. 6 u. 7 und Sitzungsniederschrift/SBT vom 18.08.1999, ITLOS/PV. 99/20 (Version française), S. 6, http://www.itlos.org/case_documents/2001/document_fr_138.pdf, http://www.itlos.org/case_documents/2001/document_fr_139.pdf.

[741] „Cases No. 3 and 4", ISGH Southern Bluefin Tuna, Beschluß v. 16.08.1999, ITLOS, Reports, 1999, S. 271 ff.

[742] „Highly migratory specy".

[743] Zum Thunfischstreit im einzelnen: Entscheidung des seerechtlichen Schiedsgerichts im SBT-Fall Rdnr. 21 ff. in ILM Bd. XXXIX, November 2000, S. 1359 ff. (im Folgenden Gericht-Anlage VII Entscheidung/SBT vom 04.08.2000).

[744] „Experimental Fishing Program (EFP)", Gericht-Anlage VII Entscheidung/SBT vom 04.08.2000, Rdnr. 24.

[745] Gericht-Anlage VII Entscheidung/SBT vom 04.08.2000 Rdnr. 24.

[746] LSB No. 44 (2001), S. 1-12.

lien lehnte dies aber ab und strebte eine Streitbeilegung nach dem Seerechtsübereinkommen der Vereinten Nationen an, eine entsprechende schiedsgerichtliche Streitbeilegung eingeschlossen.[747] Dem schloß sich das von japanischem Fischfang ebenfalls betroffene Neuseeland an. Keine der Parteien hatte eine Erklärung nach Art. 287 SRÜ abgegeben.[748] Mit Antrag vom 15. Juli 1999 riefen die Antragsteller ein Schiedsgericht nach Anlage VII an[749] und benannten die ersten Richter.[750]

Mit Antrag vom 30. Juli 1999 beantragten Australien und Neuseeland am Internationalen Seegerichtshof den Erlaß vorläufiger Maßnahmen nach Art. 290 Abs. 5 SRÜ,[751] welche Japan die weitere, aus Antragstellersicht als Forschungsmaßnahmen getarnte, Überfischung[752] der streitigen Thunfischart untersagen sollten. Der Seegerichtshof verband in seiner Sitzung vom 16. August 1999 zunächst die beiden Anträge Australiens und Neuseelands zu einem Verfahren und hielt vom 18. bis 20. August 1999 eine mündliche Verhandlung in der Sache ab.[753] In der Entscheidung vom 27. August 1999 untersagte der Gerichtshof Japan eine Weiterführung seines wissenschaftlichen Fischereiprogramms gegen den Willen der Antragsteller und ordnete die Einhaltung der zuletzt ausgehandelten Fangmengen durch die Parteien an.[754]

In der Hauptsache riefen Australien und Japan gemäß ihrer ursprünglichen Planung[755] im Juli 1999 ein Schiedsgericht nach Anlage VII zum Seerechtsübereinkommen der Vereinten Nationen an.[756] Die Verhandlungen derartiger Schiedsgerichte sind regelmäßig nichtöffentlich, so daß der Verlauf entsprechender Verfahren oft unbekannt ist. Die Entscheidung des vorliegenden Rechtsstreits durch ein Gericht nach Anlage VII SRÜ ist jedoch bekanntgeworden.[757] Das Schiedsgericht nach

---

[747] Was eine schiedsgerichtliche Streitbeilegung (unter dem Seerechtsübereinkommen!) einschließt.

[748] Kwiatkowska, Southern Bluefin Tuna, Entscheidungsbesprechung, AJIL, 2000, S. 149 (152).

[749] Gericht-Anlage VII Entscheidung/SBT vom 04.08.2000 Rdnr. 1.

[750] Marr, The Southern Bluefin Tuna Cases: Precautionary Approach and Conservation of Fish Resources, EJIL, 2000, S. 815 (818).

[751] ISGH Sitzungsniederschrift/SBT vom 16. und 18.08.1999.ITLOS/PV.99/19 (Version française), S. 6 u. 7 und ITLOS/PV.99/20 (Version française), S. 6.

[752] ISGH Beschluß/SBT vom 27.08.1999, Rdnrn. 28 f., ITLOS, Reports, 1999, S. 277 (285 f).

[753] ISGH Beschlüsse/SBT vom 16.08.1999 und vom 27.08.1999, ITLOS, Reports, 1999, S. 271, 277 ff..

[754] ISGH Beschluß/SBT vom 27.08.1999, Rdnr. 90, ITLOS, Reports, 1999, S. 277 (297).

[755] ISGH Sitzungsniederschrift/SBT vom 18.08.1999, ITLOS/PV.99/20, S. 6.

[756] ISGH Beschluß/SBT vom 27.08.1999, Rdnr. 37, ITLOS, Reports, 1999, S. 277 (292)..

[757] ILM Bd. XXXIX, November 2000, S. 1359 ff.

Anlage VII SRÜ erklärte sich und damit auch den Seegerichtshof im Verfahren nach Art. 290 Abs. 5 SRÜ mit Entscheidung vom 4. August 2000 für unzuständig und widerrief die vom Seegerichtshof angeordneten Maßnahmen gemäß Art. 290 Abs. 5 S. 1 a. E. SRÜ.

b) Die Überschneidung der SBT-Konvention mit den Verfahren vor dem Internationalen Seegerichtshof

Überschneidungen zwischen den Streitbeilegungsverfahren nach der SBT-Konvention und jenen nach dem Seerechtsübereinkommen können sich insbesondere im Bereich der Schiedsgerichtsklauseln ergeben, die in beiden Abkommen enthalten sind. So sehen, wie schon erläutert, sowohl Art. 16 Abs. 2 SBT-Konvention, als auch Art. 287 SRÜ schiedsgerichtliche Streitbeilegung vor, die jedoch im ersten Fall an ein Zustimmungserfordernis gebunden ist, während im zweiten Fall ein echtes Obligatorium besteht. Die Problematik konkurrierender seevölkerrechtlicher Schiedsgerichtsbarkeit steht hier zwar nicht inmitten der Betrachtungen. Allerdings kann es insbesondere in Verfahren einstweiligen Rechtsschutzes in Kombination mit schiedsgerichtlichen Verfahren nach Anlage VII oder VIII SRÜ zu nennenswerten Zuständigkeitskonflikten zwischen dem Seegerichtshof und seevölkerrechtlichen Schiedsgerichten im Sinne anderer Übereinkünfte kommen. So setzt Art. 290 Abs. 5 SRÜ, wie gesehen, die Prima-Facie-Zuständigkeit eines (noch nicht konstituierten) Schiedsgerichts nach Anlage VII oder VIII SRÜ voraus. Fehlt es an seiner Prima-Facie-Zuständigkeit, so ist auch der Internationale Seegerichtshof für die Anordnung vorläufiger Maßnahmen nach Art. 290 Abs. 5 SRÜ unzuständig. Statt dessen kann die Gerichtsbarkeit eines speziellen anderweitig vereinbarten Schiedsgerichts eingreifen. Diese Problematik beschäftigt insbesondere im vorgestellten SBT-Fall. In Hauptsacheverfahren sind Überschneidungen ebenfalls dort denkbar, wo sich obligatorische und nichtobligatorische Gerichtsbarkeit begegnen. Insbesondere ist an die obligatorischen Hauptsacheverfahren vor der Meeresbodenkammer des Internationalen Seegerichtshofs zu denken.

aa) Bewertung nach dem Lex-Posterior-Grundsatz

Ausgangspunkt einer Prüfung des Lex-Posterior-Grundsatzes ist zunächst wieder Art. 30 WVRK. Die konkrete Ausgestaltung des Lex-Posterior-Grundsatzes findet sich im hier zu untersuchenden Zusammenhang in Art. 311 Abs. 2 SRÜ. Im Verlauf der dritten VN-Seerechtskonferenz war strittig, ob und in welcher Form eine dem Lex-Posterior-Grundsatz entsprechende Regel Eingang in das zu schaffende Seerechtsübereinkommen finden sollte. Die Diskussion war zunächst stark durch die Frage des Verhältnisses des neuen Abkommens zu den Genfer Seerechtsüberein-

kommenen von 1958 geprägt.[758] Aber auch das Verhältnis des Seerechtsüberein-
kommens von 1982 zu anderen völkerrechtlichen Übereinkommen, so etwa zur
IMCO – Konvention zur Verhütung der Verschmutzung des Meeres durch Schiffe
von 1973, zur Londoner Anti-Dumping-Konvention von 1972 und zur Chicago-
Konvention über die Zivilluftfahrt war Diskussionspunkt.[759] Letztlich gilt die Lex-
Posterior-Regel in der speziellen Form des Art. 311 SRÜ daher allgemein für alle
Regelungen des Seerechtsübereinkommens, die Streitbeilegungsvorschriften ein-
geschlossen. Das explizite Zitat des Lex-Posterior-Grundsatzes in einer Reihe von
Vorschriften des Seerechtsübereinkommens hindert dies nicht.[760]

aaa) Ausgangspunkt der Prüfung – Art. 30 WVRK

Die Wiener Vertragsrechtskonvention ist gemäß ihren Art. 1, 3 und 4 auch auf Vertragsstaaten des Seerechtsübereinkommens anwendbar und zumindest gewohn-
heitsrechtlich auch für Nichtvertragsparteien in der Wiener Konvention gültig. Bei
Streitbeteiligung internationaler Organisationen scheidet sie allerdings, wie gesehen, aus. Insofern ist auf die noch nicht in Kraft getretene Konvention für internationale Organisationen zurückzugreifen. Grundsätzlich ist die Regel aus Art. 30
WVRK auf alle zwischen Staaten geschlossenen völkerrechtlichen Verträge anwendbar.

bbb) Nachrangigkeitsanordnung im Sinne des Art. 30 Abs. 2 WVRK – die Be-
stimmung des Art. 311 SRÜ

Nach Art. 30 Nr. 2 WVRK genießt, wie schon kurz angesprochen, ein Vertrag nur
dann Anwendungsvorrang vor einem anderen, früher oder später geschlossenen
Vertrag, wenn der andere Vertrag sich für nachrangig erklärt. Das Seerechtsübereinkommen ist im Verhältnis zur SBT-Konvention „später geschlossen". Die SBT-
Konvention ordnet als früher geschlossener Vertrag zunächst nicht an, einem anderen Vertrag untergeordnet oder nicht mit ihm unvereinbar zu sein. Ob das Seerechtsübereinkommen eine solche Unterordnungsregelung enthält, ist nicht auf den
ersten Blick erkennbar. Art. 311 Abs. 1 SRÜ ordnet zunächst einen Vorrang des
Seerechtsübereinkommens vor den Genfer Übereinkommen vom 29. April 1958
über das Seerecht an. Aufgrund des Vorrangs des jüngeren Rechts, finden die Regelungen des fakultativen Streitbeilegungsprotokolls von 1958 zwischen den Vertragsstaaten des Seerechtsübereinkommens grundsätzlich nicht mehr Anwendung.
Dies betrifft aber nur das Verhältnis zu den Genfer Abkommen und nicht auch zu

---

[758] FC/7 (1979) (President) in Platzöder, Documents, Bd. XII, S. 360 (361).

[759] FC/7 (1979) (President) in Platzöder, Documents, Bd. XII, S. 360 ff..

[760] FC/7 (1979) (President) in Platzöder, Documents, Bd. XII, S. 360 ff.; Nordquist, UNCLOS
Commentary, Bd. V, Rdnr. 311.8..

anderen Verträgen, insbesondere nicht zur SBT-Konvention. Lediglich hinsichtlich Fischereistreitigkeiten enthält das Seerechtsübereinkommen in Art. 297 Abs. 3 lit. a) insofern eine Lücke, als der Küstenstaat einer Streitbeilegung nach Abschnitt 2 des Seerechtsübereinkommens nicht zustimmen muß, wenn die Streitigkeit seine souveränen Rechte oder deren Ausübung in bezug auf die lebenden Ressourcen seiner ausschließlichen Wirtschaftszone betrifft (Art. 62 SRÜ). Auch dann greift jedoch in Einzelfällen nach Art. 297 Abs. 3 lit. b) ein Vergleichsverfahren nach Teil XV Abschnitt 1, Anlage V Abschnitt 2 SRÜ ein. Nur wenn auch jenes nicht anwendbar ist, bleibt Raum für die Anwendung des Schiedsverfahrens nach Art. 9 der Fischereikonvention von 1958. Bei einer Beteiligung von Nichtmitgliedern des Seerechtsübereinkommens bleibt die Streitregelung des Streitbeilegungsprotokolls und der Konventionen von 1958 indes voll anwendbar.

Art. 311 Abs. 2 SRÜ allerdings enthält die Bestimmung: „Dieses Übereinkommen ändert nicht die Rechte und Pflichten der Vertragsstaaten aus anderen Übereinkünften, die mit dem Übereinkommen vereinbar sind und andere Vertragsstaaten in dem Genuß ihrer Rechte oder in der Erfüllung ihrer Pflichten aus dem Übereinkommen nicht beeinträchtigen." Dies ist in der Tat eine durch das Seerechtsübereinkommen angeordnete Vorrangigkeit anderer völkerrechtlicher Verpflichtungen.[761] Denn nur wenn hier von einem Vorrang konkurrierender Verpflichtungen ausgegangen wird, kommt es nicht zu einer Änderung dieser Verpflichtungen durch eine Anwendung des Seerechtsübereinkommens. Dies kann allerdings nur für wirklich konkurrierende anderweitige völkerrechtliche Verpflichtungen gelten. Verpflichtungen aus bloß paarallel geltenden oder ergänzenden Abkommen können insofern nicht „geändert" werden. Der Vorrang der SBT-Konvention vor dem Seerechtsübereinkommen gilt jedenfalls aber nur, sofern erstere mit letzterem vereinbar ist. Dieser Punkt war eine im SBT-Verfahren vor dem Schiedsgericht nach Anlage VII SRÜ diskutierte Problematik.

ccc) Die Positionen der Parteien und des Gerichts nach Anlage VII SRÜ zu den Regelungen des Art. 311 SRÜ im SBT-Streit

Japan vertrat im SBT-Verfahren vor dem Gericht nach Anlage VII SRÜ grundsätzlich die Auffassung, die SBT-Konvention regle denselben Gegenstand wie das Seerechtsübereinkommen der Vereinten Nationen, insbesondere in seinen von den Antragstellern ins Feld geführten Art. 64 und 116 bis 119 SRÜ.[762] Die SBT-Konvention sei aber spezieller,[763] weswegen deren Streitbeilegungsregime jenem nach Teil XV SRÜ vorgehe, mit der Folge einer an die Zustimmung der Parteien gebundenen,

---

[761] Gericht-Anlage VII Entscheidung/SBT vom 04.08.2000, Rdnr. 41 (h).

[762] Gericht-Anlage VII Entscheidung/SBT vom 04.08.2000, Rdnr. 38 (c).

[763] Gericht-Anlage VII Entscheidung/SBT vom 04.08.2000, Rdnr. 38 (a).

mithin fakultativen schiedsgerichtlichen Gerichtsbarkeit, anstatt einer Zuständigkeit des Gerichts nach Anlage VII SRÜ und in der Folge einer Unzuständigkeit des Internationalen Seegerichtshofs für die Anordnung vorläufiger Maßnahmen nach Art. 290 Abs. 5 SRÜ.[764] Vor diesem Hintergrund hielt Japan die beiden Übereinkommen auch für miteinander vereinbar im Sinne von Art. 311 SRÜ. Die SBT-Konvention verhindere nicht die Wahrnehmung der Rechte der Streitparteien aus dem Seerechtsübereinkommen. Regelungen wie die SBT-Konvention seien durch Art. 64 SRÜ ausdrücklich zugelassen.[765]

Australien und Neuseeland waren der Ansicht, der Lex-Specialis-Grundsatz sei vorliegend aufgrund der ausdrücklichen Regelung in Art. 311 SRÜ gar nicht anwendbar. Art. 311 Abs. 5[766] SRÜ ermögliche seinem Wortlaut nach zwar von Art. 311 SRÜ abweichende Regelungen, wie in Art. 16 der SBT-Konvention getroffen, sofern ein anderer Artikel des Seerechtsübereinkommens eine solche Opt-Out-Regelung ausdrücklich zulasse. Der von Japan als „anderer Artikel" in diesem Sinne angeführte Art. 64 SRÜ sei hier jedoch nicht anwendbar, da er sonst faktisch zu einem Vetorecht einzelner Staaten gegen die Entscheidungsfindung unter dem Seerechtsübereinkommen führe und so dessen Effektivität unterminiere. Entscheidend für die Abgrenzung früherer und späterer Abkommen unter dem Seerechtsübereinkommen sei vielmehr die Bestimmung des Art. 311 Abs. 2 SRÜ, bei dem es auf die Vereinbarkeit der beiden Abkommen miteinander ankommt. Insofern sei eine solche aber gegeben, woraus die Antragsteller den Schluß einer Parallelität der Streitbeilegungsregime aus dem Seerechtsübereinkommen und aus der SBT-Konvention ziehen.[767] Damit blieben auch die Streitbeilegungsmittel des Seerechtsübereinkommens hier anwendbar, genössen aufgrund ihres Charakters als Dachregelungen mithin Vorrang vor der SBT-Konvention.[768]

Das Gericht nach Anlage VII SRÜ selbst macht zu Art. 311 SRÜ keine größeren Ausführungen und beschränkt sich statt dessen auf die Vereinbarkeit alternativer Streitbeilegungsmittel nach Teil XV Abschnitt 1 SRÜ mit Mitteln aus Abschnitt 2. Wie es zu einer Anwendbarkeit der einschlägigen Bestimmungen unter Abschnitt 1 gelangt, bleibt im dunkeln.[769]

---

[764] Gericht-Anlage VII Entscheidung/SBT vom 04.08.2000, Rdnr. 38 (c).

[765] Gericht-Anlage VII Entscheidung/SBT vom 04.08.2000, Rdnr. 38 (d).

[766] In der Entscheidung ist irrtümlich von „Abs. 4" die Rede.

[767] Gericht-Anlage VII Entscheidung/SBT vom 04.08.2000, Rdnr. 41 (h).

[768] Gericht-Anlage VII Entscheidung/SBT vom 04.08.2000, Rdnr. 41 (I).

[769] Gericht-Anlage VII Entscheidung/SBT vom 04.08.2000 Rdnr. 52 a. E..

ddd) Analyse

Ob die übereinstimmend, wenngleich mit unterschiedlichen Schlußfolgerungen von den Streitparteien vertretene Ansicht zutrifft, wonach SBT-Konvention und Seerechtsübereinkommen miteinander vereinbar im Sinne des Art. 311 Abs. 2 SRÜ sind, erscheint angesichts der Existenz unterschiedlicher Streitbeilegungsregime in den beiden Übereinkommen zunächst fraglich. Zum anderen wird dem von Australien und Neuseeland immerhin behandelten, aber falsch bewerteten Art. 311 Abs. 5 SRÜ nicht ausreichend Rechnung getragen. Diese Vorschrift enthält ein explizites Opt-Out zugunsten anderer Bestimmungen des Seerechtsübereinkommens. Demnach können die Vertragsparteien jedwede andere Vereinbarung treffen, wenn das Seerechtsübereinkommen dies ausdrücklich zuläßt. Art. 64 SRÜ ist insofern in Übereinstimmung mit der Position der Antragsteller nicht die richtige Vorschrift. Ein „anderer Artikel" im Sinne von Art. 311 Abs. 5 SRÜ ist jedoch der für die Streitbeilegung spezielle Art. 282 SRÜ. Er erlaubt im Rahmen des hier zu diskutierenden Teils XV Abschnitt 1 SRÜ ein Opt-Out speziell für das Streitbeilegungsregime des Seerechtsübereinkommens.

bb) Die Bewertung der Gerichtsbarkeit von Schiedsgericht und Seegerichtshof nach Art. 282 SRÜ

Zum einen stellt sich hier aber, wie oben bereits angesprochen, die Frage einer profunden Prüfung der Voraussetzungen nach Teil XV Abschnitt 1 SRÜ in Verfahren einstweiligen Rechtsschutzes nach Art. 290 Abs. 5 SRÜ. Nach der Ansicht Japans kommt es offenbar auf eine detaillierte Prüfung des Abschnitts 1 hier an. Streitbeilegungsversuche (Art. 283 SRÜ) seien eine Bedingung für die Prima-Facie-Zuständigkeit des Seegerichtshofs im Verfahren nach Art. 290 Abs. 5 SRÜ.[770] Auch der Seegerichtshof selbst scheint diese Ansicht zu teilen, indem er ausdrücklich feststellt, daß entsprechende Verhandlungen geführt wurden.[771] Nach obiger Argumentation kommt es hierauf zwar in den jeweiligen Hauptsacheverfahren an, nicht jedoch in den Verfahren einer Anordnung vorläufiger Maßnahmen nach Art. 290 Abs. 5 oder in Verfahren sofortiger Freigabe von Schiffen nach 292 SRÜ. Insofern wäre die Prüfung des Vorliegens alternativer Streitbeilegungsvereinbarungen nach Art. 290 Abs. 5 bzw. 292 SRÜ ausreichend aber auch notwendig gewesen. Daraus folgt im Ergebnis, daß es auf die Prüfung alternativer Streitbeilegungsvereinbarungen für die Prima-Facie-Prüfung des Seegerichtshofs vom August 1999

---

[770] ISGH Beschluß/SBT vom 27.08.1999, Rdnr. 33, ITLOS, Reports, 1999, S. 277 (289 f.).
[771] ISGH Beschluß/SBT vom 27.08.1999, Rdnrn. 57, 60, ITLOS, Reports, 1999, S. 277 (294 f.).

nicht ankam, während das Schiedsgericht nach Anlage VII SRÜ insofern zu einer umfassenden Prüfung verpflichtet war.[772]

Zum anderen war die Anwendbarkeit von Art. 282 SRÜ vor dem Hintergrund strittig, ob es sich im SBT-Fall um eine Streitigkeit über Auslegung oder Anwendung des Seerechtsübereinkommens handelt. Wie oben schon vorgestellt, gilt Art. 282 SRÜ für Vertragsstaaten des Seerechtsübereinkommens, die Parteien einer Streitigkeit über Auslegung oder Anwendung des Übereinkommens sind. Japan vertrat die Ansicht, daß es sich im Thunfischstreit nicht um eine Streitigkeit über Auslegung oder Anwendung des Seerechtsübereinkommens der Vereinten Nationen, sondern um eine solche über Auslegung oder Anwendung der spezielleren SBT-Konvention handle, der Streit daher nach dem Regime der SBT-Konvention beizulegen sei. Im übrigen scheitere an der Spezialität der SBT-Konvention eine Anwendung von Art. 282 SRÜ.[773] Australien und Neuseeland hingegen gehen von einer Parallelität der beiden Übereinkommen und insbesondere ihrer Streitbeilegungsregime aus.[774] Dem schloß sich im Ergebnis das Gericht nach Anlage VII SRÜ an. Es könne nicht sein, daß die Bestimmungen über weitwandernde Arten zwar unter normalen Mitgliedern des Seerechtsübereinkommens Anwendung fänden, für die (bislang drei) Mitglieder der SBT-Konvention aber nicht gälten.[775] Bei der Streitigkeit zwischen Australien, Neuseeland und Japan handle es sich um einen einzigen Streit sowohl unter dem Seerechtsübereinkommen der Vereinten Nationen, als auch unter der SBT-Konvention.[776]

Diese Auffassung ist auch überzeugend. Die einschlägigen Fischereimaterien sind in beiden Abkommen enthalten, und die ratio legis sowohl von Seerechtsübereinkommen, als auch von SBT-Konvention erfordern in jedem Fall eine Anwendung aller einschlägigen Bestimmungen auf alle entsprechenden Vertragsparteien. Dies insbesondere auch deshalb, weil die Regelungen der beiden Übereinkommen keineswegs deckungsgleich sind. Eine solche Parallelität ist, wie die Bestimmungen in Teil XV Abschnitt 1 SRÜ zeigen, durch das Seerechtsübereinkommen im übrigen durchaus eingeplant. Auf diese Weise öffnen sich zum einen gemäß Art. 286 SRÜ die alternativen Mittel friedlicher Streitbeilegung nach Teil XV Abschnitt 1 SRÜ.[777] Zum anderen ist damit auch die Tatbestandsvoraussetzung einer Streitigkeit über

---

[772] Gericht-Anlage VII Entscheidung/SBT vom 04.08.2000 Rdnr. 36 f., das aber im Ergebnis die vom Seegerichtshof angeordneten vorläufigen Maßnahmen wieder aufhebt, ebd. Rdnr. 66.

[773] Gericht-Anlage VII Entscheidung/SBT vom 04.08.2000, Rdnr. 38 (f).

[774] Gericht-Anlage VII Entscheidung/SBT vom 04.08.2000, Rdnrn. 41 (i), (l).

[775] Gericht-Anlage VII Entscheidung/SBT vom 04.08.2000, Rdnrn. 47 ff., insbes. 52.

[776] Gericht-Anlage VII Entscheidung/SBT vom 04.08.2000, Rdnr. 54.

[777] Gericht-Anlage VII Entscheidung/SBT vom 04.08.2000, Rdnrn. 41 (k), (l).

Auslegung oder Anwendung des Seerechtsübereinkommens nach Art. 282 SRÜ erfüllt.

Die zweite Voraussetzung für eine alternative Streitbeilegungsvereinbarung nach Art. 282 SRÜ ist hingegen problematischer. Demnach können die Vertragsparteien in allgemeinen, regionalen oder sonstigen Abkommen abweichend vom Streitbeilegungsregime des Seerechtsübereinkommens nur Streitbeilegungsmittel vereinbaren, die zu bindenden Entscheidungen führen. Dem Wortlaut des Art. 282 SRÜ ist insofern nicht zu entnehmen, ob es sich bei diesen Maßnahmen auch um solche obligatorischer Art handeln muß. Art. 282 SRÜ spricht nur von „bindend". Man könnte zwar vermuten, daß die Vertragsstaaten der dritten VN-Seerechtskonferenz zum Schutz der Effektivität des Streitbeilegungsregimes im Seerechtsübereinkommen in Art. 282 SRÜ nur solche Vereinbarungen zulassen wollten, welche eine ebenso obligatorische Streitbeilegung wie Teil XV Abschnitt 2 SRÜ vorsehen. So weit ging das Einvernehmen der Vertragsstaaten aber nicht. Art. 282 SRÜ scheidet lediglich Vermittlungs- und Vergleichsverfahren als alternative Streitbeilegungsmittel aus, weil sie zu nichtbindenden Entscheidungen führen. Alle anderen Mittel werden e contrario von Art. 282 SRÜ erfaßt.[778] Dies zeigt im übrigen den Charakter des Seerechtsübereinkommens und seines Streitbeilegungsregimes als fragiler Kompromiß.[779]

Nach Ansicht Japans ist die Bestimmung des Art. 282 SRÜ offenbar vor dem Hintergrund einer IGH-Anrufung zu sehen. Die Parteien hätten vorliegend aber nicht den IGH angerufen.[780] Australien und Neuseeland argumentieren, Art. 282 SRÜ enthalte die zwingende Bestimmung, wonach ein hiernach alternativ vereinbartes Streitbeilegungsmittel zu einer bindenden Entscheidung führen müsse. Da dies im Fall von Art. 16 SBT-Konvention nicht der Fall sei, scheitere eine Alternativvereinbarung nach Art. 282 SRÜ.[781] Davon abgesehen, daß die Gerichtsbarkeit des IGH etwa nach Art. 36 seines Statuts nicht die einzige denkbare Alternativvereinbarung unter Art. 282 SRÜ ist, sind die Ausführungen Japans zu diesem Punkt schon deshalb nicht schlüssig, weil es ja bereits die erste Voraussetzung von Art. 282 SRÜ verneint hat. Im Ergebnis ist aus Japans Argumentation gerade zu schließen, daß Art. 16 Abs. 2 SBT-Konvention kein alternatives Streitbeilegungsmittel nach Art. 282 SRÜ darstellt.[782] Entsprechend schlägt die Argumentation der Antragsteller hier

---

[778] Nordquist, UNCLOS Commentary, Bd. V, Rdnr. 282.4..

[779] "Separate opinion" von Richter Keith zu Gericht-Anlage VII Entscheidung/SBT vom 04.08.2000, Rdnr. 5, ILM Bd. XXXIX, 2000, S. 1395 (1396).

[780] Gericht-Anlage VII Entscheidung/SBT vom 04.08.2000, Rdnr. 39 (c).

[781] Gericht-Anlage VII Entscheidung/SBT vom 04.08.2000, Rdnr. 41 (g) a. E..

[782] "Separate opinion" von Richter Keith zu Gericht-Anlage VII Entscheidung/SBT vom 04.08.2000, Rdnr. 5, ILM Bd. XXXIX, 2000, S. 1395 (1396).

voll durch. Weder die in Art. 16 Abs. 2 SBT-Konvention vorgesehene Streitbeilegung durch den IGH, noch jene durch ein spezielles Schiedsgericht führen nach Wortlaut und ratio zu einer bindenden Entscheidung. Ziel der Schiedsgerichtsklausel in Art. 16 SBT-Konvention war vielmehr ein möglichst lockeres Verfahren, das die Parteien nicht zu stark binden sollte. Japans Haltung, die sich vehement jeder Streitbeilegung nach dem Seerechtsübereinkommen verschließt, bestätigt dies.[783]

Nach obiger Argumentation, wonach eine Alternativvereinbarung unter Art. 282 SRÜ nicht nur bindend, sondern auch mit dem Seerechtsübereinkommen zu vereinbaren sein muß,[784] scheidet Art. 282 SRÜ hier erst recht aus. Denn gerade im Hinblick auf die unterschiedlichen Streitbeilegungsregime in Seerechtsübereinkommen und SBT-Konvention sind die beiden Abkommen eben nicht miteinander zu vereinbaren.

Es war im übrigen auch nicht Absicht des Seerechtsübereinkommens, die Aushebelung der obligatorischen Schiedsgerichtsbarkeit nach Art. 287 Abs. 3 und 5 SRÜ durch alternative Regelungen zu ermöglichen. Deshalb stellt die Regelung des Art. 282 SRÜ insofern eine Schutzbestimmung der obligatorischen Streitregelung des Seerechtsübereinkommens dar, die zwingend zu beachten ist.

Im Ergebnis ist Art. 16 Abs. 2 SBT-Konvention daher keine alternative Streitregelungsvorschrift im Sinne von Art. 282 SRÜ. Zwar ist Art. 282 SRÜ ein „anderer Artikel" im Sinne von Art. 311 Abs. 5 SRÜ, bloß fakultative Streitregelungen, wie in Art. 16 SBT-Konvention vereinbart, läßt er aber nicht zu.

cc) Die Regelungen der Art. 279 bis 281 SRÜ im Zusammenhang mit der Gerichtsbarkeit des Schiedsgerichts

Denkbar ist, daß sich insbesondere die Art. 280 und 281 SRÜ als „andere Artikel" im Sinne von Art. 311 Abs. 5 SRÜ interpretieren lassen.

Wie oben bereits erörtert, können die Vertragsstaaten des Seerechtsübereinkommens nach dem Grundsatz flexibler Streitbeilegung gemäß Art. 280 SRÜ jederzeit vereinbaren, einen zwischen ihnen be- oder entstehenden Streit durch friedliche Mittel eigener Wahl beizulegen. Nach Art. 281 SRÜ findet das Seerechtsübereinkommen dann nur Anwendung, wenn eine Beilegung des Streits nach diesen Mitteln eigener Wahl gescheitert ist und die Parteien auch nichts anderes, insbesondere nicht die Nichtbeilegung des Streits vereinbart haben.

---

[783] Gericht-Anlage VII Entscheidung/SBT vom 04.08.2000, Rdnr. 38 (i).
[784] S. o. u. C. III. 2. a) aa) bbb) (2) (c) (aa).

aaa) Die Ansicht Japans

Japan interpretiert im SBT-Streit vor dem Schiedsgericht nach Anlage VII SRÜ die Streitbeilegungsregelung aus Art. 16 SBT-Konvention als friedliches Mittel eigener Wahl im Sinne von Art. 280 SRÜ[785] und beruft sich dabei ausdrücklich auf den Grundsatz flexibler Streitbeilegung unter dem Seerechtsübereinkommen, der jederzeitige Alternativvereinbarungen gestatte.[786] Entsprechend scheide eine Streitbeilegung nach dem Seerechtsübereinkommen der Vereinten Nationen vorliegend aus, denn Art. 281 SRÜ schließe sämtliche anderweitige Verfahren neben dem nach Art. 280 SRÜ alternativ vereinbarten Mittel friedlicher Streitbeilegung, hier also neben Art. 16 SBT-Konvention, aus.[787] Das Streitbeilegungsregime des Seerechtsübereinkommens könne hier nur greifen, wenn keine Streitbeilegung nach Art. 16 SBT-Konvention gelungen sei.[788] Insofern habe Japan jedoch eine schiedsgerichtliche Beilegung nach Art. 16 Abs. 2 SBT-Konvention angeboten, die von den Antragstellern bei gleichzeitiger Erklärung eines Scheiterns der Beilegungsbemühungen zurückgewiesen worden sei. In einem solchen Fall sei ein Rückgriff auf die obligatorischen Verfahren des Teils XV SRÜ rechtsmißbräuchlich.[789] Art. 16 SBT-Konvention verbiete im übrigen eine Anrufung streitiger oder schiedsgerichtlicher Streitbeilegungsmittel ohne Zustimmung der Parteien.[790] Würden die Streitparteien ohne explizite Zustimmung an eine Streitbeilegung nach Art. 287 SRÜ gebunden, so würde dies nach Ansicht Japans entsprechende Streitbeilegungsklauseln in unzähligen völkerrechtlichen Abkommen außer Kraft setzen und damit ineffektiv machen.[791] Dies sei aber nicht die Absicht der Vertragsstaaten des Seerechtsübereinkommens gewesen. Vielmehr sollte umgekehrt mit Art. 16 SBT-Konvention ein Rückgriff auf eine obligatorische Streitbeilegung ausgeschlossen werden.[792]

bbb) Die Ansicht Australiens und Neuseelands

Australien und Neuseeland argumentieren umgekehrt, daß eine Anwendung zahlreicher Opt-Out-Regelungen in anderen völkerrechtlichen Abkommen die Effektivität des Seerechtsübereinkommens der Vereinten Nationen untergrabe. Die Regelungen der obligatorischen Streitbeilegung seien essentiell für die Stabilität des ge-

---

[785] Gericht-Anlage VII Entscheidung/SBT vom 04.08.2000, Rdnr. 38 (g).

[786] Gericht-Anlage VII Entscheidung/SBT vom 04.08.2000, Rdnrn. 38 (j), 39 (a).

[787] Gericht-Anlage VII Entscheidung/SBT vom 04.08.2000, Rdnrn. 38 (h), 39 (b).

[788] Gericht-Anlage VII Entscheidung/SBT vom 04.08.2000, Rdnr. 39 (b).

[789] Gericht-Anlage VII Entscheidung/SBT vom 04.08.2000, Rdnr. 39 (b).

[790] Gericht-Anlage VII Entscheidung/SBT vom 04.08.2000, Rdnr. 38 (h).

[791] Gericht-Anlage VII Entscheidung/SBT vom 04.08.2000, Rdnr. 38 (i).

[792] Gericht-Anlage VII Entscheidung/SBT vom 04.08.2000, Rdnr. 38 (i).

samten Streitbeilegungsregimes des Seerechtsübereinkommens.[793] Grundlegende Bestimmungen des Seerechtsübereinkommens könnten nicht durch anderweitige völkerrechtliche Abkommen außer Kraft gesetzt werden.[794] Art. 16 SBT-Konvention sei im übrigen kein Fall alternativer Streitbeilegungsmittel im Sinne von Art. 280 f. SRÜ, der nur die Vereinbarung von Ad-Hoc-Streitbeilegungsmitteln in einem bereits bestehenden Konflikt erfasse. Jedenfalls schließe aber auch Art. 281 SRÜ bei Scheitern entsprechender Streitbeilegungsbemühungen einen Rückgriff auf die Mittel aus Teil XV Abschnitt 2 SRÜ nicht aus.[795]

ccc) Die Entscheidung des Schiedsgerichts nach Anlage VII SRÜ

Das Gericht nach Anlage VII SRÜ teilt indes vor dem Hintergrund, daß es sich um eine einheitliche Streitigkeit unter dem Seerechtsübereinkommen und der SBT-Konvention handle, Japans Ansicht, wonach Art. 16 SBT-Konvention unter Art. 280, 281 SRÜ falle.[796] Die Streitparteien könnten mit der Wahl von „peaceful means of their own choice" auch ungewollte obligatorische Verfahren ausschließen.[797] Das Schiedsgericht gibt zwar insofern den Antragstellern recht, als es einen Rückgriff auf die obligatorischen Verfahren von Teil XV Abschnitt 2 SRÜ nach Scheitern der Streitbeilegungsbemühungen zuläßt, auch wenn dieses Scheitern einseitig durch eine Vertragspartei erklärt worden ist.[798] Auch schließe Art. 16 SBT-Konvention seinem Wortlaut nach anderweitige Streitbeilegungsmittel nicht exlizit aus.[799] Dennoch schlössen Ziel und Zweck der Vorschrift einen derartigen Rückgriff, insbesondere auf das Streitbeilegungsregime des Seerechtsübereinkommens aus. Das Erfordernis einer Zustimmung aller Streitparteien zu einem „obligatorischen" Verfahren nach Art. 16 Abs. 2 SBT-Konvention, das insofern sowohl ein Verfahren vor dem IGH, ein schiedsgerichtliches Verfahren nach Anlage VII SRÜ, als auch ein streitiges Verfahren vor dem Internationalen Seegerichtshof erfasse, verdeutliche die offensichtliche Intention von Art. 16 SBT-Konvention, obligatorische Verfahren, die zu bindenden Entscheidungen führen, in SBT-Streitigkeiten auszuschließen.[800] Ein internationales Abkommen im Sinne von Art. 280 f. SRÜ müsse, der Effektivität wegen entsprechende Ausschlußtatbestände setzen können.[801] Im übrigen sprächen auch Art. 297 f. SRÜ, die in Fischereistreitigkeiten großflächige Ausnahmere-

---

[793] Gericht-Anlage VII Entscheidung/SBT vom 04.08.2000, Rdnr. 41 (b).

[794] Gericht-Anlage VII Entscheidung/SBT vom 04.08.2000, Rdnr. 41 (c).

[795] Gericht-Anlage VII Entscheidung/SBT vom 04.08.2000, Rdnr. 41 (j).

[796] Gericht-Anlage VII Entscheidung/SBT vom 04.08.2000, Rdnrn. 54, 55.

[797] Gericht-Anlage VII Entscheidung/SBT vom 04.08.2000, Rdnr. 62.

[798] Gericht-Anlage VII Entscheidung/SBT vom 04.08.2000, Rdnr. 55 a. E..

[799] Gericht-Anlage VII Entscheidung/SBT vom 04.08.2000, Rdnr. 56.

[800] Gericht-Anlage VII Entscheidung/SBT vom 04.08.2000, Rdnr. 57.

[801] Gericht-Anlage VII Entscheidung/SBT vom 04.08.2000, Rdnr. 63.

gelungen von der obligatorischen Streitschlichtung nach Teil XV Abschnitt 2 SRÜ treffen, für den Ausschlußcharakter des Art. 16 SBT-Konvention.[802] Nach Ansicht des Schiedsgerichts konnten die Streitparteien also vorliegend nicht gemäß Art. 286 SRÜ auf die obligatorischen Mittel aus Teil XV Abschnitt 2 SRÜ zurückgreifen. Das Schiedsgericht nach Art. 287 Abs. 5, Anlage VII SRÜ erklärt sich mithin für unzuständig. Hieraus fließe im übrigen die Unzuständigkeit des Internationalen Seegerichtshofs im Verfahren nach Art. 290 Abs. 5 SRÜ. Das Schiedsgericht widerruft in der Konsequenz die vom Seegerichtshof gemäß Art. 290 Abs. 5 S. 2 SRÜ angeordneten vorläufigen Maßnahmen.[803] Nach der von dem Schiedsgericht vertretenen Auffassung zur Unzuständigkeit des Internationalen Seegerichtshofs flösse im Ergebnis auch die Völkerrechtswidrigkeit der durch ihn angeordneten vorläufigen Maßnahmen. Das Schiedsgericht äußert sich hierzu in seiner Entscheidung zwar nicht eindeutig. Der Hinweis, man gehe trotz der Unzuständigkeit des Seegerichtshofs im Verfahren nach Art. 290 Abs. 5 SRÜ nicht von einer rechtsmißbräuchlichen Anrufung des Gerichtshofs aus, mag in die Richtung einer Rechtmäßigkeit deuten. Andererseits sind einfache Rechtswidrigkeit wegen Gerichtsunzuständigkeit und Rechtsmißbrauch verschiedene Dinge. Aus dem Fehlen des letzteren fließt nicht ohne weiteres auch das Fehlen des ersteren. Nach dem oben vertretenen Ergebnis, kommt es für die Prima-Facie-Zuständigkeit des betreffenden Schiedsgerichts zwar nicht auf das Vorliegen einer Alternativvereinbarung nach Teil XV Abschnitt 1 SRÜ sondern nach Art. 290 Abs. 5 SRÜ an. Daraus fließt aber ebenso die Völkerrechtswidrigkeit der nach Art. 290 Abs. 5 SRÜ angeordneten Maßnahmen eines unzuständigen Gerichts oder Gerichtshofs. Die Frage kann aber im Grunde dahinstehen, da im Ergebnis der Auffassung des Schiedsgerichts zur Unzuständigkeit des Seegerichtshofs nicht gefolgt werden kann.

ddd) Analyse

Die Ansicht Japans und des nach Anlage VII SRÜ errichteten Schiedsgerichts kann aus mehreren Gründen nicht überzeugen. Nach der oben vertretenen Ansicht zur Erklärung des Scheiterns einer Streitigkeit im Sinne von Art. 281 SRÜ,[804] besteht mit dem Schiedsgericht jedenfalls Einigkeit darin, daß gemäß Art. 281 SRÜ nach einem Scheitern der alternativ vereinbarten friedlichen Mittel ein Rückgriff auf Teil XV Abschnitt 2 SRÜ auch dann möglich bleibt, wenn eine Streitpartei einseitig das Scheitern der bisherigen Streitbeilegungsversuche erklärt. Verhandlungen im Sinne von Art. 283 SRÜ sind insofern geführt, eine Streitbeilegung mit Mitteln des „soft law" ist versucht worden.[805] Im übrigen steht Art. 16 SBT-Konvention jedoch einer

---

[802] Gericht-Anlage VII Entscheidung/SBT vom 04.08.2000, Rdnr. 61.

[803] Gericht-Anlage VII Entscheidung/SBT vom 04.08.2000, Rdnr. 66.

[804] S. o. u. C. III. 2. a) aa) bbb) (2) (b).

[805] Gericht-Anlage VII Entscheidung/SBT vom 04.08.2000, Rdnr. 41 (g), aaO.

obligatorischen Streitbeilegung nach dem Seerechtsübereinkommen nicht entgegen.[806]

Zunächst könnte man bei dem Vorgehen Japans sogar an Rechtsmißbrauch denken, nachdem es sich einer Streitbeilegung durch das Seerechtsübereinkommen vehement versperrt und statt dessen alternative Streitbeilegungsmittel unter der SBT-Konvention anbietet, mit denen sich die Antragsteller jedoch nicht einverstanden erklären müssen. Wenn auch nicht der generellen Streitbeilegunsregelung in Art. 16 Abs. 2 SBT-Konvention als solcher eine sachfremde Erwägung unterstellt werden kann, so ist im konkreten Fall zu Lasten Japans hieran durchaus zu denken.

Mit obiger Argumentation[807] ist Australien darin recht zu geben, daß Art. 280 SRÜ nur Ad-Hoc-Vereinbarungen während eines schon bestehenden Streits über Auslegung oder Anwendung des Seerechtsübereinkommens betrifft. Für die Vereinbarung kompromissarischer Klauseln in anderen Abkommen ist insofern Art. 282 SRÜ spezieller. Die Art. 280 f. SRÜ sind insofern stets im Lichte des Art. 282 SRÜ zu sehen. Würde man eine Schiedsgerichtsklausel, die den Anforderungen des Art. 282 SRÜ nicht genügt, einfach unter Art. 280 und 281 SRÜ subsummieren, so liefe Art. 282 SRÜ im Grunde leer. Seine Absicht ist es aber gerade, vom grundsätzlich obligatorischen Regime des Seerechtsübereinkommens nur unter ganz bestimmten Voraussetzungen systematische Ausnahmen zuzulassen,[808] wie sie generell-abstrakte Schiedsgerichtsklauseln regelmäßig darstellen. Eine Ausnahme kann demnach nur gelten, wenn die Streitparteien unter Art. 282 SRÜ ein Verfahren vereinbaren, das wie jene in Teil XV Abschnitt 2 SRÜ zu bindenden Entscheidungen führt. Diese Voraussetzungen können aber nicht durch ein Ausweichen auf Art. 280 f. SRÜ umgangen werden. Schon aus diesem Grund scheiden Art. 280 f. SRÜ hier als Rechtsgundlage für Art. 16 SBT-Konvention aus.

Gewiß ermöglicht Art. 280 f. SRÜ im übrigen den Ausstieg aus dem Streitbeilegungsregime des Seerechtsübereinkommens. Wie oben gesehen, erlaubt der extrem weit gehende Grundsatz flexibler Streitbeilegung des Seerechtsübereinkommens im Extremfall sogar die Nichtbeilegung des Streits.[809] Man kann sich insofern durchaus die Frage stellen, ob ein regelmäßiges Eingreifen eines stets vorrangigen Mantelvertrags wie des Übereinkommens nicht gerade jene Flexibilität wieder in

---

[806] I. Erg. Keith, separate opinion zu Gericht-Anlage VII Entscheidung/SBT vom 04.08.2000, Rdnrn. 13, 32, ILM Bd. XXXIX, November 2000, S. 1397 (1401).

[807] S. o. u. C. III. 2. a) aa) bbb) (2) (a).

[808] Keith, separate opinion zu Gericht-Anlage VII Entscheidung/SBT vom 04.08.2000, Rdnrn. 26, 30, ILM Bd. XXXIX, November 2000, S. 1397 (1401).

[809] S. o. u. C. III. 2. a) aa) bbb) (2) (b).

Frage stellte und zu einer Zerlöcherung alternativ vereinbarter Streitbeilegungsregelungen führte.[810] Auf der anderen Seite ist, nach der oben vertretenen Ansicht die Anwendung von Art. 281 Abs. 1 letzter HS SRÜ in Verfahren einstweiligen Rechtsschutzes ausgeschlossen.[811] Allgemein muß man sich hier die Frage nach der Effektivität des Streitbeilegungsregimes im Seerechtsübereinkommen stellen, wenn regelmäßig über Art. 280 ff. SRÜ fakultative Streitbeilegungsmittel vereinbart werden können, welche die obligatorischen Regelungen des Seerechtsübereinkommens unanwendbar machen. Die Ansicht Japans und auch des Schiedsgerichts, die Vertragsparteien hätten dies so beabsichtigt, kann nicht überzeugen.[812] Denn wenn die Parteien dies gewollt hätten, fragt sich der Sinn der Regelungen aus Art. 282, mithin aus Teil XV Abschnitt 2 SRÜ. Vielmehr waren bei der Ausarbeitung des Streitbeilegungsregime des Seerechtsübereinkommens auf der dritten VN-Seerechtskonferenz die Effektivität dieses Regimes sowie die Garantie einheitlicher Auslegung des neuen Seerechts bestimmende Faktoren.[813] Das Streitbeilegungsregime des Seerechtsübereinkommens ist ein fragiler Kompromiß,[814] der aber zu einem zukunftsweisenden völlig neuen System völkerrechtlicher Streitbeilegung geführt hat, in dem erstmals nicht mehr allein staatliche Souveränität über eine Gerichtszuständigkeit entscheiden sollte. Diesen durch das Seerechtsübereinkommen erreichten Entwicklungsfortschritt völkerrechtlicher Streitbeilegung würde eine zu enge Auslegung, wie sie Japan und das Schiedsgericht getroffen haben, zunichte machen.

Die Seerechtsübereinkommen trifft nicht direkt Beilegungsregelungen für Streitigkeiten, die unter anderen internationalen Übereinkünften auftreten. Sie erklärt ihr Streitbeilegungsregime nur in Übereinstimmung mit diesen Übereinkünften für anwendbar.[815] Insofern kann es hier nur zu einer Anwendung von Teil XV SRÜ kommen, wenn entweder die entsprechenden anderen anwendbaren Übereinkünfte dies für die dortige Regelungsmaterie vorsehen, oder aber zumindest nicht ausschließen.[816] Umgekehrt können aber auch andere Abkommen keine Streitbeilegungsregelung für Materien des Seerechtsübereinkommens treffen. Mithin handelt es sich bei beiden Regimen um völlig unterschiedliche. Die Tatsache, daß der SBT-Streit ein einziger Fall ist, darf nicht zu der Annahme verleiten, auch sämtliche materiellen und prozeßrechtlichen Anforderungen könnten vermengt werden, denn der unterschiedliche Charakter der Regime bleibt auch in diesem Fall bestehen. Art. 16

---

[810] Gericht-Anlage VII Entscheidung/SBT vom 04.08.2000, Rdnrn. 38 (i), 63.

[811] S. o. u. C. III. 2. c) aa) ccc) (2) (b).

[812] Gericht-Anlage VII Entscheidung/SBT vom 04.08.2000 Rdnrn. 38 (i), 63.

[813] Keith, separate opinion, Rdnr. 24.

[814] Keith, separate opinion zu Gericht-Anlage VII Entscheidung/SBT vom 04.08.2000, Rdnr. 25.

[815] Art. 288 Abs. 2 SRÜ.

[816] Keith, separate opinion, Rdnr. 16 a. E..

Abs. 2 SBT-Konvention erfaßt mithin keine Streitbeilegungsregelungen für Streitigkeiten über Auslegung oder Anwendung des Seerechtsübereinkommens, sondern nur für Streitigkeiten über Auslegung oder Anwendung der SBT-Konvention. Ist eine Streitigkeit über Auslegung oder Anwendung des Seerechtsübereinkommens, wie hier, gleichzeitig eine über Auslegung oder Anwendung der SBT-Konvention, so gilt nicht nur Art. 16 SBT-Konvention, sondern auch Art. 279 ff. SRÜ, auf die sich ja auch Japan in seinen Ausführungen immer wieder bezieht. Entgegen der Ansicht des Schiedsgerichts wird Art. 16 SBT-Konvention dadurch aber nicht zu einer Regelung für Auslegungs- oder Anwendungsstreitigkeiten unter dem völlig anders gearteten Seerechtsübereinkommen, sondern bleibt nach seiner ratio auf die SBT-Konvention beschränkt. Die bloße Tatsache, daß unter beiden Regimen dieselben Parteien streiten und es sich mithin um einen einzigen Streitfall handelt, egalisiert nicht die Regime.[817] Der Wortlaut von Art. 16 Abs. 1 SBT-Konvention („[...] concerning the interpretation or implementation of **this** convention [...]") macht insofern deutlich, daß er Streitigkeiten über Auslegung oder Anwendung der SBT-Konvention und nicht über Auslegung oder Anwendung von dritten Abkommen erfaßt.[818] Es wäre nicht nachzuvollziehen, wenn materielle Vorschriften des Seerechtsübereinkommens in Streit wären, hierüber aber durch ein Streitbeilegungsorgan eines dritten Abkommens zu entscheiden wäre.[819] Auf der einen Seite ist das Seerechtsübereinkommen der Vereinten Nationen und insbesondere sein Art. 281 zwar so angelegt worden, daß es die Vereinbarung alternativer Streitbeilegungsmittel, ad hoc oder mittels kompromissarischer Klauseln zur Klärung von Streitigkeiten über seine Auslegung oder Anwendung zuläßt. Umgekehrt ist Art. 16 SBT-Konvention aber gerade nicht so konzipiert, daß er Streitigkeiten über Auslegung und Anwendung des Seerechtsübereinkommens regelt. Das Seerechtsübereinkommen ist daher nicht in die SBT-Konvention hineinlesbar.[820] Seine Intention war die Regelung eines Regimes für Streitigkeiten, die unter der SBT-Konvention auftreten. Auch die Formulierung des Art. 16 Abs. 2 SBT-Konvention, wonach eine obligatorische Gerichtsbarkeit ausgeschlossen werden soll, greift vor dem Hintergrund grundsätzlicher Trennung der Regime nicht. Die Streitparteien sind nicht nur nach der SBT-Konvention zur Streitbeilegung verpflichtet, sondern ebenso nach dem Seerechtsübereinkommen der Vereinten Nationen. Sie werden hieran entgegen der Ansicht Japans[821] auch nicht durch Dritte gebunden, sondern haben sich dem

---

[817] Nicht überzeugend Gericht-Anlage VII Entscheidung/SBT vom 04.08.2000, Rdnr. 54, 55; überzeugende Antragsteller, Gericht-Anlage VII Entscheidung/SBT vom 04.08.2000, Rdnr. 41 (j).

[818] Keith, separate opinion, Rdnr. 15.

[819] Keith, separate opinion, Rdnr. 15.

[820] Keith, separate opinion, Rdnr. 16 a. E..

[821] Gericht-Anlage VII Entscheidung/SBT vom 04.08.2000 Rdnr. 38 (i): "would find themselves so bound".

Streitbeilegungsregime des Seerechtsübereinkommens freiwillig durch Ratifikation unterworfen.

Die unter Art. 16 SBT-Konvention insofern vereinbarten obligatorischen Mittel lassen sich demgemäß nicht einfach mit jenen des Art. 287 SRÜ gleichsetzen. Die Anrufung des IGH nach Art. 16 Abs. 2 SBT-Konvention ist rechtlich-qualitativ eine völlig andere als seine Anrufung unter Art. 287 Abs. 1 lit. b) SRÜ oder direkt nach dem IGH-Statut. Die gesamte Erörterung zur Anrufung des IGH nach Art. 287 SRÜ, statt nach Art. 36 IGH-Statut, mag dies untermauern. Erst recht kann nicht einfach von der Erwähnung des IGH in Art. 16 Abs. 2 SBT-Konvention auf dieselben Bedingungen für eine Seegerichtshofs-Anrufung in Thunfischstreitigkeiten geschlossen werden. Art. 16 Abs. 2 SBT-Konvention erwähnt den Internationalen Seegerichtshof mit keinem Wort. Ebensowenig sind die in Art. 16 Abs. 2 SBT-Konvention und Art. 287 Abs. 1 lit. c), d), Anlage VII, VIII SRÜ geregelten Schiedsverfahren gleichzusetzen. Während das Seerechtsübereinkommen in den genannten Vorschriften detaillierte Regelungen zur schiedsgerichtlichen Streitbeilegung enthält, regelt Art. 16 Abs. 3 iVm. der entsprechenden Anlage zur SBT-Konvention das schiedsgerichtliche Verfahren unter dieser Konvention ganz eigenständig. Mithin handelt es sich hier um völkerseerechtliche Schiedsverfahren aufgrund völlig unterschiedlicher Regime. Daran ändert letztlich auch das von Japan und dem Schiedsgericht ins Feld geführte Argument des Art. 297 f. SRÜ nichts, denn ein Ausnahmetatbestand hierunter liegt hier nicht vor.[822]

dd) Der Lex-Posterior-Grundsatz im Ergebnis

Letztlich bestimmt das Seerechtsübereinkommen nach Auslegung der einschlägigen Bestimmungen in Art. 311 und 282 daher nicht seine Nachrangigkeit im Verhältnis zur SBT-Konvention, da die beiden Übereinkommen in den hier entscheidenden Streitbeilegungsfragen nicht miteinander vereinbar sind. Eine Anwendung der Schiedsgerichtsklausel aus der SBT-Konvention scheidet demnach auch nach dem Lex-Posterior-Grundatz aus. Nachdem andere Regeln nicht bestehen, bleibt es somit bei der auch vom Seegerichtshof im Verfahren nach Art. 290 Abs. 5 SRÜ schon prima facie festgestellten Zuständigkeit des Schiedsgerichts nach Anlage VII SRÜ. Im Ergebnis war daher auch der Seegerichtshof für die Anordnung vorläufiger Maßnahmen zuständig, insofern im Vorrang vor einem speziellen Schiedsgericht nach der SBT-Konvention, dessen Zuständigkeit im übrigen aber an einer mangelnden Parteieinigung hierüber scheitert.

---

[822] Keith, separate opinion, Rdnr. 22.

3. Fazit zur seevölkerrechtlichen Schiedsgerichtsbarkeit und der entsprechenden streitigen Gerichtsbarkeit

Die bei der Konkurrenz von streitiger seervölkerrechtlichtlicher Gerichtsbarkeit und seevölkerrechtlicher Schiedsgerichtsbarkeit auftretenden Fragen zeigen, daß weder die rechtliche Einordnung eindeutig ist, noch in der Praxis klare Präferenzen für das Streitbeilegungsregime unter dem Seerechtsübereinkommen bestehen. Als rechtlich weitgehend unproblematisch kann zwar das Verhältnis der streitigen Gerichtsbarkeit von IGH und Seegerichtshof zur Schiedsgerichtsbarkeit in Teil XV und den Anlagen VII und VIII SRÜ bezeichnet werden. Insofern hält das Seerechtsübereinkommen recht gelungene klare Regelungen bereit, die auch in der Praxis kaum Probleme bereiten. Schwierigkeiten bestehen aber insbesondere im Verhältnis zwischen anderweitigen völkerrechtlichen Schiedsgerichtsklauseln und dem Streitbeilegungsregime des Seerechtsübereinkommens. Die Konflikte betreffen dabei die unter des Seerechtsübereinkommens vorgesehenen Schiedsverfahren ebenso, wie die streitigen Verfahren insbesondere vor dem Seegerichtshof. Dies vor allem in den quantitativ bedeutsamen Verfahren einstweiligen Rechtsschutzes, in denen das Seerechtsübereinkommen die Gerichtsbarkeit von Seegerichtshof und Schiedsgerichten kombiniert.

Dennoch zeichnet sich angesichts der Thunfischrechtsprechung des Schiedsgerichts ein faktischer Dualismus auch zwischen den Schiedsgerichten nach Anlage VII SRÜ und dem internationalen Seegerichtshof ab. Hierfür spricht vor allem die Tatsache, daß eine durch den Seegerichtshof getroffene Entscheidung durch ein Schiedsgericht nach Anlage VII SRÜ wieder aufgehoben wurde. Auch wenn das Schiedsgericht in diplomatischer Formulierung dem Seegerichtshof zugute hält, wegen der im einstweiligen Rechtsschutz gebotenen Schnelligkeit seine Zuständigkeit nicht in aller Tiefe erörtert zu haben,[823] muß dies unverkleidet doch als schwere Kritik an der Rechtsprechung des Internationalen Seegerichtshofs aufgefaßt werden. Unabhängig von der im Ergebnis vorliegend als richtig bewerteten Entscheidung des Seegerichtshofs zu seiner Zuständigkeit ist eine mangelnde Erörterung der Zuständigkeitsfrage im SBT-Verfahren vor dem Seegerichtshof zu kritisieren. Zumindest hätte der Seegerichtshof das hier höchst strittige Vorliegen einer Alternativvereinbarung nach Art. 290 Abs. 5 SRÜ prüfen müssen. Auch eine bloße Prima-Facie-Zuständigkeit im Rahmen eines vorläufigen Verfahrens[824] erfordert eine ausreichend tiefgehende Befassung mit der Frage der eigenen Zuständigkeit durch das betreffende Gericht, denn auch vorläufige Maßnahmen nach Art. 290 Abs. 5

---

[823] Gericht-Anlage VII Entscheidung/SBT vom 04.08.2000, Rdnr. 37; ähnlich Marr, EJIL, 2000, S. 815 (819).

[824] Gericht-Anlage VII Entscheidung/SBT vom 04.08.2000, Rdnr. 36 f..

SRÜ sind bindend und von den Parteien zu befolgen.[825] Sie können daher im Ergebnis ein fait accompli bedeuten, das in der Hauptsache oft nur noch schwer zu korrigieren ist. Dem Vertrauen in die neue Einrichtung Seegerichtshof und damit seiner Effektivität dient eine derart summarische Sachprüfung jedenfalls nicht.

Unabhängig von der Frage der Qualität von Entscheidungen des Internationalen Seegerichtshofs stellt sich aber auch die Frage einer Effektivität schiedsgerichtlicher Verfahren unter dem Seerechtsübereinkommen. Nach der im Ergebnis hier vertretenen Ansicht von einer Zuständigkeit des Schiedsgerichts nach Anlage VII (und damit des Seegerichtshofs im Verfahren nach Art. 290 Abs. V SRÜ) ist auch die Entscheidung des Schiedsgerichts zu kritisieren. Sie ist dem Vertrauen in das Streitbeilegungsregime des Seerechtsübereinkommens ebenfalls nicht förderlich. Hier erweist sich die Struktur völkerrechtlicher Schiedsgerichtsbarkeit als problematisch. Die Staaten wählen sich die Schiedsrichter freihand, wobei im SBT-Fall auf keinen Richter von der Liste nach Art. 2 Anlage VII SRÜ zurückgegriffen wurde.[826] Die Parteien sind zwar nicht dazu verpflichtet, Richter von der entsprechenden Liste zu wählen, sie sollten darauf in einem Verfahren unter des Seerechtsübereinkommens aber doch „vorzugsweise" zurückgreifen.[827] Im Ergebnis wird so selbst die eingeschränkte obligatorische Zuständigkeit des Internationalen Seegerichtshofs wieder in Frage gestellt.

---

[825] S. a. Art. 25 Anlage VI.

[826] Kwiatkowska, Southern Bluefin Tuna, Entscheidungsbesprechung, AJIL, 2000, S. 149 (155); die beiden Schiedsrichter Tresselt und Yamada wurden erst später in die Liste aufgenommen, vgl. http://www.un.org/Depts/los/settlement_of_disputes/conciliators_arbitrators.htm.

[827] Art. 3 lit. b) SRÜ.

F. Fazit der Arbeit

I. Das Verhältnis von Internationalem Seegerichtshof und Internationalem Gerichtshof in der abschließenden Betrachtung

Schon kurz nach Abschluß der dritten VN-Seerechtskonferenz waren Zweifel an der späteren Bedeutung des Internationalen Seegerichtshofs zu hören. Grundsätzlich hängt dies bei diesem völkerrechtlichen Gerichtshof in der Tat davon ab, in welchem Maße die Vertragsstaaten und andere Völkerrechtssubjekte ihn anrufen werden.[828] Die Erfahrungen mit dem Internationalen Gerichtshof im Haag stimmten ebenso wie jene mit dem Ständigen Internationalen Gerichtshof zunächst mäßig optimistisch,[829] kam doch weder diesen beiden streitigen Gerichten, noch der völkerrechtlichen Schiedsgerichtsbarkeit in ihrer Anfangsphase eine befriedigende Bedeutung zu.[830] Dies hat sich allerdings nach der Erfahrung der letzten Jahre gebessert, nachdem der IGH eine Reihe bedeutender Fälle zur Entscheidung unterbreitet bekam. Offenkundig hat sich damit die Bereitschaft der Staaten erhöht, internationale Streitigkeiten von einem internationalen Gericht entscheiden zu lassen. Andererseits ist dies auch maßgeblich der durch gute Arbeit geschaffenen entscheidenden Bedeutung des IGH für die Fortentwicklung des Völkerrechts geschuldet – eine Rolle, die der Internationale Seegerichtshof bislang nicht einzunehmen vermochte. Zwar mag die Tatsache, daß auch der Internationale Gerichtshof lange Zeiten der Brache absolviert hat, eine Steigerungsfähigkeit der Bedeutung des Internationalen Seegerichtshofs zumindest nicht ausschließen. Die bisherige Arbeit des Seegerichtshofs stimmt aber nicht positiv. Auch ist zu bedenken, daß gerade die eingeräumte Flexibilität den Parteien ein leichtes Ausweichen auf alternative Streitbeilegungsmittel ermöglicht.

Ein Nachteil des gesamten Streitbeilegungsregimes des Seerechtsübereinkommens ist der Ausschluß von Nichtmitgliedern des Übereinkommens von seinen Streitbeilegungsmitteln. Eine gesonderte Mitgliedschaft in Konvention und Statut, wie im Falle des unter der VN-Charta angerufenen IGH, kennt das Seerechtsübereinkommen nicht.[831] Dies könnte Staaten davon abhalten, den Internationalen Seegerichtshof anzurufen, wenn sie nicht gleichzeitig Mitglieder im Seerechtsübereinkommen werden wollen. Andererseits besteht bei Streitbeilegung unter dem Seerechtsübereinkommen kein Verdrängungsverhältnis mit den Verfahren vor der VN-Generalversammlung und dem VN-Sicherheitsrat. Dies kann zum einen eine Stär-

---

[828] von Wedel, RIW 1982, S. 634 (636).

[829] von Wedel, RIW 1982, S. 634, S. 636.

[830] R. Bernhardt, 1978, S. 959 (960).

[831] Singh, United Nations Convention on the Law of the Sea – Dispute Settlement Mecanisms, 1985, S. 97.

kung des seerechtlichen Streitbeilegungsregimes bedeuten,[832] zum anderen aber auch dazu führen, daß die Staaten noch zurückhaltender mit dem Beitritt zum Seerechtsübereinkommen werden.

Einen gewissen Ausgleich konnten jedoch die wenigen obligatorischen Verfahren des allgemeinen Streitregelungsregimes des Seerechtsübereinkommens (Teil XV SRÜ) schaffen, wobei die Verfahren vor der Kammer für Meeresbodenstreitigkeiten auch hier nicht den Erwartungen entsprachen. Die mitunter geäußerte Erwartung, Meeresbodenstreitigkeiten würden künftig einen Großteil der unter dem Seerechtsübereinkommen verhandelten Fälle ausmachen und der Kammer für Meeresbodenstreitigkeiten so zu praktischer Bedeutung verhelfen,[833] ist bislang nicht eingetreten. Vielmehr hat der Meeresbergbau bislang, vor allem mangels Rentabilität, keine Bedeutung. Ein Großteil der vor dem Seegerichtshof bisher verhandelten Streitigkeiten waren Verfahren nach Art. 290 Abs. 5 SRÜ und Art. 292 SRÜ. Neben dem Umstand des Obligatoriums dieser Verfahren spielt bei Art. 292 SRÜ gewiß auch der Umstand eine Rolle, daß das Seerechtsübereinkommen mit der Schaffung der ausschließlichen Wirtschaftszone die Bereiche staatlicher Hoheitsgewalt auf internationalen Gewässern bedeutend ausgeweitet hat und somit die Verletzung wirtschaftsrechtlicher, fiskalischer und umweltrechtlicher staatlicher Vorschriften durch fremde Schiffe eine erhöhte Bedeutung gewonnen hat.[834]

---

[832] Singh, United Nations Convention on the Law of the Sea – Dispute Settlement Mecanisms, 1985, S. 98.

[833] Singh, United Nations Convention on the Law of the Sea – Dispute Settlement Mecanisms, 1985, S. 98.

[834] von Wedel, RIW, 1982, S. 637.

II. Das Verhältnis streitiger völkerrechtlicher Gerichtsbarkeit zu völkerrechtlicher Schiedsgerichtsbarkeit in der abschließenden Betrachtung

Der SBT-Fall zeigt die geringe Neigung der Staaten, dem Internationalen Seegerichtshof Fälle zur Entscheidung zu übertragen. Von Anfang an waren die Streitparteien bestrebt, den Fall schiedsgerichtlich und hinter verschlossenen Türen beizulegen. Die Antragstellung nach Art. 290 Abs. 5 SRÜ beim Internationalen Seegerichtshof erklärt sich aus der Struktur dieses Artikels, wonach die Parteien zur Anrufung des Gerichtshofs gezwungen sind. Die Position Japans, die stets auf eine Unzuständigkeit des Internationalen Seegerichtshofs hin ausgerichtet war, bringt dies besonders deutlich zum Ausdruck. Japan war stets gegen jede Art von Beilegung des Thunsfischstreits unter des Seerechtsübereinkommens. Aber auch Australien und Neuseeland ließen keinerlei Anzeichen erkennen, den Seegerichtshof auch in der Hauptsache mit der Entscheidung des Thunfischstreits zu befassen. Ob auch sie überhaupt zu einer Streitbeilegung unter dem Seerechtsübereinkommen bereit waren, ist angesichts der Ipso-Iure-Zuständigkeit eines Schiedsgerichts nach Anlage VII SRÜ fraglich, aus den Prozeßäußerungen der Antragsteller aber zu schließen.

Im Saiga-Fall hatten die Parteien zunächst ebenfalls ein schiedsgerichtliches Verfahren begonnen und waren in der Hauptsache dann doch zum Internationaler Seegerichtshof gewechselt. Das war aber im wesentlichen darauf zurückzuführen, daß die damals beklagte Streitpartei Guinea keinen Schiedsrichter gemäß Anlage VII zum SRÜ, Art. 3 lit. c), benannt hatte. Damit war der Weg frei für den Präsidenten des Internationalen Seegerichtshofs gemäß Art. 3 lit. e) S. 1, Anlage VII SRÜ die notwendige Bestellung vorzunehmen. In der Folge gelang es dann auch die Parteien in der Hauptsache zur Wahl des Internationalen Seegerichtshofs zu bewegen.

Im Unterschied dazu haben im SBT-Fall beide Streitparteien schon während des Verfahrens auf Anordnung einstweiliger Maßnahmen Schiedsrichter nach Art. 3 lit. b) und c) Anlage VII SRÜ benannt, so daß der Präsident des Seegerichtshofs hier überhaupt keine Mitwirkungsmöglichkeit erhielt.[835]

Im Swordfish-Fall hatten die Parteien zwar ähnlich wie im Saiga-Fall zunächst ein Schiedsgericht nach Anlage VII SRÜ mit ihrem Fall bemüht und anschließend den Gang zum Internationalen Seegerichtshof gewagt. Da es aber im Ergebnis wegen einer außergerichtlichen Einigung der Parteien weder zu einer Entscheidung des Seegerichtshofs, noch des einschlägigen Seeschiedsgerichts kam, kann dieser Fall auch nicht wirklich die Bedeutung des Streitbeilegungsregimes unter dem See-

---

[835] Marr, EJIL, 2000, S. 815 (818).

rechtsübereinkommen allgemein und jene des Seegerichtshofs im speziellen untermauern.

III. Das Streitbeilegungsregime des Seerechtsübereinkommens in der abschließenden Betrachtung

Das Streitbeilegungsregime des Seerechtsübereinkommens der Vereinten Nationen ist gewiß ein ganz entscheidender Schritt nach vorn in der Schaffung einer obligatorischen und insofern effektiven völkerrechtlichen Streitbeilegung. Vor dem Hintergrund, daß in der dritten VN-Seerechtskonferenz souveräne Staaten miteinander verhandelt haben, ist das Ergebnis ein durchaus beachtenswerter Kompromiß, der unter den gegebenen Umständen gewiß nicht weitergehender hätte ausfallen können. Ein radikalerer Ansatz, der anstatt des flexiblen Wahlsystems in Teil XV SRÜ ein vollständig obligatorisches Streitbeilegungsregime mit einem einzigen, gegebenenfalls spezialisierten Streitbeilegungsorgan vorgesehen hätte, wäre unrealistisch gewesen.[836] Dennoch muß man sich fragen, ob dieser Kompromiß immer der Sache dienlich ist. Im Sinne der Staaten mag es zwar angenehm sein, ein „user friendly" Streitbeilegungssystem zu haben, in dem in breitem Maße Wahlmöglichkeiten ob des friedlichen Beilegungsmittels bestehen und der Streit im Extremfall sogar unbeigelegt bleiben kann. Die Gefahr eines Weiterschwelens einer solchen Streitigkeit sollte aber ebensowenig unterschätzt werden wie eine Verzögerung der Beilegung durch Anrufung diverser Streitregelungseinrichtungen des „soft law".[837] Letztlich wird man sich deshalb überlegen müssen, ob es auf Dauer der Grenzen zum Schutz souveräner Staaten noch bedarf, zu Lasten letztlich des Rechts und damit zu Lasten der Bürgerinnen und Bürger des Planeten. Gerade der große Zwang der souveränen Staaten in einem äußerst langwierigen Kodifikationsprozeß wie hier sollte zu denken geben, ob man nicht, wie auf regionaler Ebene bereits begonnen, auch im weltweiten System der Vereinten Nationen zu mehr Bürgerbeteiligung und somit effektiveren Entscheidungsstrukturen gelangt, die nicht mehr allein am Willen der Staaten hängen.

---

[836] Mensah, The Dispute Settlement Regime of the 1982 United Nations Convention on the Law of the Sea, Max Planck Yearbook, 1998, S. 307 (323).

[837] Mensah, MPY, 1998, S. 323, für die heutige Welt souveräner Staaten, aber ohne Wertung dieses Zustands und ohne Ausblick darauf, was sich hier in Zukunft ändern könnte.

Literatur:

Adede, A. O.,   The Basic Structure of the Disputes Settlement Part
                              of the Law of the Sea Convention, ODIL, 1982, S.
                              125 ff.

Anderson, David H.   The internal judicial practice of the International Tri-
                              bunal for the Law of the Sea, IJIL, 1998, S. 410 ff.

Bernaerts, Arnd   Bernaerts' guide to the 1982 United Nations Con-
                              vention on the Law of the Sea, Coulsdon,1988

Bernhardt, J. Peter A.   Compulsory Dispute Settlement, VJIL, 1979-1980,
                              S. 69 ff.

Bernhardt, Rudolf   Die Streitbeilegung im Rahmen der Neuordnung des
                              Seerechts, ZaöRV 1978, S. 959 ff.

Brownlie, Ian   Principles of Public International Law, 5. Aufl., Ox-
                              ford u.a., 1998

Buergenthal, Thomas (Hrg.)   Contemporary Issues in International Law in honor
                              of Louis B. Sohn, Kehl u. a., 1984

Churchill, Robin Rolf
/ Lowe, Alan Vaughan   The law of the sea, 3. Auflage, Yonkers, NY u. a.,
                              1999

Combacau, Jean
/ Sur, Serge   Droit international public, 2. Auflage, Paris, 1995

Cory, Helen May   Compulsory Arbitration of International Disputes,
New   York, 1932

Dupuy, Pierre-Marie   Droit international public, Paris, 1992

Dupuy, René-Jean
/ Vignes, Daniel   A Handbook on the New Law of the Sea, Bände 1
                              und 2, Dordrecht / Boston / Lancaster, 1991

Dupuy, René-Jean
/ Vignes, Daniel   Traité du Nouvau Droit de la Mer, Paris u. a., 1985

Ederer, Markus

Die Europäische Wirtschaftsgemeinschaft und die Seerechtskonvention der Vereinten Nationen von 1982, München, 1988

Eiriksson, Gudmundur

The Special Chambers of the International Tribunal for the Law of the Sea, IJIL, 1998, S. 429 ff.

Evans, Malcom D.

Intervetion, the International Court of Justice and the Law of the Sea, RHDI, 1995, S. 73 ff.

Herdegen, Matthias

Völkerrecht, München, 2000

Hoog, Guenther

Die Genfer Seerechtskonferenzen von 1958 und 1960 – Vorgeschichte, Verhandlungen, Dokumente, Frankfurt/Main u. a., 1961

Ipsen, Knut

Völkerrecht: ein Studienbuch, 4. Auflage, München, 1999

Jaenicke, Günther

Die dritte Seerechtskonferenz der Vereinten Nationen, ZaöRV, 1978, S. 438 ff.

Jaenicke, Günther

Prompt Release of Vessels – the M/V "Saiga" Case, MPY, 1998, S. 387 ff.

Kwiatkowska, Barbara

Southern Bluefin Tuna, Entscheidungsbesprechung, AJIL 2000, S. 149 ff.

Knackstedt, Heinz

Die Internationale Seerechtskonferenz der Vereinten Nationen 1958, Berlin u. a., 1958

Lagoni, Rainer
/ Brevern, Hartmut von

Folgen des SAIGA-Urteils des Internationalen Seegerichtshofs für die Seeschiffahrt, Schriften des deutschen Vereins für Internationales Seerecht, Hamburg, 2000

Lazarev, Marklen Ivanovic

Modernes Seevölkerrecht: Zusammenarbeit der sozialistischen Staaten, internationale maritime Organisationen, Wirtschaftszone, Streitbeilegung, Prob-

Lehoux, Gregoire	La Troisième Conférence sur le droit de la mer et le règlement obligatoire des différends, CYIL, 1980, S. 31 ff.
Mangoldt, Hans von	Die Schiedsgerichtsbarkeit als Mittel internationaler Streitschlichtung: zur Beilegung von Rechtsstreitigkeiten auf der Grundlage der Achtung vor dem Rechte, Berlin, 1974
Marquardt, Michael	Das Streitbeilegungssystem im Rahmen des Tiefseebodenregimes nach der neuen Seerechtskonvention, Frankfurt am Main u. a., 1987
Marr, Simon	The Southern Bluefin Tuna Cases: Precautionary Approach and Conservation of Fish Resources, EJIL 2000, S. 815 ff.
Mensah, Thomas A.	The Dispute Settlement Regime of the 1982 United Nations Convention on the Law of the Sea, MPY, 1998, S. 307 ff.
Merrills, John Graham bridge,	International Dispute Settlement, 3. Auflage, Cambridge, 1998
Nordquist, Myron H. (Hrg.)	United Nations Convention on the Law of the Sea 1982: A Commentary, Band V, Dordrecht u. a., 1989
Platzöder, Renate / Verlaan, Philomène (Hrg.)	The Baltic Sea: New Developments in national policies and international cooperation, Band I, Ebenhausen, 1996
Raeder, Anton Henrik	L'Arbitrage International chez les Hellènes, Bd. I, Paris / München / Leipzig / London / Den Haag / New York, 1912
Rao, P. Chandrasekhara	The Itlos and its Guidelines, IJIL, 1998, S. 371 ff.

Rozakis, Christos L.
/ Stephanon (Hrg.) The New Law of the Sea: selected and edited pa-
pers of the Athens colloquium on the law of the sea,
September 1982, Amsterdam u. a., 1983

Simma, Bruno (Hrg.) Charta der Vereinten Nationen – Kommentar, München, 1991

Simpson, J. L.
/ Fox, Hazel International Arbitration: law and practice, London,
1959

Singh, Gurdip United Nations Convention on the Law of the Sea –
Dispute Settlement Mecanisms, New Dehli, 1985

Soubeyrol, Jacques, « Forum prorogatum » et Cour Internationale de
Justice, RGDIP, 1972, S. 1098 ff.

Van Dyke, Jon M. (Hrg.) Consensus and Confrontation: The United States
and the Law of the Sea Convention - a workshop of
the Law of the Sea Institut, Honolulu, 1985

Verdross, Alfred
/ Simma, Bruno Universelles Völkerrecht: Theorie und Praxis, 3. Auflage Berlin, 1984

Vitzthum, Wolfgang Graf von Völkerrecht, Berlin u. a., 1997

Wasum, Susanne
/ Platzöder, Renate Der internationale Seegerichtshof im System der obligatorischen Streitbeilegungsverfahren der Seerechtskonvention, München / Florenz, 1984

Treves, Tullio The Rules of the International Tribunal for the Law of
the Sea, IJIL, 1998, S. 406 ff.

Wedel, Henning von Der geplante Seegerichtshof der Vereinten Nationen, RIW 1982, S. 634 ff.

Wehberg, Hans Kommentar zu den Haager Abkommen betreffend
die friedliche Erledigung internationaler Streitigkeiten
vom 18. Oktober 1907, Tübingen, 1911

Wolfrum, Rüdiger (Hrg.)   Handbuch Vereinte Nationen, 2. Auflage, München, 1991

Wolfrum, Rüdiger
/ Philipp, Christiane (Hrg.)   United Nations: Law, Policies and Practice, Band 2, München, 1995

UN-Handbook on the Peaceful Settlement of Disputes between States, United Nations, New York, 1992

Dokumentenverzeichnis

Berber, Friedrich   Völkerrecht: Dokumentensammlung, Band II, München 1967

Djonovich, Dusan J. (Hrg.)   United Nations Resolutions, Series I, Resolutions Adopted by the General Assembly, New York, 1985

Lay, S. Houston
/ Churchill, Robin
/ Nordquist, Myron (Hrg.)   New Directions in the Law of the Sea, Documents, New York, 1973

Platzöder, Renate (Hrg.)   Third United Nations Conference on the Law of the Sea: Documents, New York, 1982, Bände I, II und XII

ILS, International Law Series, Kingston

ILM, International Legal Materials: current documents, American Society of International Law, Washington DC, 1962 -

Abkürzungsverzeichnis:

AJIL:	American Journal of International Law
Aufl.:	Auflage
BGBl.:	Bundesgesetzblatt
BVerfGE:	Bundesverfassungsgerichts-Entscheidung
CYIL:	Canadian Yearbook of International Law
DJILP:	Denver Journal of International Law and Policy
ed.:	editor/s, edition
EJIL:	European Journal of International Law
EuGH:	Europäische/r/n Gerichtshof
GA:	General Assembly
GAOR:	General Assembly Official Records
Hrg.:	Herausgeber
HS:	Halbsatz
ICJ:	International Court of Justice
ICNT:	Informal Composite Negotiating Text
IGH:	Internationale/r/n Gerichtshof
IJIL:	Indian Journal of International Law
ILC:	International Law Commission
ILCYB:	International Law Commission, Year Book
ILM:	International Legal Materials
ILS:	International Law Series
ISGH:	Internationale/r/n Seegerichtshof
ISGH-Statut:	Statut des Internationalen Seegerichtshofs
ISNT:	Informal Single Negotiating Text
IStGH:	Internationaler Strafgerichtshof
LSB:	Law of the Sea Bulletin
MPY:	Max Planck Yearbook
M/V:	Motor Vessel
No.:	Number
ODIL:	Ocean Development and International Law (The Journal of Marine Affairs)
PCIJ.:	Permanent Court of International Justice
RGBl.:	Reichsgesetzblatt
RGDIP:	Revue Générale de Droit International Public
RHDI:	Revue Hellénique de Droit International
RIW:	Recht der Internationalen Wirtschaft
Sart.:	Sartorius
SBC:	Sea Bed Committee
SBT:	Southern Bluefin Tuna
SRÜ:	Seerechtsübereinkommen der Vereinten Nationen

S. u. u.:	Siehe unten unter
StIGH:	Ständiger Internationaler Gerichtshof
UNCLOS:	United Nations Convention of the Law of the Sea / United Nations Conference for the Law of the Sea
UN:	United Nations
VJIL:	Virginia Journal of International Law
VN:	Vereinte Nationen
VNC:	Charta der Vereinten Nationen
Vol.:	Volume
WVRK:	Wiener Vertragsrechtskonvention
ZaöRV:	Zeitschrift für ausländisches öffentliches Recht und Völkerrecht
Zit.:	zitiert (bei)